ㄎㄖㄅ几乙ㄥㄅㄎと

Translated Language Learning

Siddhartha
Сіддхартха

- Eine Indische Dichtung
- Індійський роман

Hermann Hesse
Герман Гессе

Deutsch / Українська

Copyright © 2023 Tranzlaty
All rights reserved
Published by Tranzlaty
ISBN: 978-1-83566-118-5
Original text by Hermann Hesse
First published in German in 1922
www.tranzlaty.com

Erster Teil - Частина перша
***
Der Sohn des Brahmanen
Син Брахмана

Im Schatten des Hauses
У тіні будинку
in der Sonne des Flussufers
На сонці берега річки
in der Nähe der Boote
біля човнів
im Schatten des Sal-Waldes
в тіні лісу Сал-вуд
im Schatten des Feigenbaums
в тіні фігового дерева
hier wuchs Siddhartha auf
саме тут виріс Сіддхартха
er war der schöne Sohn eines Brahmanen, des jungen Falken
він був гарним сином брахмана, молодого сокола
er wuchs mit seinem Freund Govinda auf
він виріс зі своїм другом Говіндою
Govinda war auch der Sohn eines Brahmanen
Говінда також був сином брахмана
Am Ufer des Flusses bräunte die Sonne seine hellen Schultern
Біля берегів річки сонце засмагло його світлі плечі
Baden, die heiligen Waschungen vollziehen, heilige Opfergaben darbringen
купання, здійснення священних обмивань, принесення священних підношень
Im Mangogarten fiel Schatten in seine schwarzen Augen
У манговому саду тінь лилася в його чорні очі
als er als Junge spielte, als seine Mutter sang
Коли грав хлопчиком, коли співала його мати
als die heiligen Opfergaben dargebracht wurden
Коли приносили священні жертви

als sein Vater, der Gelehrte, ihn unterrichtete
коли його навчав батько, вчений
als die Weisen redeten
Коли мудреці розмовляли
Schon lange hatte Siddhartha an den Gesprächen der Weisen teilgenommen
Довгий час Сіддхартха брав участь в обговореннях мудреців
er übte sich im Debattieren mit Govinda
він практикував дебати з Говіндою
er übte die Kunst der Reflexion bei Govinda
він практикував мистецтво відображення з Говіндою
und er praktizierte Meditation
і він практикував медитацію
Er wusste bereits, wie man das Om leise spricht
Він уже вмів мовчки говорити Ом
Er kannte das Wort der Worte
Він знав слово слів
Er sprach es leise in sich hinein, während er einatmete
Він мовчки промовив це в себе, вдихаючи
Er sprach es leise aus sich heraus, während er ausatmete
Він мовчки вимовив це з себе, видихаючи
Er tat dies mit der ganzen Konzentration seiner Seele
Він робив це з усією зосередженістю своєї душі
Seine Stirn war von der Glut des klar denkenden Geistes umgeben
Його лоб був оточений сяйвом ясномислячого духу
Er wusste bereits, Atman in den Tiefen seines Wesens zu spüren
Він уже вмів відчувати Атмана в глибині свого єства
Er spürte das Unzerstörbare
Він міг відчувати незнищенне
Er wusste, was es heißt, eins mit dem Universum zu sein
Він знав, що означає бути єдиним цілим із Всесвітом
Freude hüpfte im Herzen seines Vaters
Радість стрибнула в серце його батька
weil sein Sohn, der schnell lernte,

тому що його син, який швидко вчився
Er war wissbegierig
Він був спраглий знань
Sein Vater konnte sehen, wie er zu einem großen weisen Mann heranwuchs
Його батько бачив, як він виріс, щоб стати великим мудрецем
Er konnte sich vorstellen, Priester zu werden
Він бачив, як він стає священиком
er konnte sehen, wie er ein Prinz unter den Brahmanen wurde
він бачив, як він стає князем серед брахманів
Bliss sprang in die Brust seiner Mutter, als sie ihn gehen sah
Блаженство стрибнуло в грудях матері, коли вона побачила, як він іде
Glückseligkeit hüpfte in ihrem Herzen, als sie sah, wie er sich setzte und aufstand
Блаженство стрибнуло в її серці, коли вона побачила, як він сів і встав
Siddhartha war stark und schön
Сіддхартха був сильним і красивим
Er, der auf schlanken Beinen ging
той, хто ходив на струнких ногах
Er begrüßte sie mit vollkommenem Respekt
Він привітав її з великою повагою
Liebe berührte die Herzen der jungen Töchter der Brahmanen
Любов торкнулася сердець маленьких дочок брахманів
sie waren entzückt, als Siddhartha durch die Gassen der Stadt ging
вони були зачаровані, коли Сіддхартха йшов по провулках міста
seine leuchtende Stirn, seine Augen eines Königs, seine schlanken Hüften
Його світиться лоб, його очі короля, його стрункі стегна
Vor allem aber wurde er von Govinda geliebt
Але найбільше його любила Говінда

Govinda, sein Freund, der Sohn eines Brahmanen
Говінда, його друг, син брахмана
Er liebte Siddharthas Auge und seine süße Stimme
Він любив око Сіддхартхи і солодкий голос
Er liebte die Art und Weise, wie er ging
Йому подобалося, як він ходив
und er liebte den vollkommenen Anstand seiner Bewegungen
І він любив досконалу пристойність своїх рухів
er liebte alles, was Siddhartha tat und sagte
він любив все, що робив і говорив Сіддхартха
Aber was er am meisten liebte, war sein Geist
Але найбільше він любив свій дух
Er liebte seine transzendenten, feurigen Gedanken
Він любив свої трансцендентні, полум'яні думки
Er liebte seinen glühenden Willen und seine hohe Berufung
Він любив свою палку волю і високе покликання
Govinda wusste, dass er kein gewöhnlicher Brahmane werden würde
Говінда знав, що він не стане звичайним брахманом
Nein, er würde kein fauler Beamter werden
Ні, ледачим чиновником він би не став
Nein, er würde kein habgieriger Kaufmann werden
Ні, він не став би жадібним торговцем
kein eitler, nichtssagender Redner
Не марнославний, порожній оратор
noch ein gemeiner, betrügerischer Priester
ні підлий, брехливий священик
und würde auch kein anständiges, dummes Schaf werden
а також не стала б порядною, дурною вівцею
ein Schaf in der Herde der Vielen
вівця в стаді багатьох
Und er wollte nicht eines dieser Dinge werden
І він не хотів ставати одним з таких
er wollte nicht einer dieser Zehntausende von Brahmanen sein
він не хотів бути одним з тих десятків тисяч брахманів

Er wollte Siddhartha, dem Geliebten, dem Prächtigen, nachfolgen
Він хотів піти за Сіддхартхою, коханою, чудовою
in den kommenden Tagen, wenn Siddhartha ein Gott werden würde, würde er dort sein
у найближчі дні, коли Сіддхартха стане богом, він буде там
Wenn er sich dem Ruhmreichen anschließen würde, würde er dort sein
Коли він приєднається до славних, він буде там
Govinda wollte ihm als Freund folgen
Говінда хотів піти за ним як за своїм другом
Er war sein Gefährte und sein Diener
Він був його напарником і слугою
Er war sein Speerträger und sein Schatten
Він був його носієм списа і його тінню
Siddhartha wurde von allen geliebt
Сіддхартху любили всі
Er war eine Quelle der Freude für alle
Він був джерелом радості для всіх
Er war eine Freude für sie alle
Він був захопленням для всіх них
Aber er, Siddhartha, war für sich selbst kein Quell der Freude
Але він, Сіддхартха, не був джерелом радості для себе
Er fand kein Gefallen an sich selbst
Він не знайшов у собі захвату
Er ging auf den rosigen Pfaden des Feigenbaumgartens
Він ходив рум'яними стежками саду фігових дерев
Er saß im bläulichen Schatten im Garten der Kontemplation
Він сидів у блакитній тіні в саду споглядання
Er wusch seine Glieder täglich im Bad der Buße
Він щодня мив кінцівки у ванні покаяння
Er brachte Opfer im dämmrigen Schatten des Mangowaldes dar
Він приносив жертви в тьмяній тіні мангового лісу
Seine Gesten waren von vollkommenem Anstand
Його жести були досконалої пристойності

Er war jedermanns Liebe und Freude
Він був любов'ю і радістю кожного
aber es fehlte ihm noch alle Freude im Herzen
Але йому все ще не вистачало всякої радості в серці
Träume und unruhige Gedanken kamen ihm in den Sinn
Сни і неспокійні думки приходили йому в голову
Seine Träume flossen aus dem Wasser des Flusses
Його сни витікали з води річки
Seine Träume entzündeten sich an den Sternen der Nacht
Його сни іскрилися від зірок ночі
seine Träume schmolzen aus den Strahlen der Sonne
Його мрії розтанули від променів сонця
Träume kamen zu ihm, und eine Unruhe der Seele überkam ihn
До нього приходили сни, і до нього приходив неспокій душі
seine Seele qualmte von den Opfern
Його душа диміла від жертвоприношень
hauchte er aus den Versen des Rigveda
він дихав з віршів Рігведи
Die Verse wurden ihm Tropfen für Tropfen eingeflößt
Вірші вливалися в нього, крапля за краплею
die Verse aus den Lehren der alten Brahmanen
вірші з вчення старих брахманів
Siddhartha hatte angefangen, Unzufriedenheit in sich zu nähren
Сіддхартха почав плекати невдоволення в собі
Er hatte begonnen, an der Liebe seines Vaters zu zweifeln
Він почав сумніватися в любові свого батька
Er zweifelte an der Liebe seiner Mutter
Він сумнівався в любові матері
und er zweifelte an der Liebe seines Freundes Govinda
і він сумнівався в коханні свого друга Говінди
Er zweifelte, ob ihre Liebe ihm für immer und ewig Freude bereiten würde
Він сумнівався, що їхня любов може принести йому радість на віки вічні;

ihre Liebe konnte ihn nicht nähren
Їхня любов не могла няньчити його
ihre Liebe konnte ihn nicht ernähren
Їхня любов не могла його прогодувати
ihre Liebe konnte ihn nicht befriedigen
Їхня любов не могла його задовольнити
Er hatte angefangen, die Lehren seines Vaters zu verdächtigen
Він почав підозрювати вчення свого батька
Vielleicht hatte er ihm alles gezeigt, was er wusste
Можливо, він показав йому все, що знав
da waren seine anderen Lehrer, die weisen Brahmanen
були й інші його вчителі, мудрі брахмани
Vielleicht hatten sie ihm bereits das Beste ihrer Weisheit offenbart
Можливо, вони вже відкрили йому найкраще зі своєї мудрості
Er befürchtete, dass sie sein erwartungsvolles Gefäß bereits gefüllt hatten
Він боявся, що вони вже наповнили його очікуване судно
Trotz des Reichtums ihrer Lehren war das Gefäß nicht voll
Незважаючи на багатство їх вчення, посудина не була переповнена
Der Geist war nicht zufrieden
Дух не був задоволений
Die Seele war nicht ruhig
Душа не заспокоїлася
das Herz war nicht befriedigt
серце не було задоволене
Die Waschungen waren gut, aber sie waren Wasser
Обмивання були хороші, але це була вода
Die Waschungen haben die Sünde nicht abgewaschen
обмивання не змило гріх
sie heilten den Durst des Geistes nicht
Вони не зцілили спрагу Духа
Sie linderten nicht die Furcht in seinem Herzen
Вони не зняли страху в його серці

Die Opfer und die Anrufung der Götter waren ausgezeichnet
Жертвоприношення і заклик богів були чудовими
Aber war das alles?
Але чи все це було?
Gaben die Opfer ein glückliches Glück?
Чи принесли жертви щасливе щастя?
Und was ist mit den Göttern?
А як щодо богів?
War es wirklich Prajapati, der die Welt erschaffen hatte?
Чи справді Праджапаті створив світ?
War es nicht der Atman, der die Welt erschaffen hatte?
Хіба не Атман створив світ?
Atman, der Einzige, der Einzigartige
Атман, єдиний, єдиний
Waren die Götter nicht Schöpfungen?
Хіба боги не були творіннями?
Wurden sie nicht erschaffen wie ich und du?
Хіба вони не були створені такими, як ми з вами?
Waren die Götter nicht der Zeit unterworfen?
хіба Боги не підкорялися часу?
waren die Götter sterblich? War es gut?
чи були боги смертними? Чи було це добре?
War es richtig? War es sinnvoll?
Чи правильно це? Чи мало це сенс?
War es die höchste Beschäftigung, den Göttern Opfergaben darzubringen?
Чи було найвищим заняттям приносити жертви богам?
Für wen sonst sollten Opfergaben dargebracht werden?
Для кого ще приносили жертви?
Wer sollte noch angebetet werden?
Кому ще слід було поклонятися?
Wer sonst war da, wenn nicht Ihn?
хто ще був там, як не Він?
Der einzige, der Atman
Єдиний, Атман
Und wo war Atman zu finden?

І де був знайдений Атман?
wo wohnte er?
де Він перебував?
wo schlug sein ewiges Herz?
де билося Його вічне серце?
Wo sonst, wenn nicht in sich selbst?
Де ще, як не в собі?
in seinem innersten, unzerstörbaren Teil
у своїй внутрішній непорушній частині
Konnte er das sein, was jeder in sich hatte?
Чи міг він бути тим, що кожен мав у собі?
Aber wo war dieses Ich?
Але де це було сам?
Wo war dieses Innerste?
Де була ця найпотаємніша частина?
Wo war dieser ultimative Teil?
Де була ця кінцева частина?
Es war nicht aus Fleisch und Knochen
Це не була плоть і кістки
Es war weder Gedanke noch Bewußtsein
Це не було ні думкою, ні свідомістю
Das haben die Klügsten gelehrt
Цього навчали наймудріші
Wo war es also?
Так де ж це було?
das Selbst, ich selbst, der Atman
себе, себе, Атмана
Um an diesen Ort zu gelangen, gab es einen anderen Weg
Дістатися до цього місця існував ще один спосіб
War es wert, nach diesem anderen Weg zu suchen?
Чи варто було шукати цей інший шлях?
Leider hat ihm niemand diesen Weg gezeigt
На жаль, так його ніхто не показував
Niemand kannte diesen anderen Weg
Інакше ніхто не знав
sein Vater wusste es nicht
Його батько цього не знав

und die Lehrer und Weisen wußten es nicht
А вчителі і мудреці цього не знали
Sie wußten alles, die Brahmanen
Вони знали все, брахмани
und ihre heiligen Bücher wußten alles
І їхні святі книги знали все
Sie hatten sich um alles gekümmert
Вони подбали про все
Sie kümmerten sich um die Erschaffung der Welt
Вони подбали про створення світу
Sie beschrieben die Herkunft des Sprechens, des Essens, des Einatmens, des Ausatmens
Вони описували походження мови, їжі, вдиху, видиху
Sie beschrieben die Anordnung der Sinne
Вони описали розташування органів почуттів
Sie beschrieben die Taten der Götter
Вони описували діяння богів
Ihre Bücher wussten unendlich viel
Їхні книги знали нескінченно багато
Aber war es wertvoll, das alles zu wissen?
Але чи було цінним знати все це?
Gab es nicht nur eine Sache zu wissen?
Хіба не було відомо лише про одне?
Gab es immer noch nicht das Wichtigste, was es zu wissen galt?
Чи було ще не найважливіше, що потрібно знати?
Viele Verse der heiligen Bücher sprachen von dieser innersten, höchsten Sache
Багато віршів священних книг говорили про цю найпотаємнішу, найвищу річ
es wurde besonders in den Upanishades von Samaveda erwähnt
про це говорили, зокрема, в Упані Самаведи
Es waren wunderbare Verse
Це були чудові вірші
"Deine Seele ist die ganze Welt", so stand es dort
«Твоя душа - весь світ», це там було написано

und es stand geschrieben, dass der Mensch im Tiefschlaf mit seinem Innersten zusammentreffen würde
І було написано, що людина в глибокому сні зустрінеться зі своєю найпотаємнішою частиною
und er würde im Atman wohnen
і він житиме в Атмані
Wunderbare Weisheit lag in diesen Versen
Дивовижна мудрість була в цих віршах
Alles Wissen der Weisesten war hier in Zauberworten gesammelt worden
Всі знання про наймудріших були зібрані тут чарівними словами
Es war so rein wie Honig, der von Bienen gesammelt wurde
Він був чистий, як мед, зібраний бджолами
Nein, auf die Verse sollte nicht herabgeschaut werden
Ні, на ці вірші не слід було дивитися зверхньо
Sie enthielten ungeheure Mengen an Erleuchtung
Вони містили величезну кількість просвітлення
sie enthielten Weisheiten, die gesammelt und bewahrt lagen
Вони містили мудрість, яка лежала зібрана і збережена
Weisheit, gesammelt von unzähligen Generationen weiser Brahmanen
мудрість, зібрана незліченними поколіннями мудрих брахманів
Aber wo waren die Brahmanen?
Але де були брахмани?
Wo waren die Priester?
Де були жерці?
Wo die Weisen oder Büßer?
Де мудреці або каянники?
Wo waren diejenigen, die es geschafft hatten?
Де були ті, кому це вдалося?
Wo waren diejenigen, die mehr wussten als das tiefste Wissen?
Де були ті, хто знав більш ніж глибоке знання?
Wo waren diejenigen, die auch die erleuchtete Weisheit auslebten?

Де були ті, що також жили просвітленою мудрістю?
Wo war der Wissende, der Atman aus dem Schlaf gerissen hatte?
Де був обізнаний, який вивів Атмана зі сну?
Wer hatte es in den Tag gebracht?
Хто приніс це в той день?
Wer hatte es in sein Leben aufgenommen?
Хто взяв це у своє життя?
Wer trug es bei jedem Schritt, den sie machten?
Хто ніс його з кожним кроком?
Wer hatte ihre Worte mit ihren Taten vermählt?
Хто поєднав їхні слова з їхніми справами?
Siddhartha kannte viele ehrwürdige Brahmanen
Сіддхартха знав багатьох поважних брахманів
sein Vater, der Reine
Його батько, Чистий
der Gelehrte, der Ehrwürdigste
Вчений, найповажніший
Sein Vater verdiente Bewunderung
Його батько був гідний захоплення
Ruhig und edel waren seine Manieren
Тихими і благородними були його манери
rein war sein Leben, weise waren seine Worte
Чистим було Його життя, мудрими були Його слова
Zarte und edle Gedanken lebten hinter seiner Stirn
За його бровою жили ніжні і благородні думки
Aber obwohl er so viel wusste, lebte er in Glückseligkeit?
Але хоч він і знав так багато, чи жив він у блаженстві?
Hatte er trotz all seines Wissens Frieden?
Незважаючи на всі його знання, чи був у нього спокій?
War er nicht auch nur ein suchender Mann?
Хіба він також не був просто шукачем?
War er immer noch kein durstiger Mann?
Хіба він все ще не був спраглою людиною?
Musste er nicht immer wieder aus heiligen Quellen trinken?
Хіба йому не доводилося пити зі святих джерел знову і знову?

Hat er nicht von den Opfergaben getrunken?
Хіба він не пив з підношень?
Hat er nicht aus den Büchern getrunken?
Хіба він не пив з книг?
trank er nicht aus den Streitigkeiten der Brahmanen?
хіба він не пив з суперечок брахманів?
Warum musste er jeden Tag seine Sünden abwaschen?
Чому він повинен був змивати гріхи кожен день?
Muss er sich jeden Tag um eine Reinigung bemühen?
Чи повинен він прагнути до очищення кожен день?
immer und immer wieder, jeden Tag
знову і знову, кожен день
War Atman nicht in ihm?
Чи не було Атмана в ньому?
Entsprang nicht die ursprüngliche Quelle seinem Herzen?
Хіба первозданне джерело не вийшло з його серця?
Die ursprüngliche Quelle musste im eigenen Selbst gefunden werden
Первозданне джерело треба було знайти в собі
Die unberührte Quelle musste besessen werden!
Первозданним джерелом треба було володіти!
Alles andere zu tun, war Suchen
Робити щось інше було пошуком
Jeder andere Pass ist ein Umweg
Будь-який інший пропуск є об'їздом
Ein anderer Weg führt dazu, dass man sich verirrt
Будь-який інший шлях призводить до того, щоб заблукати
Das waren Siddharthas Gedanken
Такими були думки Сіддхартхи
Das war sein Durst, und das war sein Leiden
Це була його спрага, і це були його страждання
Oft sprach er aus einer Chandogya-Upanishad zu sich selbst:
Часто він говорив сам до себе з Чандог'я-Упанішада:
"Wahrlich, der Name des Brahmanen ist Satyam"
"Воістину, ім'я Брахмана - Сатьям"
"Wer so etwas weiß, wird jeden Tag in die himmlische Welt eingehen"

"Хто знає таке, той щодня входитиме в небесний світ"
Oft schien die himmlische Welt nahe
Часто небесний світ здавався близьким
aber er hatte die himmlische Welt nie ganz erreicht
Але він ніколи не досягав небесного світу повністю
Er hatte nie den letzten Durst gestillt
Він ніколи не втамовував остаточної спраги
Und unter all den weisen und weisesten Männern hatte es keiner erreicht
І серед усіх мудрих і наймудріших мужів ніхто не досяг цього
Er erhielt von ihnen Anweisungen
Він отримував від них настанови
Aber sie hatten die himmlische Welt noch nicht ganz erreicht
Але вони не досягли повністю небесного світу
Sie hatten ihren Durst noch nicht ganz gestillt
Вони не втамували спрагу повністю
weil es ein ewiger Durst ist
тому що це вічна спрага

»Govinda«, sprach Siddhartha zu seinem Freunde
— Говінда, — заговорив Сіддхартха зі своїм другом
"Govinda, meine Liebe, komm mit mir unter den Banyanbaum"
"Говінда, моя люба, йди зі мною під баньян"
"Lasst uns meditieren"
«Давайте практикувати медитацію»
Sie gingen zum Banyan-Baum
Вони пішли до баньянового дерева
unter dem Banyanbaum setzten sie sich nieder
під баньянським деревом вони сіли
Siddhartha war genau hier
Сіддхартха був саме тут
Govinda war zwanzig Schritte entfernt
Говінда був за двадцять кроків від нього
Siddhartha setzte sich und wiederholte murmelnd den Vers

Сіддхартха сів і повторив, ремствуючи на вірш
Om ist der Bogen, der Pfeil ist die Seele
Ом - лук, стріла - душа
Das Brahman ist das Ziel des Pfeils
Брахман є метою стріли
das Ziel, das man unaufhörlich treffen sollte
мета, яку слід невпинно вражати
Die übliche Zeit der Meditationsübung war vorüber
Звичайний час вправи в медитації минув
Govinda stand auf, der Abend war gekommen
Говінда встав, настав вечір
Es war an der Zeit, die abendliche Waschung durchzuführen
Настав час виконати вечірнє обмивання
Er rief Siddharthas Namen, aber Siddhartha antwortete nicht
Він назвав ім'я Сіддхартхи, але Сіддхартха не відповів
Siddhartha saß da und war in Gedanken versunken
Сіддхартха сидів там, загубившись у думках
Seine Augen waren starr auf ein sehr weit entferntes Ziel gerichtet
Його очі були жорстко сфокусовані в бік дуже віддаленої мети
Seine Zungenspitze ragte ein wenig zwischen den Zähnen hervor
кінчик його язика трохи стирчав між зубами
Er schien nicht zu atmen
Здавалося, він не дихав
So saß er, in Kontemplation versunken
Так сидів він, закутавшись у споглядання
er war tief in Gedanken an das Om versunken
він був глибоко в думках про Ом
seine Seele schickte dem Brahman wie einen Pfeil nach
його душа послана слідом за брахманом, як стріла
Einst war Samanas durch Siddharthas Stadt gereist
Одного разу Саманас подорожував містом Сіддхартхи
Sie waren Asketen auf einer Pilgerreise
Вони були подвижниками в паломництві

drei magere, verwelkte Männer, weder alt noch jung
троє худих, зів'ялих чоловіків, ні старих, ні молодих
Staubig und blutig waren ihre Schultern
Запорошені і закривавлені були їхні плечі
fast nackt, von der Sonne versengt, umgeben von Einsamkeit
майже голий, випалений сонцем, оточений самотністю
Fremde und Feinde der Welt
чужинці і вороги світу
Fremde und Schakale im Reich der Menschen
Чужинці і шакали в царстві людей
Hinter ihnen wehte ein heißer Duft stiller Leidenschaft
За ними дув гарячий аромат тихої пристрасті
Ein Geruch von zerstörerischem Dienst
запах руйнівної служби,
ein Duft gnadenloser Selbstverleugnung
аромат нещадного самозречення,
Der Abend war gekommen
Настав вечір
nach der Stunde der Besinnung sprach Siddhartha zu Govinda
після години роздумів Сіддхартха заговорив з Говіндою
»Morgen früh wird mein Freund Siddhartha zu den Samanas gehen.«
"Завтра рано вранці, друже, Сіддхартха піде до Саман"
"Er wird ein Samana werden"
"Він стане саманою"
Govinda wurde bleich, als er diese Worte hörte
Говінда зблід, почувши ці слова
und er las die Entscheidung in dem regungslosen Gesicht seines Freundes
І він прочитав рішення в нерухомому обличчі свого друга
Es war unaufhaltsam, wie der Pfeil, der vom Bogen abgeschossen wird
Його не зупинити, як стріла, випущена з лука
Govinda erkannte auf den ersten Blick; Jetzt fängt es an
Говінда зрозумів з першого погляду; Зараз вона

починається
jetzt geht Siddhartha seinen eigenen Weg
тепер Сіддхартха йде своїм шляхом
Nun beginnt sein Schicksal zu sprießen
Тепер його доля починає проростати
und durch Siddhartha sprießt auch Govindas Schicksal
і через Сіддхартху доля Говінди також проростає
Er wurde bleich wie eine trockene Bananenschale
Він зблід, як суха бананова шкірка
»O Siddhartha!« rief er aus
"О Сіддхартха", — вигукнув він
»Wird dein Vater dir das erlauben?"
"Чи дозволить тобі це зробити твій батько?"
Siddhartha blickte hinüber, als ob er eben erwachte
Сіддхартха озирнувся так, ніби щойно прокинувся
wie ein Pfeil las er Govindas Seele
як Стріла, він читав душу Говінди;
Er konnte die Angst und die Unterwerfung in sich lesen
Він міг читати страх і покірність у ньому
»Oh Govinda«, sprach er leise, »laß uns keine Worte verschwenden.«
— О Говінда, — тихо промовив він, — не будемо марнувати слів.
"Morgen bei Tagesanbruch werde ich das Leben der Samanas beginnen"
"Завтра на світанку я почну життя саманів"
"Lasst uns nicht mehr davon reden"
"Давайте більше не будемо говорити про це"

Siddhartha trat in das Gemach, in dem sein Vater saß
Сіддхартха увійшов до палати, де сидів його батько
Sein Vater lag auf einer Matte aus Bast
Його батько був на килимку з лубу
Siddhartha trat hinter seinen Vater
Сіддхартха відстав від батька
und er blieb hinter ihm stehen
і він залишився стояти позаду нього

Er stand so lange, bis sein Vater spürte, dass jemand hinter ihm stand
Він стояв, поки батько не відчув, що за ним хтось стоїть
Der Brahmane sprach: "Bist du das, Siddhartha?"
Говорив брахман: «Це ти, Сіддхартха?»
"Dann sag, was du sagen wolltest"
"Тоді скажи те, що ти прийшов сказати"
Sprach Siddhartha: "Mit deiner Erlaubnis, mein Vater"
Говорив Сіддхартха: «З твого дозволу, мій батько»
"Ich bin gekommen, um dir zu sagen, dass es meine Sehnsucht ist, morgen dein Haus zu verlassen"
"Я прийшов, щоб сказати вам, що це моє бажання завтра покинути ваш дім"
"Ich möchte zu den Asketen gehen"
«Бажаю йти до подвижників»
"Mein Wunsch ist es, ein Samana zu werden"
"Моє бажання - стати саманою"
"Möge mein Vater sich dem nicht widersetzen"
«Нехай мій батько не противиться цьому»
Der Brahmane verstummte, und er blieb es lange
Брахман замовк, і він залишався таким надовго
Die Sterne in dem kleinen Fenster wanderten
Зірки в маленькому віконці блукали
und sie änderten ihre relativen Positionen
і вони змінили свої відносні позиції
Schweigend und regungslos stand der Sohn mit verschränkten Armen da
Мовчазний і нерухомий стояв син, склавши руки
Schweigend und regungslos saß der Vater auf der Matte
Мовчазний і нерухомий сидів батько на килимку
und die Sterne zogen ihre Bahnen am Himmel
і зірки простежували свої шляхи на небі
Da sprach der Vater
Потім заговорив батько
"Es ziemt sich nicht für einen Brahmanen, harte und zornige Worte zu sprechen"
«Не личить брахману говорити різкі і гнівні слова»

"Aber Empörung ist in meinem Herzen"
«Але обурення в моєму серці»
"Ich möchte diese Bitte nicht ein zweites Mal hören"
«Я не хочу чути це прохання вдруге»
Langsam erhob sich das Brahman
Повільно піднімався брахман
Siddhartha stand schweigend da, die Arme verschränkt
Сіддхартха стояв мовчки, склавши руки
»Worauf wartest du noch?« fragte der Vater
"Чого ти чекаєш?" - запитав батько
sprach Siddhartha: "Du weißt, worauf ich warte."
Промовив Сіддхартха: «Ти знаєш, чого я чекаю»
Empört verließ der Vater das Gemach
Обурений батько вийшов з палати
Empört ging er zu seinem Bett und legte sich nieder
Обурений, він підійшов до свого ліжка і ліг
Eine Stunde verging, aber kein Schlaf war über seine Augen gekommen
Минула година, але на його очах не було сну
der Brahmane stand auf und ging hin und her
Брахман підвівся і ходив туди-сюди
und er verließ das Haus in der Nacht
І він вийшов з дому вночі
Durch das kleine Fenster der Kammer blickte er wieder hinein
Крізь маленьке віконце камери він озирнувся всередину
und da sah er Siddhartha stehen
і там він побачив Сіддхартху, що стояв
Seine Arme waren verschränkt und er hatte sich nicht von seinem Platz bewegt
Його руки були складені, і він не рушив зі свого місця
Bleib schimmerte sein helles Gewand
Блідий переливався своїм яскравим халатом
Mit Besorgnis im Herzen kehrte der Vater in sein Bett zurück
З тривогою в серці батько повернувся до свого ліжка
Eine weitere schlaflose Stunde verging

Минула ще одна безсонна година
da kein Schlaf über seine Augen gekommen war, stand der Brahmane wieder auf
оскільки на його очах не було сну, брахман знову підвівся
Er ging hin und her und ging aus dem Haus
Він ходив туди-сюди, і він вийшов з дому
und er sah, dass der Mond aufgegangen war
І він побачив, що зійшов місяць
Durch das Fenster der Kammer blickte er wieder hinein
Через вікно палати він озирнувся всередину
da stand Siddhartha, ungerührt von seinem Platz
там стояв Сіддхартха, не рушаючи з місця
Seine Arme waren verschränkt, wie sie gewesen waren
Його руки були складені, як і раніше
Mondlicht spiegelte sich in seinen nackten Schienbeinen
Місячне світло відбивалося від його голих гомілок
Mit Sorge im Herzen ging der Vater wieder zu Bett
З тривогою в серці батько знову ліг спати
Nach einer Stunde kam er zurück
Він повернувся через годину
und nach zwei Stunden kam er wieder zurück
І він повернувся знову через дві години
Er schaute durch das kleine Fenster
Він заглянув у маленьке віконце
er sah Siddhartha im Mondschein stehen
він побачив Сіддхартху, що стояв у місячному світлі
Er stand im Licht der Sterne in der Dunkelheit
Він стояв біля світла зірок у темряві
Und er kam Stunde um Stunde zurück
І він повертався година за годиною
Schweigend blickte er in die Kammer
Мовчки він заглянув у палату
Er sah ihn an derselben Stelle stehen
Він побачив його, що стояв на тому ж місці
es erfüllte sein Herz mit Zorn
Це сповнило його серце гнівом
es erfüllte sein Herz mit Unruhe

це сповнило його серце хвилюваннями
es erfüllte sein Herz mit Qual
Це сповнило його серце тугою
es erfüllte sein Herz mit Traurigkeit
Це сповнило його серце сумом
Die letzte Stunde der Nacht war gekommen
Настала остання година ночі
Sein Vater kehrte zurück und trat in das Zimmer
Батько повернувся і увійшов до кімнати
Er sah den jungen Mann dort stehen
Він побачив юнака, що стояв там
Er schien groß und wie ein Fremder für ihn
Він здавався йому високим і схожим на чужу людину
»**Siddhartha,« sprach er, »worauf wartest du noch?«**
"Сіддхартха, — сказав він, — чого ти чекаєш?"
"**Du weißt, worauf ich warte**"
"Ти знаєш, чого я чекаю"
"**Wirst du immer so stehen und warten?**"
"Ти завжди будеш так стояти і чекати?"
"**Ich werde immer stehen und warten**"
«Я завжди буду стояти і чекати»
"**Willst du warten, bis es Morgen, Mittag und Abend wird?**"
"Ти почекаєш, поки стане ранок, полудень і вечір?"
"**Ich werde warten, bis es Morgen, Mittag und Abend wird**"
"Я почекаю, поки стане ранок, полудень і вечір"
"**Du wirst müde werden, Siddhartha**"
"Ти втомишся, Сіддхартха"
"**Ich werde müde**"
«Я втомлюся»
»**Du wirst einschlafen, Siddhartha«**
"Ти заснеш, Сіддхартха"
"**Ich werde nicht einschlafen**"
«Я не засну»
»**Du wirst sterben, Siddhartha«**
"Ти помреш, Сіддхартха"
»**Ich will sterben,« antwortete Siddhartha**
— Я помру, — відповів Сіддхартха

"Und willst du lieber sterben, als deinem Vater zu gehorchen?"
"І ти краще помреш, ніж послухаєшся свого батька?"
"Siddhartha hat seinem Vater immer gehorcht"
«Сіддхартха завжди слухався свого батька»
"Willst du also deinen Plan aufgeben?"
- То ти відмовишся від свого плану?
"Siddhartha wird tun, was sein Vater ihm sagen wird"
«Сіддхартха зробить те, що йому скаже батько»
Das erste Tageslicht schien in den Raum
Перше світло дня засяяло в кімнату
Der Brahmane sah, dass Siddharthas Knie sanft zitterten
Брахман побачив, що коліна Сіддхартхи тихо тремтять
In Siddharthas Antlitz sah er kein Zittern
В обличчі Сіддхартхи він не побачив тремтіння
Seine Augen waren auf einen entfernten Punkt gerichtet
Його погляд був нерухомий на далекому місці
Das war der Moment, in dem sein Vater erkannte
Саме тоді його батько зрозумів
auch jetzt wohnte Siddhartha nicht mehr bei ihm in seinem Hause
навіть тепер Сіддхартха більше не жив з ним у своєму будинку
Er sah, dass er ihn bereits verlassen hatte
Він побачив, що вже покинув його
Der Vater berührte Siddharthas Schulter
Батько торкнувся плеча Сіддхартхи
»Du sollst«, sprach er, »in den Wald gehen und ein Samana sein.«
"Ти підеш, — сказав він, — підеш у ліс і будеш саманою"
"Wenn du Glückseligkeit im Wald findest, komm zurück"
"Коли знайдеш блаженство в лісі, повертайся"
"Komm zurück und lehre mich, glückselig zu sein"
"Повернися і навчи мене бути блаженним"
"Wenn du Enttäuschung findest, dann kehre zurück"
«Якщо знайдеш розчарування, то повертайся»
"Kehrt zurück und lasst uns wieder gemeinsam den Göttern

Opfergaben darbringen"
"Повернімося і давайте знову разом приносити жертви богам"
"Geh jetzt und küsse deine Mutter"
"Іди зараз і поцілуй свою маму"
"Sag ihr, wohin du gehst"
«Скажи їй, куди ти йдеш»
"Aber für mich ist es Zeit, an den Fluss zu gehen"
«Але для мене пора йти до річки»
"Es ist an der Zeit, dass ich die erste Waschung vollziehe"
"Настав мій час здійснити перше обмивання"
Er nahm die Hand von der Schulter seines Sohnes und ging hinaus
Він зняв руку з плеча сина і вийшов на вулицю
Siddhartha schwankte zur Seite, als er zu gehen versuchte
Сіддхартха хитнувся вбік, намагаючись пройти
Er brachte seine Gliedmaßen wieder unter Kontrolle und verneigte sich vor seinem Vater
Він повернув кінцівки під контроль і вклонився батькові
Er ging zu seiner Mutter, um zu tun, was sein Vater gesagt hatte
Він пішов до матері, щоб зробити те, що сказав його батько
Als er langsam auf steifen Beinen ging, erhob sich ein Schatten in der Nähe der letzten Hütte
Коли він повільно йшов на твердих ногах, біля останньої хатини піднялася тінь
Wer hatte dort gehockt und sich dem Pilger angeschlossen?
Хто присів і приєднався до паломника?
»**Govinda, du bist gekommen,**« sagte Siddhartha und lächelte
— Говінда, ти прийшов, — сказав Сіддхартха і посміхнувся
»**Ich bin gekommen**«, sagte Govinda
— Я прийшов, — сказав Говінда

Mit den Samanas
З саманами

Am Abend dieses Tages holten sie die Asketen ein
Увечері цього дня вони наздогнали подвижників
die Asketen; die mageren Samanas
подвижники; худі самани
Sie boten ihnen Gesellschaft und Gehorsam an
Вони запропонували їм своє напарництво і послух
Ihre Kameradschaft und ihr Gehorsam wurden akzeptiert
Їхнє товариство і послух були прийняті
Siddhartha gab seine Kleider einem armen Brahmanen auf der Straße
Сіддхартха віддав свій одяг бідному брахману на вулиці
Er trug nichts weiter als einen Lendenschurz und einen erdfarbenen, ungesäten Mantel
Він носив не що інше, як пов'язку на стегнах і незасіяний плащ земного кольору
Er aß nur einmal am Tag und nie etwas Gekochtes
Він їв лише раз на день, і ніколи нічого не готував
Er fastete fünfzehn Tage, er fastete achtundzwanzig Tage
Він постився п'ятнадцять днів, він постився двадцять вісім днів
Das Fleisch wich von seinen Schenkeln und Wangen
Плоть зникла з його стегон і щік
Fieberträume flackerten aus seinen vergrößerten Augen
Гарячкові сни мерехтіли з його збільшених очей
Lange Nägel wuchsen langsam an seinen ausgedörrten Fingern
довгі нігті повільно росли на його пересохлих пальцях
und ein trockener, struppiger Bart wuchs ihm am Kinn
а на підборідді виросла суха волохата борода
Sein Blick verwandelte sich in Eis, als er Frauen begegnete
Його погляд перетворився на лід, коли він зіткнувся з жінками
Er ging durch eine Stadt voller gut gekleideter Menschen
Він прогулювався містом гарно одягнених людей

sein Mund zuckte vor Verachtung für sie
Його рот сіпнувся від презирства до них
Er sah Kaufleute, die Handel trieben, und Fürsten, die jagten
Він бачив, як торговці торгували, а князі полювали
Er sah Trauernde, die um ihre Toten klagten
Він бачив скорботних, які плакали за своїми померлими
und er sah Huren, die sich anboten
І він побачив повій, які приносили себе в жертву
Ärzte versuchen, Kranken zu helfen
Медики намагаються допомогти хворим
Priester bestimmen den am besten geeigneten Tag für die Aussaat
Священики визначають найбільш підходящий день для посіву
liebende Liebende und Mütter, die ihre Kinder stillen
закохані люблячі і матері, які годують своїх дітей
Und das alles war nicht eines Blickes aus seinen Augen wert
І все це не варте одного погляду з його очей
Es hat alles gelogen, es hat alles gestank, es hat alles nach Lügen gestank
Це все брехало, це все було скидно, це все було від брехні
Es tat alles so, als wäre es bedeutungsvoll und freudig und schön
Все це прикидалося значущим, радісним і прекрасним
und alles war nur versteckte Fäulnis
І все це було просто прихованим гниттям
die Welt schmeckte bitter; Das Leben war eine Qual
світ гірчив на смак; Життя було тортурами

Ein einziges Tor stand vor Siddhartha
Єдиний гол стояв перед Сіддхартхою
Sein Ziel war es, leer zu werden
Його метою було стати порожнім
Sein Ziel war es, durstlos zu sein
Його метою було звільнитися від спраги
leer von Wünschen und leer von Träumen
порожні від бажань і порожні від мрій

leer von Freud und Leid
порожні від радості і смутку
Sein Ziel war es, für sich selbst tot zu sein
Його метою було бути мертвим для себе
Sein Ziel war es, kein Selbst mehr zu sein
Його метою було більше не бути самим собою
Sein Ziel war es, mit einem leeren Herzen Ruhe zu finden
Його метою було знайти спокій з порожнім серцем
Sein Ziel war es, in selbstlosen Gedanken offen für Wunder zu sein
Його метою було бути відкритим на чудеса в безкорисливих думках
Dies zu erreichen, war sein Ziel
Досягти цього було його метою
als sein ganzes Selbst überwunden war und gestorben war
коли все його «я» було подолано і померло
als jedes Verlangen und jeder Drang im Herzen schwieg
коли кожне бажання і кожне бажання мовчало в серці
Dann musste der ultimative Teil von ihm erwachen
Тоді кінцева його частина повинна була прокинутися
das Innerste seines Wesens, das nicht mehr sein Selbst ist
найпотаємніше його єство, яке більше не є його «я»
Das war das große Geheimnis
Це була велика таємниця

Schweigend setzte sich Siddhartha den brennenden Strahlen der Sonne aus
Мовчки Сіддхартха піддавався пекучим променям сонця
Er glühte vor Schmerz und er glühte vor Durst
Він світився від болю і світився від спраги
und er stand da, bis er weder Schmerz noch Durst verspürte
і він стояв там, поки не відчув ні болю, ні спраги
Schweigend stand er da in der Regenzeit
Мовчки він стояв там у сезон дощів
Aus seinem Haar tropfte das Wasser über die eiskalten Schultern
З його волосся вода капала по замерзлих плечах

Das Wasser tropfte über seine eiskalten Hüften und Beine
Вода капала на його замерзлі стегна і ноги
und der Büßer stand da
і каянник стояв там
Er stand da, bis er die Kälte nicht mehr spürte
Він стояв там, поки більше не відчував холоду
Er stand da, bis sein Körper schwieg
Він стояв там, поки його тіло не замовкло
Er stand da, bis sein Körper ruhig war
Він стояв там, поки його тіло не заспокоїлося
Schweigend kauerte er sich in das dornige Gebüsch
Мовчки він задирався в колючих кущах
Blut tropfte von der brennenden Haut
кров капала з палаючої шкіри,
Blut tropfte aus eiternden Wunden
кров капала з гнійних ран,
und Siddhartha blieb starr und regungslos
а Сіддхартха залишався твердим і нерухомим
Er stand so lange, bis kein Blut mehr floss
Він стояв, поки кров більше не текла
Er stand so lange, bis nichts mehr stach
Він стояв, поки нічого більше не вжалило
Er stand so lange, bis nichts mehr brannte
Він стояв, поки більше нічого не горіло
Siddhartha saß aufrecht und lernte, sparsam zu atmen
Сіддхартха сидів вертикально і навчився дихати скупо
Er lernte, mit wenigen Atemzügen auszukommen
Він навчився ладнати з кількома вдихами
Er lernte, mit dem Atmen aufzuhören
Він навчився переставати дихати
Er lernte, mit dem Atem beginnend, den Schlag seines Herzens zu beruhigen
Він навчився, починаючи з дихання, заспокоювати биття свого серця
Er lernte, die Schläge seines Herzens zu reduzieren
Він навчився зменшувати биття свого серця
Er meditierte, bis sein Herzschlag nur noch wenige waren

Він медитував, поки його серцебиття не стало лише кількома
und dann schlug sein Herz fast nicht mehr
І тоді його серцебиття майже не було
Von der ältesten der Samanas unterwiesen, übte sich Siddhartha in Selbstverleugnung
За настановами найстаршого з саманів, Сіддхартха практикував самозречення
er praktizierte Meditation nach den neuen Samana-Regeln
він практикував медитацію згідно з новими правилами Самани
Ein Reiher flog über den Bambuswald
Над бамбуковим лісом пролетіла чапля
Siddhartha nahm den Reiher in seine Seele auf
Сіддхартха прийняв чаплю в свою душу
Er flog über Wälder und Berge
Він літав над лісом і горами
Er war ein Reiher, er aß Fisch
Він був чаплею, їв рибу
Er fühlte den Hunger eines Reihers
Він відчув муки голоду чаплі
Er sprach das Krächzen des Reihers
Він говорив каркання чаплі
Er starb den Tod eines Reihers
Він помер смертю чаплі
Ein toter Schakal lag am sandigen Ufer
На піщаному березі лежав мертвий шакал
Siddharthas Seele schlüpfte in den Körper des toten Schakals
Душа Сіддхартхи прослизнула всередину тіла мертвого шакала
Er war der tote Schakal, der aufgedunsen am Ufer lag
Він був мертвим шакалом, що лежав на березі і роздутий
Er stank und verweste und wurde von Hyänen zerstückelt
Він розпався і згнив і був розчленований гієнами
Er wurde von Geiern gehäutet und in ein Skelett verwandelt
Він був знятий зі шкіри грифами і перетворений в скелет

Er wurde zu Staub zerfallen und über die Felder geweht
Його перетворили на порох і рознесло по полях
Und Siddharthas Seele kehrte zurück
І душа Сіддхартхи повернулася
Er war gestorben, verwest und wie Staub zerstreut
Вона померла, згнила і була розсіяна, як порох
Er hatte den düsteren Rausch des Kreislaufs gekostet
Він відчув смак похмурого сп'яніння циклу
Er wartete in neuem Durst wie ein Jäger in der Lücke
Воно чекало в новій спразі, як мисливець у щілині
in der Lücke, in der er dem Kreislauf entfliehen konnte
в проміжку, куди він міг би втекти з циклу
in der Lücke, in der eine Ewigkeit ohne Leiden begann
в прогалині, де почалася вічність без страждань
Er tötete seine Sinne und sein Gedächtnis
Він убив свої почуття і пам'ять
Er schlüpfte aus sich selbst heraus in tausende andere Formen
Він вислизнув зі свого «я» в тисячі інших форм
Er war ein Tier, ein Aas, ein Stein
Він був твариною, падлом, каменем
Er war Holz und Wasser
Він був деревом і водою
und er wachte jedes Mal auf, um sein altes Ich wiederzufinden
І він прокидався щоразу, щоб знову знайти своє старе «я»
Ob Sonne oder Mond, er war wieder er selbst
Будь то сонце чи місяць, він знову був самим собою
Er drehte sich im Kreislauf um
Він обернувся в циклі
Er fühlte Durst, überwand den Durst, fühlte neuen Durst
Він відчував спрагу, подолав спрагу, відчував нову спрагу

Siddhartha lernte viel, als er bei den Samanas war
Сіддхартха багато чому навчився, коли був із саманами
Er lernte viele Wege, die vom Selbst wegführten
Він навчився багатьом способам, що ведуть від себе

Er lernte loszulassen
Він навчився відпускати
Er ging den Weg der Selbstverleugnung durch den Schmerz
Він пішов шляхом самозречення за допомогою болю
Er lernte Selbstverleugnung durch freiwilliges Leiden und Überwinden von Schmerz
Він навчився самозреченню через добровільні страждання і подолання болю
Er überwand Hunger, Durst und Müdigkeit
Він подолав голод, спрагу і втому
Er ging den Weg der Selbstverleugnung durch Meditation
Він пішов шляхом самозречення за допомогою медитації
Er ging den Weg der Selbstverleugnung, indem er sich vorstellte, der Geist sei frei von allen Vorstellungen
Він пройшов шлях самозречення, уявляючи, що розум позбавлений усіх концепцій
Mit diesen und anderen Wegen lernte er loszulassen
Цими та іншими способами він навчився відпускати
Tausendmal verließ er sich
тисячу разів він залишав себе;
Stunden- und tagelang verharrte er im Nicht-Selbst
годинами і днями він залишався в не-собі
Alle diese Wege führten vom Selbst weg
Всі ці шляхи відводили від себе
aber ihr Weg führte immer zurück zum Selbst
Але їхній шлях завжди вів назад до себе
Siddhartha floh tausendmal vor sich selbst
Сіддхартха тисячу разів тікав від себе
Aber die Rückkehr zum Selbst war unvermeidlich
Але повернення до себе було неминучим
Obwohl er im Nichts blieb, war seine Rückkehr unvermeidlich
Хоча він залишався в небутті, повернення було неминучим
Obwohl er in Tieren und Steinen blieb, war die Rückkehr unvermeidlich
Хоча він залишався в тваринах і каменях, повернення було неминучим

Er befand sich wieder im Sonnenschein oder im Mondschein
Він знову опинився на сонці або в місячному світлі
Er fand sich wieder im Schatten oder im Regen wieder
Він знову опинився в тіні або під дощем
und er war wieder er selbst; Siddhartha
і він знову став самим собою; Сіддхартха
Und wieder fühlte er die Qual des Kreislaufs, der ihm aufgezwungen worden war
і знову він відчув муки циклу, який був нав'язаний йому

an seiner Seite lebte Govinda, sein Schatten
поруч з ним жив Говінда, його тінь
Govinda ging den gleichen Weg und unternahm die gleichen Anstrengungen
Говінда йшов тим же шляхом і докладав тих же зусиль
Sie sprachen nicht mehr miteinander, als es die Übungen erforderten
Вони розмовляли одне з одним не більше, ніж потрібні вправи
Gelegentlich gingen die beiden durch die Dörfer
Час від часу вони вдвох ходили по селах
Sie gingen hin, um um Essen für sich und ihre Lehrer zu betteln
Вони йшли просити їжу для себе і своїх вчителів
"Was glaubst du, wie wir Fortschritte gemacht haben, Govinda?", fragte er
"Як ти думаєш, як ми просунулися, Говінда", - запитав він
"Haben wir irgendwelche Ziele erreicht?" Govinda antwortete
"Чи досягли ми якихось цілей?" — відповів Говінда
"Wir haben gelernt und werden weiter lernen"
«Ми навчилися і будемо продовжувати вчитися»
"Du wirst ein großer Samana sein, Siddhartha"
"Ти будеш великою саманою, Сіддхартха"
"Schnell hat man jede Übung gelernt"
"Швидко, ти вивчив кожну вправу"

"Oft haben dich die alten Samanas bewundert"
"Часто старі самани захоплювалися вами"
"Eines Tages wirst du ein heiliger Mann sein, oh Siddhartha"
"Одного разу ти станеш святою людиною, о Сіддхартха"
Sprach Siddhartha: "Ich kann nicht anders, als zu fühlen, daß es nicht so ist, mein Freund."
Сіддхартха говорив: «Я не можу не відчувати, що це не так, друже»
"Was ich unter den Samanas gelernt habe, hätte schneller gelernt werden können"
"Те, чого я навчився, перебуваючи серед саман, можна було б засвоїти швидше"
"Es hätte mit einfacheren Mitteln erlernt werden können"
«Цього можна було навчитися простішими засобами»
"Es hätte in jeder Taverne gelernt werden können"
«Цього можна було навчитися в будь-якій таверні»
"Man hätte herausfinden können, wo die Hurenhäuser sind"
"Можна було б дізнатися, де знаходяться блудниці"
"Ich hätte es unter Fuhrleuten und Spielern lernen können"
«Я міг би навчитися цьому серед візників і азартних гравців»
Sprach Govinda: "Siddhartha scherzt mit mir"
Говорив Говінда: «Сіддхартха жартує зі мною»
"Wie konntest du Meditation unter elenden Menschen lernen?"
"Як ви могли навчитися медитації серед нещасних людей?"
"Wie konnten Huren dir beibringen, wie man den Atem anhält?"
"Як повії могли навчити вас затримувати дихання?"
"Wie hätten die Spieler dir Unempfindlichkeit gegen Schmerzen beibringen können?"
«Як азартні гравці могли навчити вас нечутливості до болю?»
Siddhartha sprach leise, als spräche er mit sich selbst
Сіддхартха говорив тихо, ніби розмовляв сам із собою
"Was ist Meditation?"

"Що таке медитація?"
"Was verlässt den Körper?"
"Що залишає тіло?"
"Was ist Fasten?"
"Що таке піст?"
"Was hält man den Atem an?"
"Що таке затримка дихання?"
"Es ist die Flucht vor dem Selbst"
"Це втеча від себе"
"Es ist eine kurze Flucht vor der Qual des Selbstseins"
"Це коротка втеча від агонії бути собою"
"Es ist eine kurze Betäubung der Sinne gegen den Schmerz"
"Це коротке заціпеніння почуттів проти болю"
"Es geht darum, die Sinnlosigkeit des Lebens zu vermeiden"
"Це уникнення безглуздості життя"
"Die gleiche Betäubung findet der Fahrer eines Ochsenkarrens in der Herberge"
«Таке ж заціпеніння знаходить у корчмі віз вола»
"ein paar Schüsseln Reiswein oder vergorene Kokosmilch trinken"
«Випити кілька мисок рисового вина або кисломолочного кокосового молока»
"Dann spürt er sich nicht mehr"
«Тоді він більше не буде відчувати себе»
"Dann wird er die Schmerzen des Lebens nicht mehr spüren"
"Тоді він більше не буде відчувати біль життя"
"Dann findet er eine kurze Betäubung der Sinne"
«Потім він знаходить коротке заціпеніння почуттів»
"Wenn er über seiner Schüssel Reiswein einschläft, wird er dasselbe finden, was wir finden"
«Коли він засне над своєю мискою з рисовим вином, він знайде те саме, що знайдемо ми»
"Er findet das, was wir finden, wenn wir unserem Körper durch lange Übungen entfliehen"
"Він знаходить те, що ми знаходимо, коли вислизаємо від наших тіл за допомогою довгих вправ"

"Wir alle bleiben im Nicht-Selbst"
"Всі ми залишаємося в не-собі"
"So ist es, oh Govinda"
"Ось як це, о Говінда"
Sprach Govinda: "Du sagst es, oh Freund."
Промовив Говінда: "Ти так кажеш, о друже"
"und doch weißt du, dass Siddhartha kein Ochsenkarrenfahrer ist"
"І все ж ви знаєте, що Сіддхартха не водій волового воза"
"Und du weißt, dass ein Samana kein Trunkenbold ist"
"і ти знаєш, що Самана не п'яниця"
"Es ist wahr, dass ein Trinker seine Sinne betäubt"
"Це правда, що питущий німіє почуття"
"Es stimmt, dass er kurz flüchtet und sich ausruht"
"Це правда, що він ненадовго тікає і відпочиває"
"Aber er wird von der Täuschung zurückkehren und findet alles unverändert"
«Але він повернеться з омани і знайде все незмінним»
"Er ist nicht klüger geworden"
"Він не став мудрішим"
"Er hat jede Erleuchtung gesammelt"
"Він зібрав будь-яке просвітлення"
"Er ist noch keine Stufen gestiegen"
«Він не піднявся ні на кілька сходинок»
Und Siddhartha sprach lächelnd
І Сіддхартха говорив з посмішкою
"Ich weiß es nicht, ich war nie ein Trunkenbold"
«Не знаю, я ніколи не був п'яницею»
"Ich weiß, dass ich nur eine kurze Betäubung der Sinne finde"
"Я знаю, що знаходжу лише коротке заціпеніння почуттів"
"Ich finde es in meinen Übungen und Meditationen"
«Я знаходжу це в своїх вправах і медитаціях»
"und ich finde, ich bin von der Weisheit so weit entfernt wie ein Kind im Mutterleib"
"і я виявляю, що я так само далекий від мудрості, як дитина в утробі матері"

"Das weiß ich, oh Govinda"
"Це я знаю, о Говінда"

Und noch einmal, ein andermal, fing Siddhartha an zu reden
І знову, іншим разом, Сіддхартха почав говорити
Siddhartha hatte zusammen mit Govinda den Wald verlassen
Сіддхартха покинув ліс разом з Говіндою
Sie machten sich auf den Weg, um im Dorf um etwas zu essen zu betteln
Вони пішли просити трохи їжі в село
Er sagte: "Was nun, oh Govinda?"
він сказав: "Що тепер, о Говінда?"
"Sind wir auf dem richtigen Weg?"
"Ми на правильному шляху?"
"Nähern wir uns der Erleuchtung?"
"Чи наближаємося ми до просвітлення?"
"Kommen wir der Erlösung näher?"
"Чи наближаємося ми до спасіння?"
"Oder leben wir vielleicht im Kreis?"
- Чи, можливо, ми живемо по колу?
"Wir, die wir dachten, wir würden dem Kreislauf entkommen"
"Ми, хто думав, що виходимо з циклу"
Govinda sprach: "Wir haben viel gelernt"
Говорив Говінда: «Ми багато чому навчилися»
"Siddhartha, es gibt noch viel zu lernen"
"Сіддхартха, є ще багато чому навчитися"
"Wir drehen uns nicht im Kreis"
«Ми не ходимо по колу»
"Wir bewegen uns nach oben; Der Kreis ist eine Spirale"
"Ми рухаємося вгору; Коло - спіраль"
"Wir sind schon viele Stufen erklommen"
«Ми вже піднялися на багато рівнів»
Siddhartha antwortete: "Was glaubst du, wie alt unser ältester Samana ist?"
Сіддхартха відповів: "Скільки років, на вашу думку, нашій

найстаршій Самані?"
"Wie alt ist unser ehrwürdiger Lehrer?"
"Скільки років нашому поважному вчителю?"
Govinda sprach: "Unser Ältester mag etwa sechzig Jahre alt sein."
Говінда сказав: "Нашому найстаршому може бути близько шістдесяти років"
Siddhartha sprach: "Er lebt schon sechzig Jahre."
Говорив Сіддхартха: «Він прожив шістдесят років»
"Und doch hat er das Nirwana noch nicht erreicht"
"І все ж він не досяг нірвани"
"Er wird siebzig und achtzig Jahre alt"
"Йому виповниться сімдесят і вісімдесят"
"Du und ich, wir werden genauso alt werden wie er"
«Ми з тобою виростемо такими ж старими, як і він»
"Und wir werden unsere Übungen machen"
«І ми будемо робити свої вправи»
"Und wir werden fasten und wir werden meditieren"
"І ми будемо постити, і ми будемо медитувати"
"Aber wir werden das Nirwana nicht erreichen"
«Але нірвани ми не дійдемо»
"Er wird das Nirwana nicht erreichen und wir nicht"
«Він не досягне нірвани, а ми ні»
"Es gibt unzählige Samanas da draußen"
"Там незліченні самани"
"Vielleicht wird kein einziger das Nirwana erreichen"
«Мабуть, жоден не досягне нірвани»
"Wir finden Trost, wir finden Taubheit, wir lernen Kunststücke"
"Ми знаходимо втіху, ми знаходимо оніміння, ми вчимося подвигам"
"Wir lernen diese Dinge, um andere zu täuschen"
"Ми вчимося цьому, щоб обманювати інших"
"Aber das Wichtigste, den Weg der Wege, werden wir nicht finden"
«Але найголовніше, шлях стежок, ми не знайдемо»
Sprach Govinda: "Wenn du nur nicht so schreckliche Worte

reden wolltest, Siddhartha!"
Говінда говорив: «Якби ти тільки не говорив таких жахливих слів, Сіддхартха!»
"Es gibt so viele gelehrte Männer"
"Є так багато вчених людей"
"Wie konnte nicht einer von ihnen den Pfad der Pfade finden?"
"Як ніхто з них не міг знайти стежки шляхів?"
"Wie können so viele Brahmanen es nicht finden?"
«Як так багато брахманів можуть його не знайти?»
"Wie können so viele strenge und ehrwürdige Samanas es nicht finden?"
"Як може так багато суворих і поважних саман не знайти його?"
"Wie können alle, die suchen, es nicht finden?"
"Як можуть не знайти його всі, хто шукає?"
"Wie können die heiligen Männer es nicht finden?"
"Як святі мужі можуть не знайти його?"
Aber Siddhartha sprach mit ebensoviel Traurigkeit wie Spott
Але Сіддхартха говорив з таким же смутком, як і з насмішкою
Er sprach mit leiser, leicht trauriger, leicht spöttischer Stimme
Він говорив тихим, трохи сумним, трохи глузливим голосом
"Bald, Govinda, wird dein Freund den Pfad der Samanas verlassen"
«Скоро, Говінда, твій друг зійде зі шляху Саман»
"Er ist so lange an deiner Seite gelaufen"
"Він так довго ходив по твоєму боці"
"Ich leide an Durst"
"Я страждаю від спраги"
"Auf diesem langen Pfad eines Samana ist mein Durst so stark geblieben wie eh und je"
"На цьому довгому шляху Самани моя спрага залишалася сильною, як ніколи"

"Ich war immer wissbegierig"
«Я завжди жадав знань»
"Ich war schon immer voller Fragen"
«Я завжди був сповнений питань»
"Ich habe die Brahmanen gefragt, Jahr für Jahr"
«Я рік за роком питав брахманів»
"Und ich habe die heiligen Veden gefragt, Jahr für Jahr"
"і я просив святих Вед рік за роком"
"Und ich habe die ergebenen Samanas gebeten, Jahr für Jahr"
"і я питав відданих Саман рік за роком"
"vielleicht hätte ich es vom Nashornvogel lernen können"
«Можливо, я міг би навчитися цьому від птаха-носорога»
"Vielleicht hätte ich den Schimpansen fragen sollen"
- Можливо, мені варто було запитати шимпанзе
"Es hat lange gedauert"
«Це зайняло у мене багато часу»
"und ich bin noch nicht fertig mit dem Lernen"
"І я ще не закінчив це вивчати"
"Oh Govinda, ich habe gelernt, dass es nichts zu lernen gibt!"
"О Говінда, я дізнався, що нема чого вчитися!"
"Lernen gibt es in der Tat nicht"
"Насправді немає такого поняття, як навчання"
"Es gibt nur ein Wissen"
"Є лише одне знання"
"Dieses Wissen ist überall, das ist Atman"
«це знання є скрізь, це Атман»
"Dieses Wissen ist in mir und in dir"
"Це знання всередині мене і всередині вас"
"Und dieses Wissen ist in jedem Geschöpf"
"І це знання є в кожному створінні"
"Dieses Wissen hat keinen schlimmeren Feind als den Wunsch, es zu wissen"
«Це знання не має гіршого ворога, ніж бажання його знати»
"Das ist es, was ich glaube"

"Це те, у що я вірю"
Bei diesen Worten blieb Govinda auf dem Pfad stehen
На цьому Говінда зупинився на шляху
Er erhob die Hände und sprach
Він підняв руки і заговорив
"Wenn du deinen Freund nur nicht mit dieser Art von Gerede belästigen würdest"
"Якби ти не турбував свого друга такими розмовами"
"Wahrlich, deine Worte erwecken Furcht in meinem Herzen"
"Воістину, ваші слова викликають страх у моєму серці"
"Überlegen Sie, was aus der Heiligkeit des Gebets werden würde?"
"Поміркуйте, що станеться зі святістю молитви?"
"Was würde aus der Ehrwürdigkeit der Brahmanenkaste werden?"
«Що станеться з поважністю касти брахманів?»
"Was würde mit der Heiligkeit der Samanas geschehen?
"Що станеться зі святістю Саманів?
"Was dann aus all dem wird, ist heilig"
"Те, що тоді станеться з усього цього, є святим"
"Was wäre noch kostbar?"
"Що ще було б дорогоцінним?"
Und Govinda murmelte einen Vers aus einer Upanishaden vor sich hin
І Говінда пробурмотів собі вірш з Упанішаду
"Wer nachdenklich ist, von geläutertem Geist, verliert sich in der Meditation Atmans"
"Той, хто розміркововує, очищеного духа, губиться в медитації Атмана"
"Unaussprechlich durch Worte ist die Seligkeit seines Herzens"
"Невимовне словами блаженство його серця"
Aber Siddhartha schwieg
Але Сіддхартха мовчав
Er dachte an die Worte, die Govinda zu ihm gesagt hatte
Він подумав про слова, які сказав йому Говінда
und er dachte die Worte zu Ende

і він продумав слова до кінця
Er dachte darüber nach, was von all dem, was heilig schien, übrig bleiben würde
Він думав про те, що залишиться від усього того, що здавалося святим
Was bleibt? Was kann sich bewähren?
Що залишається? Що витримує випробування?
Und er schüttelte den Kopf
І він похитав головою

die beiden jungen Männer hatten etwa drei Jahre lang unter den Samanas gelebt
двоє молодих чоловіків прожили серед саман близько трьох років;
Eine Nachricht, ein Gerücht, ein Mythos erreichte sie
До них дійшли якісь новини, чутки, міф
Das Gerücht war viele Male wiederholt worden
Чутки переказували багато разів
Ein Mann war erschienen, Gotama mit Namen
З'явився чоловік, Готама на ім'я
der Erhabene, der Buddha
піднесений, Будда
Er hatte das Leid der Welt in sich selbst überwunden
Він подолав страждання світу в Собі
und er hatte den Kreislauf der Wiedergeburten gestoppt
і він зупинив цикл перероджень
Er soll durch das Land gewandert sein und gelehrt haben
Кажуть, що він блукав по землі, навчаючи
Er soll von Jüngern umgeben gewesen sein
Кажуть, що його оточували учні
Er soll ohne Besitz, Wohnung und Ehefrau gewesen sein
Казали, що він не мав ні володіння, ні дому, ні дружини
Er soll nur den gelben Mantel eines Asketen bekleidet haben
Кажуть, що він був у жовтому плащі подвижника
aber er war mit heiterer Stirn
Але він був з веселою бровою

und man sagte, er sei ein Mann der Glückseligkeit
і про нього говорили, що він був людиною блаженства
Brahmanen und Prinzen verneigten sich vor ihm
Перед ним схилилися брахмани і князі
und sie wurden seine Schüler
І вони стали його учнями
Dieser Mythos, dieses Gerücht, diese Legende erklang
Цей міф, ця чутка, ця легенда звучали
Sein Duft stieg hier und da in den Städten auf
Його аромат піднімався вгору, то тут, то там, у містах
die Brahmanen sprachen von dieser Legende
брахмани говорили про цю легенду
und im Walde sprachen die Samanas davon
і в лісі про це говорили самани
immer wieder drang der Name von Gotama, dem Buddha, zu den Ohren der jungen Männer
Знову і знову ім'я Будди Готама доходило до вух юнаків
da war gutes und schlechtes Gerede über Gotama
були хороші і погані розмови про Готаму
einige lobten Gotama, andere diffamierten ihn
одні хвалили Готаму, інші ганьбили його
Es war, als ob die Pest in einem Land ausgebrochen wäre
Це було так, ніби чума спалахнула в країні
Es hatte sich herumgesprochen, dass sich an der einen oder anderen Stelle ein Mann aufhielt
Навколо поширювалася звістка про те, що в тому чи іншому місці є людина
Ein weiser Mann, ein Wissender
Мудра людина, обізнана
Ein Mann, dessen Wort und Atem ausreichten, um alle zu heilen
Людина, слова і дихання якого вистачило, щоб зцілити всіх
Seine Gegenwart konnte jeden heilen, der mit der Pest infiziert war
Його присутність могла зцілити будь-кого, хто був заражений мором

Solche Nachrichten gingen durch das Land, und jeder sprach darüber
Такі новини пішли по землі, і всі про це говорили
Viele glaubten den Gerüchten, viele zweifelten daran
Багато хто повірив чуткам, багато хто сумнівався в них
Aber viele machten sich so schnell wie möglich auf den Weg
Але багато хто вирушив у дорогу якомога швидше
Sie gingen hin, um den Weisen, den Helfer zu suchen
Вони пішли шукати мудреця, помічника
der Weise aus der Familie von Sakya
мудрець з роду Сакья
Er besaß, so sagten die Gläubigen, die höchste Erleuchtung
Він володів, так говорили віруючі, найвищим просвітленням
Er erinnerte sich an seine früheren Leben; Er hatte das Nirwana erreicht
він пам'ятав своє попереднє життя; Він досяг нірвани
und er kehrte nie wieder in den Kreislauf zurück
І він так і не повернувся в цикл
Er war nie wieder in dem trüben Fluss der physischen Formen untergetaucht
Він більше ніколи не був занурений у каламутну річку фізичних форм
Viel Wunderbares und Unglaubliches wurde von ihm berichtet
Про нього повідомлялося багато чудових і неймовірних речей
er hatte Wunder gewirkt
Він творив чудеса
Er hatte den Teufel besiegt
Він переміг диявола
Er hatte zu den Göttern gesprochen
Він говорив з богами
Aber seine Feinde und Ungläubigen sagten, Gotama sei ein eitler Verführer
Але його вороги і невіруючі говорили, що Готама був марнославним спокусником

Sie sagten, er habe seine Tage im Luxus verbracht
Вони сказали, що він провів свої дні в розкоші
Sie sagten, er verachtete die Opfergaben
Вони сказали, що він зневажає підношення
Sie sagten, er sei ohne Bildung
Вони сказали, що він не навчився
Sie sagten, er kenne weder meditative Übungen noch Selbstkasteiung
Вони сказали, що він не знає ні медитативних вправ, ні самокастигацій
Der Mythos von Buddha klang süß
Міф про Будду звучав солодко
Der Duft von Magie strömte aus diesen Berichten
Аромат магії випливав з цих повідомлень
Schließlich war die Welt krank und das Leben schwer zu ertragen
Адже світ був хворий, і життя переносилося важко
Und siehe, hier schien eine Quelle der Erleichterung hervorzusprießen
і ось, тут, здавалося, з'явилося джерело полегшення
Hier schien ein Bote zu rufen
Тут ніби гукнув посланець
tröstlich, mild, voller edler Verheißungen
втішний, лагідний, сповнений благородних обіцянок
Überall, wo das Gerücht Buddhas zu hören war, horchten die jungen Männer auf
Скрізь, де лунали чутки про Будду, прислухалися юнаки
überall in den Ländern Indiens fühlten sie eine Sehnsucht
скрізь на землях Індії вони відчували тугу
Überall, wo die Menschen suchten, spürten sie Hoffnung
Скрізь, де люди шукали, вони відчували надію
Jeder Pilger und Fremde war willkommen, wenn er Nachricht von ihm brachte
Кожному паломнику і незнайомцю раді, коли він приносив звістку про нього
der Erhabene, der Sakyamuni
піднесений, Сак'ямуні

Der Mythos hatte auch die Samanas im Wald erreicht
Міф дійшов і до саман у лісі
und auch Siddhartha und Govinda hörten den Mythos
і Сіддхартха і Говінда теж чули міф
Langsam, Tropfen für Tropfen, hörten sie den Mythos
Повільно, крапля за краплею, вони чули міф
Jeder Tropfen war voller Hoffnung
Кожна крапля була сповнена надією
Jeder Tropfen war mit Zweifeln beladen
кожна крапля була обтяжена сумнівами
Sie sprachen selten darüber
Про це рідко говорили
weil der älteste der Samanas diesen Mythos nicht mochte
тому що найдавнішому з саманів не сподобався цей міф
Er hatte gehört, dass dieser angebliche Buddha ein Asket gewesen sei
він чув, що цей нібито Будда був аскетом
Er hörte, dass er im Wald gelebt hatte
Він чув, що жив у лісі
aber er hatte sich wieder dem Luxus und den weltlichen Vergnügungen zugewandt
Але він повернувся до розкоші і мирських задоволень
und er hatte keine hohe Meinung von diesem Gotama
і він не мав високої думки про цю Готаму

"Oh Siddhartha", sprach Govinda eines Tages zu seinem Freund
"О Сіддхартха", — сказав одного дня Говінда своєму другові
"Heute war ich im Dorf"
«Сьогодні я був у селі»
"Und ein Brahmane lud mich in sein Haus ein"
«і запросив мене брахман до свого дому»
"Und in seinem Haus war der Sohn eines Brahmanen aus Magadha"
«А в домі його був син брахмана з Магадхи»
"Er hat den Buddha mit eigenen Augen gesehen"
«він бачив Будду на власні очі»

"Und er hat ihn lehren hören"
"І він чув, як Він навчає"
"Wahrlich, da tat mir die Brust weh, wenn ich atmete"
"Істинно, від цього у мене боліли груди, коли я дихав"
"Und das dachte ich mir:"
»І я подумав про це собі:«
"Wenn wir nur die Lehren aus dem Munde dieses vollendeten Mannes hörten!"
"Якби тільки ми почули вчення з вуст цього досконалого чоловіка!"
"Sprich, Freund, wollen wir nicht auch hingehen?"
"Говори, друже, хіба ми не хотіли б туди поїхати"
"Wäre es nicht gut, den Lehren aus Buddhas Mund zuzuhören?"
"Хіба не було б добре слухати вчення з вуст Будди?"
Sprach Siddhartha: "Ich dachte, du bleibst bei den Samanas."
Промовив Сіддхартха: «Я думав, що ти залишишся з саманами»
"Ich habe immer geglaubt, dass es dein Ziel ist, siebzig Jahre alt zu werden"
"Я завжди вірив, що твоя мета - дожити до сімдесяти років"
"Ich dachte, du würdest diese Kunststücke und Übungen weiter üben"
"Я думав, що ти продовжуватимеш практикувати ці подвиги та вправи"
"Und ich dachte, du würdest ein Samana werden"
"і я думав, що ти станеш саманою"
"Aber siehe, ich hatte Govinda nicht gut genug gekannt!"
"Але ось, я недостатньо добре знав Говінду"
"Ich wusste wenig von seinem Herzen"
"Я мало знав про його серце"
"Jetzt willst du also einen neuen Weg einschlagen"
«Отже, тепер ви хочете стати на новий шлях»
"und du willst dorthin gehen, wo der Buddha seine Lehren verbreitet"

«І ти хочеш піти туди, де Будда поширює своє вчення»
Sprach Govinda: "Du machst dich über mich lustig."
Говорив Говінда: "Ти знущаєшся наді мною"
»Verspottet mich, wenn ihr wollt, Siddhartha!«
"Знущайся над мною, якщо хочеш, Сіддхартха!"
"Aber hast du nicht auch den Wunsch entwickelt, diese Lehren zu hören?"
"Але хіба у вас також не з'явилося бажання почути ці вчення?"
"Hast du nicht gesagt, dass du den Pfad der Samanas nicht mehr lange gehen würdest?"
"Хіба ви не сказали, що не будете йти шляхом саман набагато довше?"
Hierüber lachte Siddhartha auf seine ganz eigene Weise
На це Сіддхартха по-своєму засміявся
die Art und Weise, wie seine Stimme einen Hauch von Traurigkeit annahm
манера, в якій його голос набував нотки смутку
aber es hatte immer noch diesen Hauch von Spott
Але в ньому все ще був цей відтінок насмішки
Er sprach Siddhartha: "Govinda, du hast gut geredet."
Говорив Сіддхартха: «Говінда, ти добре говорив»
"Du hast dich richtig erinnert, was ich gesagt habe"
"Ви правильно запам'ятали, що я сказав"
"Wenn du dich nur an die andere Sache erinnern würdest, die du von mir gehört hast"
"Якби ти згадав інше, що чув від мене"
"Ich bin misstrauisch und müde gegenüber dem Lehren und Lernen geworden"
"Я став недовірливим і втомився проти вчень і навчання"
"Mein Glaube an Worte, die uns von Lehrern vermittelt werden, ist gering"
"Моя віра в слова, які приносять нам вчителі, мала"
"Aber lass es uns tun, meine Liebe"
«Але давайте зробимо це, мої дорогі»
"Ich bin bereit, auf diese Lehren zu hören"
"Я готовий слухати ці вчення"

"obwohl ich in meinem Herzen keine Hoffnung habe"
"хоча в серці я не маю надії"
"Ich glaube, dass wir die besten Früchte dieser Lehren bereits gekostet haben"
"Я вірю, що ми вже скуштували найкращі плоди цих вчень"
Govinda sprach: "Deine Bereitwilligkeit erfreut mein Herz."
Говорив Говінда: "Твоя готовність радує моє серце"
"Aber sage mir, wie soll das möglich sein?"
- Але скажіть, як це повинно бути можливо?
"Wie können die Lehren der Gotama uns bereits ihre beste Frucht offenbart haben?"
"Як вчення Готами вже відкрило нам свої найкращі плоди?"
"Wir haben seine Worte noch nicht gehört"
«Ми ще не чули його слів»
Siddhartha sprach: "Laßt uns diese Frucht essen."
Говорив Сіддхартха: "Давайте їмо цей фрукт"
"Und warten wir auf den Rest, oh Govinda!"
— А решту почекаємо, о Говінда!
"Aber diese Frucht besteht darin, dass er uns von den Samanas wegruft"
«Але цей плід полягає в тому, що Він відкликає нас від Саман»
"und wir haben es dank der Gotama bereits erhalten!"
- і ми вже отримали його завдяки Готамі!
"Ob er noch mehr hat, warten wir mit ruhigem Herzen"
"Чи буде у нього більше, чекаймо зі спокійним серцем"

Noch am selben Tag sprach Siddhartha mit dem ältesten Samana
Того ж дня Сіддхартха розмовляв з найстарішою Саманою
Er erzählte ihm von seinem Entschluss, die Samanas zu verlassen
він розповів йому про своє рішення залишити Самани
Er informierte den Ältesten mit Höflichkeit und Bescheidenheit

Найстаршому він повідомив про це з ввічливістю і скромністю
aber der Samana wurde zornig, daß die beiden jungen Männer ihn verlassen wollten
але Самана розгнівалася, що двоє юнаків хотіли залишити його
und er redete laut und benutzte grobe Worte
І він голосно говорив і використовував грубі слова
Govinda erschrak und wurde verlegen
Говінда був здивований і зніяковів
Siddhartha aber legte seinen Mund dicht an Govindas Ohr
Але Сіддхартха приклав рот до вуха Говінди
"Jetzt will ich dem alten Mann zeigen, was ich von ihm gelernt habe"
"Тепер я хочу показати старому, чого я навчився від нього"
Siddhartha stellte sich dicht vor die Samana
Сіддхартха розташувався впритул перед саманою
Mit konzentrierter Seele fing er den Blick des alten Mannes ein
Зосередженою душею він захопив погляд старого
Er beraubte ihn seiner Macht und machte ihn stumm
Він позбавив його влади і зробив німим
Er nahm ihm seinen freien Willen
Він забрав у нього свободу волі
Er unterwarf ihn unter seinem eigenen Willen und befahl ihm
Він підкорив його за своєю волею і наказав йому
Seine Augen wurden bewegungslos und sein Wille war gelähmt
Його очі стали нерухомими, а воля була паралізована
seine Arme hingen kraftlos herab
Його руки звисали без сили
er war dem Zauber Siddharthas zum Opfer gefallen
він став жертвою чар Сіддхартхи
Siddharthas Gedanken brachten die Samana unter ihre Kontrolle
Думки Сіддхартхи взяли Саману під свій контроль

Er musste ausführen, was sie befohlen hatten
Він повинен був виконати те, що вони наказали
Und so machte der Alte mehrere Verbeugungen
І таким чином, старий зробив кілька поклонів
Er vollzog Gesten des Segens
Він виконував жести благословення
Er sprach stammelnd einen göttlichen Wunsch für eine gute Reise aus
Він заїкано промовив благочестиве побажання доброї подорожі
Die jungen Männer erwiderten die guten Wünsche mit Dank
Юнаки відповіли добрими побажаннями з подякою
Sie zogen mit Grüßen weiter
Вони вирушили в дорогу з привітаннями
Unterwegs sprach Govinda wieder
По дорозі Говінда знову заговорив
"**O Siddhartha, du hast von den Samanas mehr gelernt, als ich wußte**"
"О Сіддхартха, ти дізнався від саман більше, ніж я знав"
"**Es ist sehr schwer, einen alten Samana zu verzaubern**"
"Дуже важко накласти закляття на стару Саману"
"**Wahrlich, wenn du dort geblieben wärst, hättest du bald gelernt, auf dem Wasser zu gehen.**"
«Воістину, якби ти залишився там, то незабаром навчився б ходити по воді»
»**Ich suche nicht auf dem Wasser zu wandeln**«, sagte Siddhartha
"Я не прагну ходити по воді", - сказав Сіддхартха
"**Mögen sich die alten Samanas mit solchen Heldentaten begnügen!**"
«Нехай старі самани задовольняться такими подвигами!»

Gotama
Готама

In Savathi kannte jedes Kind den Namen des erhabenen Buddha
У Саватхі кожна дитина знала ім'я піднесеного Будди
Jedes Haus war auf sein Kommen vorbereitet
Кожен дім був підготовлений до Його пришестя
jedes Haus füllte die Almosenschalen von Gotamas Schülern
кожен будинок заповнював милостиню учнів Готами
Gotamas Schüler waren die stillschweigend Bettelnden
Учні Готами мовчки благали
In der Nähe der Stadt befand sich Gotamas Lieblingsort
Недалеко від міста було улюблене місце проживання Готами
er hielt sich im Garten des Jetavana auf
він зупинився в саду Джетавани
der reiche Kaufmann Anathapindika hatte den Garten Gotama geschenkt
багатий купець Анатапіндіка подарував сад Готамі
Er hatte es ihm geschenkt
Він дав її йому в дар
Er war ein gehorsamer Anbeter des Erhabenen
Він був слухняним поклонником піднесеного
Die beiden jungen Asketen hatten Erzählungen und Antworten erhalten
Двоє молодих подвижників отримали казки і відповіді
all diese Erzählungen und Antworten wiesen sie auf Gotamas Wohnstätte hin
всі ці казки і відповіді вказували їм на обитель Готами
Sie kamen in der Stadt Savathi an
вони прибули в місто Саваті
Sie gingen bis zur ersten Tür der Stadt
Вони підійшли до найперших дверей містечка
und sie bettelten um Essen an der Tür
і вони випрошували їжу біля дверей

Eine Frau bot ihnen Essen an
Жінка запропонувала їм їжу
und sie nahmen das Essen an
і вони прийняли їжу
fragte Siddhartha die Frau
— запитав Сіддхартха у жінки
"Oh Wohltätiger, wo wohnt der Buddha?"
"О милосердний, де живе Будда?"
"Wir sind zwei Samanas aus dem Wald"
"ми два Самани з лісу"
"Wir sind gekommen, um den Vervollkommneten zu sehen"
"Ми прийшли, щоб побачити досконалого"
"Wir sind gekommen, um die Lehren aus seinem Mund zu hören"
"Ми прийшли, щоб почути вчення з Його вуст"
Sprach die Frau: "Ihr Samanas aus dem Walde."
Промовила жінка: "Ви, саманас з лісу"
"Sie sind wirklich an der richtigen Stelle"
"Ви дійсно потрапили в потрібне місце"
"Du solltest wissen, dass es im Jetavana den Garten von Anathapindika gibt"
"Ви повинні знати, що в Джетавані є сад Анатапіндіки"
"Dort wohnt der Erhabene"
"Ось де живе піднесений"
"Dort sollt ihr Pilger die Nacht verbringen"
"Там ви, паломники, будете ночувати"
"Es ist genug Platz für die Zahllosen, die hierher strömen"
«Тут достатньо місця для незліченної кількості тих, хто стікається сюди»
"Auch sie kommen, um die Lehren aus seinem Mund zu hören"
"Вони також приходять, щоб почути вчення з Його вуст"
Das machte Govinda glücklich und voller Freude
Це зробило Говінду щасливим, і повним радості
Er rief aus: "Wir haben unser Ziel erreicht"
Він вигукнув: "Ми досягли пункту призначення"
"Unser Weg ist zu Ende!"

«Наш шлях підійшов до кінця!»
"Aber sag es uns, o Mutter der Pilger"
"Але скажи нам, о мати паломників"
"Kennst du ihn, den Buddha?"
"Ти знаєш його, Будду?"
"Hast du ihn mit eigenen Augen gesehen?"
- Ти бачив його на власні очі?
Da sprach die Frau: "Oft habe ich ihn, den Erhabenen, gesehen."
Промовила жінка: "Багато разів я бачила Його, Піднесеного"
"An vielen Tagen habe ich ihn gesehen"
"Багато днів я бачив його"
"Ich habe ihn schweigend durch die Gassen gehen sehen"
"Я бачив, як він мовчки йшов по алеях"
"Ich habe ihn in seinem gelben Mantel gesehen"
"Я бачив його в жовтому плащі"
"Ich habe gesehen, wie er schweigend seine Almosenschüssel darbrachte"
"Я бачив, як він мовчки підносив свою милостиню"
"Ich habe ihn an den Türen der Häuser gesehen"
«Я бачив його біля дверей будинків»
"Und ich habe gesehen, wie er mit einer gefüllten Schüssel wegging"
"і я бачив, як він ішов із наповненою стравою"
Entzückt hörte Govinda der Frau zu
Говінда в захваті вислухав жінку
Und er wollte noch viel mehr fragen und hören
І йому хотілося запитати і почути набагато більше
Siddhartha aber drängte ihn, weiterzugehen
Але Сіддхартха закликав його йти далі
Sie bedankten sich bei der Frau und gingen
Вони подякували жінці і пішли
Sie brauchten kaum nach dem Weg zu fragen
Їм майже не доводилося питати дорогу
viele Pilger und Mönche waren auf dem Weg zum Jetavana
багато паломників і ченців прямували до Джетавани

Sie erreichten es in der Nacht, so dass es ständig Ankünfte gab
Добиралися до нього вночі, тому були постійні прильоти
und diejenigen, die Schutz suchten, bekamen es
А ті, хто шукав притулку, його отримували
Die beiden Samanas waren an das Leben im Wald gewöhnt
Двоє саман звикли до життя в лісі
So fanden sie ohne Lärm schnell eine Bleibe
Тому, не шумлячи, вони швидко знайшли місце для проживання
und sie ruhten dort bis zum Morgen
і відпочивали вони там до ранку

Bei Sonnenaufgang sahen sie mit Erstaunen die Größe der Menschenmenge
На сході сонця вони з подивом побачили розміри натовпу
Es waren sehr viele Gläubige gekommen
Прийшло дуже багато віруючих
und eine große Anzahl von Neugierigen hatte hier übernachtet
і велика кількість цікавих людей ночувало тут
Auf allen Wegen des herrlichen Gartens wandelten Mönche in gelben Gewändern
По всіх стежках чудового саду ходили ченці в жовтих шатах
Unter den Bäumen saßen sie hier und da in tiefer Kontemplation
Під деревами вони сиділи то тут, то там, у глибокому спогляданні
oder sie unterhielten sich über geistliche Angelegenheiten
або вони розмовляли про духовні справи
Die schattigen Gärten sahen aus wie eine Stadt
Тінисті сади були схожі на місто
Eine Stadt voller Menschen, geschäftig wie Bienen
Місто, повне людей, метушливих, як бджоли
Die Mehrzahl der Mönche ging mit ihrer Almosenschale hinaus

Більшість ченців вийшли зі своєю милостинею
Sie gingen hinaus, um Essen für ihr Mittagessen zu sammeln
Вони вийшли збирати їжу на обід
Dies sollte ihre einzige Mahlzeit des Tages sein
Це був би їхній єдиний прийом їжі за день
Der Buddha selbst, der Erleuchtete, bettelte auch am Morgen
Сам Будда, просвітлений, теж просив милостиню вранці
Siddhartha sah ihn, und er erkannte ihn sofort
Сіддхартха побачив його, і він миттєво впізнав його
er erkannte ihn, als hätte ihn ein Gott auf ihn hingewiesen
він упізнав його так, ніби Бог вказав на нього
Er sah ihn, einen einfachen Mann in einem gelben Gewand
Він побачив його, простого чоловіка в жовтому вбранні
Er trug die Almosenschale in der Hand und ging schweigend
Він тримав милостиню в руці і мовчки йшов
"Schau her!" sagte Siddhartha leise zu Govinda
"Дивись сюди!" — тихо сказав Сіддхартха Говінді
"Das hier ist der Buddha"
"Цей - Будда"
Aufmerksam betrachtete Govinda den Mönch in der gelben Robe
Говінда уважно подивився на ченця в жовтому вбранні
Dieser Mönch schien sich in keiner Weise von den anderen zu unterscheiden
Цей чернець, здавалося, нічим не відрізнявся ні від кого з інших
aber bald erkannte auch Govinda, dass dies der eine ist
але незабаром Говінда також зрозумів, що це саме той
Und sie folgten ihm nach und beobachteten ihn
І вони пішли за ним і спостерігали за ним
Der Buddha ging seinen Weg, bescheiden und tief in seinen Gedanken versunken
Будда йшов своїм шляхом, скромно і глибоко в думках
Sein ruhiges Gesicht war weder glücklich noch traurig
Його спокійне обличчя не було ні щасливим, ні сумним

Sein Gesicht schien leise und innerlich zu lächeln
Його обличчя, здавалося, тихо і внутрішньо посміхалося
Sein Lächeln war versteckt, ruhig und ruhig
Його посмішка була прихованою, тихою і спокійною
die Art und Weise, wie der Buddha ging, ähnelte ein wenig einem gesunden Kind
те, як ходив Будда, чимось нагадувало здорову дитину
Er ging wie alle seine Mönche
Він ходив так само, як і всі його ченці
Er stellte seine Füße nach einer genauen Regel auf
Він поставив ноги за точним правилом
sein Gesicht und sein Gang, sein leise gesenkter Blick
його обличчя і його хода, його тихо опущений погляд
seine leise baumelnde Hand, jeder Finger davon
Його тихо бовтається рука, кожен її палець
All diese Dinge drückten Frieden aus
Все це виражало мир
All diese Dinge drückten Vollkommenheit aus
Все це виражало досконалість
Er suchte nicht, noch ahmte er nach
Він не шукав і не наслідував
Er atmete sanft nach innen, eine unverblümte Ruhe
Він тихо вдихнув всередину себе нестримний спокій
Er strahlte nach außen hin ein unvergängliches Licht
Він світив зовні непомітним світлом
Er hatte einen unantastbaren Frieden um sich
Він мав навколо себе недоторканний спокій
die beiden Samanas erkannten ihn nur an der Vollkommenheit seiner Ruhe
двоє саман впізнали його виключно за досконалістю його спокою
Sie erkannten ihn an der Stille seines Auftretens
Вони впізнавали його по тиші його зовнішності
die Stille in seiner Erscheinung, in der es kein Suchen gab
тиша в його зовнішності, в якій не було пошуків
Es gab weder Verlangen noch Nachahmung
Не було ні бажання, ні наслідування

Es war keine Anstrengung zu sehen
Не було жодних зусиль, щоб бути поміченими
Nur Licht und Frieden waren in seiner Erscheinung zu sehen
Тільки світло і спокій можна було побачити в Його зовнішності
"Heute werden wir die Lehren aus seinem Mund hören", sagte Govinda
"Сьогодні ми почуємо вчення з його вуст", - сказав Говінда
Siddhartha antwortete nicht
Сіддхартха не відповів
Er empfand wenig Neugier für die Lehren
Він не відчував особливої цікавості до вчень
Er glaubte nicht, dass sie ihm etwas Neues beibringen würden
Він не вірив, що його навчать чомусь новому
er hatte den Inhalt der Lehren dieses Buddhas immer wieder gehört
він чув зміст цього вчення Будди знову і знову
Diese Berichte stellten jedoch nur Informationen aus zweiter Hand dar
Але ці звіти представляли лише інформацію з других рук
Aber aufmerksam betrachtete er Gotamas Kopf
Але уважно він подивився на голову Готами
seine Schultern, seine Füße, seine leise baumelnde Hand
його плечі, його ноги, його тихо звисає рука
Es war, als ob jeder Finger dieser Hand von diesen Lehren wäre
Здавалося, ніби кожен палець цієї руки був від цих учень
Seine Finger sprachen von der Wahrheit
Його пальці говорили про істину
Seine Finger atmeten und atmeten den Duft der Wahrheit aus
Його пальці дихали і видихали пахощі правди
Seine Finger glänzten vor Wahrheit
Його пальці блищали правдою
dieser Buddha war wahrhaftig bis auf die Geste seines

letzten Fingers
цей Будда був правдивий аж до жесту останнього пальця
Siddhartha konnte sehen, dass dieser Mann heilig war
Сіддхартха бачив, що цей чоловік святий
Nie zuvor hatte Siddhartha einen Menschen so sehr verehrt
Ніколи раніше Сіддхартха так не шанував людину
Er hatte noch nie einen Menschen so sehr geliebt wie diesen
Він ніколи раніше не любив людину так сильно, як цей
Beide folgten dem Buddha, bis sie die Stadt erreichten
Вони обидва йшли за Буддою, поки не досягли міста
und dann kehrten sie zu ihrem Schweigen zurück
А потім вони повернулися до свого мовчання
sie selbst beabsichtigten, sich an diesem Tag der Stimme zu enthalten
Самі вони мали намір утриматися в цей день
Sie sahen, wie Gotama ihm die Speise zurückgab, die ihm gegeben worden war
Вони бачили, як Готама повертав їжу, яку йому дали
Was er aß, hätte nicht einmal den Appetit eines Vogels stillen können
Те, що він їв, не могло навіть задовольнити пташиний апетит
und sie sahen, wie er sich in den Schatten der Mangobäume zurückzog
І вони побачили, як він усамітнився в тіні мангових дерев

Am Abend hatte sich die Hitze abgekühlt
Увечері спека охолола
Alle im Lager fingen an, sich zu tummeln und versammelten sich
Всі в таборі почали метушитися і збиралися навколо
sie hörten die Lehren Buddhas und seine Stimme
вони чули вчення Будди і його голос
und auch seine Stimme wurde vervollkommnet
і його голос також удосконалювався
Seine Stimme war von vollkommener Ruhe
Його голос був абсолютно спокійним

Seine Stimme war voller Frieden
Його голос був сповнений спокою
Gotama lehrte die Lehren des Leidens
Готама навчав вченню про страждання
Er lehrte über den Ursprung des Leidens
Він навчав про походження страждань
Er lehrte, wie man Leiden lindern kann
Він навчав про те, як полегшити страждання
Ruhig und klar floss seine leise Rede weiter
Спокійно і ясно лилася його тиха мова
Leiden war Leben, und voll Leid war die Welt
Страждання було життям, а повний страждань був світ
aber die Erlösung vom Leiden war gefunden worden
але спасіння від страждань було знайдено
Die Erlösung wurde von ihm erlangt, der den Pfad Buddhas gehen würde
спасіння було отримано тим, хто піде шляхом Будди
Mit sanfter, aber fester Stimme sprach der Erhabene
Тихим, але твердим голосом говорив піднесений
Er verkündete die vier Hauptlehren
Він викладав чотири основні доктрини
Er lehrte den achtfachen Pfad
Він навчав восьмискладовому шляху
Geduldig ging er den üblichen Weg der Lehren
Терпляче йшов звичайним шляхом вчення
Seine Lehren enthielten die folgenden Beispiele:
Його вчення містило приклади
Sein Unterricht bediente sich der Wiederholungen
Його вчення використовувало повторення
Hell und leise schwebte seine Stimme über den Zuhörern
яскраво і тихо його голос ширяв над слухачами
Seine Stimme war wie ein Licht
Його голос був схожий на світло
Seine Stimme war wie ein Sternenhimmel
Його голос був схожий на зоряне небо
Als der Buddha seine Rede beendete, traten viele Pilger vor
Коли Будда закінчив свою промову, багато паломників

виступили вперед
Sie baten darum, in die Gemeinschaft aufgenommen zu werden
Вони просили, щоб їх прийняли до спільноти
Sie suchten Zuflucht in den Lehren
Вони шукали притулку в ученнях
Und Gotama nahm sie an, indem er sprach
І Готама прийняв їх, говорячи
"Ihr habt die Lehren gut gehört"
"Ви добре чули вчення"
"Schließt euch uns an und wandelt in Heiligkeit"
"Приєднуйтесь до нас і ходіть у святості"
"Setze allem Leid ein Ende"
«Покласти край усім стражданням»
Siehe, da trat auch Govinda, der Schüchterne, vor und sprach
Ось тоді Говінда, сором'язлива, також ступила вперед і заговорила
"Ich nehme auch meine Zuflucht zu dem Erhabenen und seinen Lehren"
"Я також знаходжу свій притулок у піднесеному і його вченнях"
und er bat darum, in die Gemeinschaft seiner Jünger aufgenommen zu werden
і він просив, щоб його прийняли до спільноти Його учнів
und er wurde in die Gemeinschaft von Gotamas Schülern aufgenommen
і він був прийнятий до спільноти учнів Готами

der Buddha hatte sich für die Nacht zurückgezogen
Будда усамітнився на ніч
Govinda wandte sich an Siddhartha und sprach eifrig
Говінда обернувся до Сіддхартхи і нетерпляче заговорив
"Siddhartha, es steht mir nicht zu, dich zu schelten"
"Сіддхартха, це не моє місце, щоб лаяти тебе"
"Wir haben beide den Erhabenen gehört"
"Ми обоє чули піднесеного"

"Wir haben beide die Lehren wahrgenommen"
"Ми обидва сприйняли вчення"
"Govinda hat die Lehren gehört"
"Говінда почув учення"
"Er hat Zuflucht zu den Lehren genommen"
"Він знайшов притулок у вченнях"
»Aber, mein verehrter Freund, ich muß Sie bitten.«
"Але, мій шановний друже, я повинен запитати тебе"
"Willst du nicht auch den Weg des Heils gehen?"
"Хіба ти не хочеш іти дорогою спасіння?"
"Willst du zögern?"
"Хочеш вагатися?"
"Willst du noch länger warten?"
"Ти хочеш почекати більше?"
Siddhartha erwachte, als ob er geschlafen hätte
Сіддхартха прокинувся так, ніби спав
Lange sah er Govinda ins Gesicht
Довго він дивився в обличчя Говінді
Dann sprach er leise, mit einer Stimme ohne Spott
Тоді він говорив тихо, голосом без насмішок
"Govinda, mein Freund, jetzt hast du diesen Schritt getan"
"Говінда, друже, тепер ти зробив цей крок"
"Jetzt hast du diesen Weg gewählt"
«Тепер ви обрали цей шлях»
"Immer, oh Govinda, warst du mein Freund"
"Завжди, о Говінда, ти був моїм другом"
"Du bist immer einen Schritt hinter mir gelaufen"
«Ти завжди йшов на крок позаду мене»
"Oft habe ich an dich gedacht"
"Часто я думав про тебе"
"'Wird Govinda nicht einmal auch einen Schritt alleine machen?'"
"Чи не зробить Говінда жодного разу кроку сам"
"'Wird Govinda nicht einen Schritt ohne mich tun?'"
"Хіба Говінда не зробить кроку без мене?"
"'Wird er nicht einen Schritt tun, der von seiner eigenen Seele getrieben wird?'"

"Хіба він не зробить кроку, керованого власною душею?"
"Siehe, jetzt hast du dich in einen Mann verwandelt"
"Ось, тепер ти перетворився на чоловіка"
"Du wählst deinen Weg für dich selbst"
«Ти вибираєш свій шлях для себе»
"Ich wünschte, du würdest es bis zum Ende durchziehen"
"Я хотів би, щоб ви довели це до кінця"
"Oh mein Freund, ich hoffe, dass du Erlösung finden wirst!"
"О друже, я сподіваюся, що ти знайдеш спасіння!"
Govinda, verstand es noch nicht ganz
Говінда, ще не до кінця це зрозумів
Er wiederholte seine Frage in ungeduldigem Ton
Він повторив своє запитання нетерплячим тоном
"Sprich, ich bitte dich, meine Liebe!"
«Говоріть, благаю тебе, мої дорогі!»
"Sag es mir, denn es kann nicht anders sein"
«Скажи мені, так як по-іншому бути не могло»
"Willst du nicht auch deine Zuflucht bei dem erhabenen Buddha nehmen?"
"Хіба ти не сховаєшся і з піднесеним Буддою?"
Siddhartha legte Govinda die Hand auf die Schulter
Сіддхартха поклав руку на плече Говінди
"Du hast meinen guten Wunsch für dich nicht erhört"
"Ти не почув мого доброго побажання тобі"
"Ich wiederhole meinen Wunsch für dich"
"Я повторюю своє бажання для тебе"
"Ich wünschte, du würdest diesen Weg gehen"
«Я б хотів, щоб ти пішов цим шляхом»
"Ich wünschte, du würdest bis zum Ende dieses Weges gehen"
"Я б хотів, щоб ти піднявся до кінця цього шляху"
"Ich wünsche, dass du Erlösung findest!"
"Бажаю, щоб ти знайшов спасіння!"
In diesem Moment erkannte Govinda, dass sein Freund ihn verlassen hatte
У цей момент Говінда зрозумів, що від нього покинув друг
Als er das merkte, fing er an zu weinen

Коли він зрозумів це, то почав плакати
»Siddhartha!« rief er klagend
«Сіддхартха!» — жалібно вигукнув він
Siddhartha sprach freundlich zu ihm
Сіддхартха люб'язно заговорив з ним
"**Vergiss nicht, Govinda, wer du bist**"
"Не забувай, Говінда, хто ти"
"**Du bist jetzt einer der Samanas des Buddha**"
"Тепер ти одна з саман Будди"
"**Du hast deiner Heimat und deinen Eltern entsagt**"
«Ти відрікся від свого дому і батьків»
"**Du hast auf deine Geburt und deinen Besitz verzichtet**"
"Ти відмовився від свого народження і майна"
"**Du hast deinem freien Willen entsagt**"
"Ви відмовилися від своєї вільної волі"
"**Du hast jeder Freundschaft abgeschworen**"
"Ти відмовився від будь-якої дружби"
"**Das ist es, was die Lehren verlangen**"
"Цього вимагають учення"
"**Das ist es, was der Erhabene will**"
"Це те, чого хоче піднесений"
"**Das ist es, was du für dich wolltest**"
«Це те, що ти хотів для себе»
"**Morgen, oh Govinda, werde ich dich verlassen**"
"Завтра, о Говінда, я залишу тебе"
Noch lange gingen die Freunde im Garten spazieren
Довгий час друзі продовжували гуляти по саду
Lange Zeit lagen sie da und fanden keinen Schlaf
Довгий час вони лежали там і не знаходили сну
Und immer und immer wieder drängte Govinda seinen Freund
І знову і знову Говінда переконував свого друга
"**Warum solltet ihr nicht Zuflucht in Gotamas Lehren suchen wollen?**"
"Чому б вам не знайти притулку у вченні Готами?"
"**Welchen Fehler könntest du in diesen Lehren finden?**"
"Яку ваду ви могли знайти в цих ученнях?"

Siddhartha aber wandte sich von seinem Freunde ab
Але Сіддхартха відвернувся від свого друга
jedesmal sagte er: "Sei zufrieden, Govinda!"
щоразу, коли він казав: "Будь задоволений, Говінда!"
"Sehr gut sind die Lehren des Erhabenen"
"Дуже добрими є вчення піднесеного"
"Wie könnte ich einen Fehler in seinen Lehren finden?"
"Як я міг знайти помилку в Його вченнях?"

Es war sehr früh am Morgen
Це було дуже рано вранці
Einer der ältesten Mönche ging durch den Garten
Один з найстаріших ченців пройшов по саду
Er rief denen zu, die ihre Zuflucht in den Lehren genommen hatten
Він покликав тих, хто знайшов притулок у вченнях
Er rief sie auf, sie in das gelbe Gewand zu kleiden
Він покликав їх, щоб вони одягли їх у жовту мантію;
und er unterweist sie in den ersten Lehren und Pflichten ihrer Stellung
і Він навчав їх першим ученням і обов'язкам їхнього становища
Govinda umarmte seinen Jugendfreund erneut
Говінда в черговий раз обійняв свого друга дитинства
Und dann ging er mit den Novizen
А потім пішов з послушниками
Siddhartha aber ging gedankenverloren durch den Garten
Але Сіддхартха йшов по саду, загубившись у думках
Dann traf er zufällig Gotama, den Erhabenen
Потім він випадково зустрів Готаму, піднесеного
Er begrüßte ihn mit Respekt
Він привітав його з повагою
Buddhas Blick war voller Güte und Ruhe
погляд Будди був сповнений доброти і спокою
Der junge Mann nahm seinen Mut zusammen
Юнак викликав свою мужність
Er bat den Ehrwürdigen um die Erlaubnis, mit ihm sprechen

zu dürfen
Він попросив у преподобного дозволу поговорити з ним
Schweigend nickte der Erhabene zustimmend
Мовчки піднесений кивнув на схвалення
Sprach Siddhartha: "Gestern, o Erhabener."
Промовив Сіддхартха: "Вчора, о піднесений"
"Ich hatte das Vorrecht, Ihre wunderbaren Lehren zu hören"
"Я мав привілей почути ваші дивовижні вчення"
"Zusammen mit meinem Freund war ich von weit her gekommen, um deine Lehren zu hören"
"Разом зі своїм другом я приїхав здалеку, щоб почути ваші вчення"
"Und jetzt wird mein Freund bei deinen Leuten bleiben"
"А тепер мій друг залишиться з вашим народом"
"Er hat bei dir Zuflucht gesucht"
"Він знайшов Свій притулок з вами"
"Aber ich werde meine Pilgerreise wieder beginnen"
"Але я знову почну своє паломництво"
»Wie Sie wollen«, sprach der Ehrwürdige höflich
— Як завгодно, — ввічливо промовив поважний
»Zu kühn ist meine Rede,« fuhr Siddhartha fort
"Занадто сміливою є моя промова", - продовжив Сіддхартха
"aber ich will den Erhabenen nicht in diesem Sinne zurücklassen"
"але я не хочу залишати піднесених на цій ноті"
"Ich möchte mit dem Ehrwürdigsten meine ehrlichen Gedanken teilen"
"Я хочу поділитися з найповажнішим своїми чесними думками"
"Gefällt es dem Ehrwürdigen, noch einen Augenblick länger zuzuhören?"
"Чи приємно поважному слухати ще одну мить?"
Schweigend nickte der Buddha zustimmend
Мовчки Будда кивнув на знак схвалення
sprach Siddhartha, "o Ehrwürdiger"
Говорив Сіддхартха, "о найповажніший"

"**Es gibt eine Sache, die ich an deinen Lehren am meisten bewundert habe**"
"Є одна річ, якою я найбільше захоплювався у ваших вченнях"
"**Alles in deinen Lehren ist vollkommen klar**"
"Все у ваших вченнях абсолютно ясно"
"**Das, wovon du sprichst, ist bewiesen**"
"Те, про що ви говорите, доведено"
"**Du stellst die Welt als perfekte Kette dar**"
«Ви представляєте світ як досконалий ланцюг»
"**Eine Kette, die nie und nirgends zerrissen wird**"
"ланцюг, який ніколи і ніде не розривається"
"**eine ewige Kette, deren Glieder Ursachen und Wirkungen sind**"
"вічний ланцюг, ланками якого є причини і наслідки"
"**Das hat man noch nie so deutlich gesehen**"
«Ніколи раніше це не було видно так чітко»
"**Nie zuvor wurde das so unwiderlegbar präsentiert**"
«Ніколи раніше це не було представлено так неспростовно»
"**Wahrlich, das Herz eines jeden Brahmanen muss stärker schlagen vor Liebe**"
«Воістину, серце кожного брахмана має битися сильніше любов'ю»
"**Er hat die Welt durch deine perfekt miteinander verbundenen Lehren gesehen**"
"Він побачив світ через ваші досконало пов'язані вчення"
"**Ohne Lücken, klar wie ein Kristall**"
«Без прогалин, прозорий, як кристал»
"**nicht vom Zufall abhängig, nicht abhängig von Göttern**"
"не залежить від випадку, не залежить від богів"
"**Er muss es akzeptieren, ob es gut oder schlecht ist**"
"Він повинен прийняти це, незалежно від того, добре це чи погано"
"**Er muss danach leben, ob es Leid oder Freude ist**"
"Він повинен жити відповідно до цього, будь то страждання чи радість"

"Aber ich will nicht über die Gleichförmigkeit der Welt diskutieren"
"але я не хочу обговорювати однаковість світу"
"Es ist möglich, dass dies nicht unbedingt erforderlich ist"
«Цілком можливо, що це не принципово»
"Alles, was passiert, ist miteinander verbunden"
«Все, що відбувається, пов'язано»
"Das Große und das Kleine sind allumfassend"
"Все велике і мале охоплено"
"Sie sind durch die gleichen Kräfte der Zeit verbunden"
«Вони пов'язані одними і тими ж силами часу»
"Sie sind durch das gleiche Gesetz der Ursachen verbunden"
«Вони пов'язані одним і тим же законом причин»
"Die Ursachen des Entstehens und des Sterbens"
"Причини виникнення і смерті"
"Das ist es, was hell leuchtet aus deinen erhabenen Lehren"
"Це те, що яскраво сяє з ваших піднесених учень"
"Aber nach deinen eigenen Lehren gibt es eine kleine Lücke"
"Але, згідно з вашим власним вченням, є невелика прогалина"
"Diese Einheit und notwendige Abfolge aller Dinge ist an einem Ort zerbrochen"
«Ця єдність і необхідна послідовність усіх речей порушена в одному місці»
"Diese Welt der Einheit wird von etwas Fremdem überfallen"
«У цей світ єдності вторгається щось чуже»
"Es gibt etwas Neues, das es vorher nicht gab"
«Є щось нове, чого раніше не було»
"Es gibt etwas, das nicht bewiesen werden kann"
«Є те, що не можна продемонструвати»
"Es gibt etwas, das nicht bewiesen werden kann"
"Є те, що не може бути доведено"
"Dies sind deine Lehren von der Überwindung der Welt"
"Це ваші вчення про подолання світу"
"Dies sind deine Lehren der Erlösung"

"Це ваші вчення про спасіння"
"Aber mit dieser kleinen Lücke bricht das Ewige wieder auseinander"
"Але з цією маленькою прогалиною вічне знову розпадається на частини"
"Mit diesem kleinen Bruch wird das Gesetz der Welt nichtig"
"З цим невеликим порушенням закон світу стає недійсним"
"Bitte verzeihen Sie mir, dass ich diesen Einwand geäußert habe"
"Будь ласка, вибачте мене за те, що я висловив це заперечення"
Ruhig hatte Gotama ihm zugehört, ungerührt
Спокійно Готама слухав його, не зворушуючись
Nun sprach er, der Vollendete, mit seiner gütigen und höflichen, klaren Stimme
Тепер він говорив, досконалий, своїм добрим і ввічливим чистим голосом
"Du hast die Lehren gehört, oh Sohn eines Brahmanen"
"Ти чув учення, о сину брахмана"
"Und gut für dich, dass du so gründlich darüber nachgedacht hast"
"І добре для вас, що ви так глибоко подумали про це"
"Du hast eine Lücke in meinen Lehren gefunden, einen Irrtum"
"Ви знайшли прогалину в моїх вченнях, помилку"
"Darüber sollten Sie weiter nachdenken"
«Про це варто подумати далі»
"Aber sei gewarnt, oh Suchender des Wissens, vor dem Dickicht der Meinungen"
"Але будьте попереджені, о шукач знань, про гущавину думок"
"Seid gewarnt davor, über Worte zu streiten"
"Будьте попереджені про суперечки про слова"
"An Meinungen ist nichts dran"
«Немає нічого в думках»

"Sie können schön oder hässlich sein"
«Вони можуть бути красивими або потворними»
"Meinungen können klug oder töricht sein"
"Думки можуть бути розумними або дурними"
"Jeder kann Meinungen unterstützen oder verwerfen"
«Кожен може підтримати думки або відкинути їх»
"Aber die Lehren, die du von mir gehört hast, sind keine Meinung"
"Але вчення, які ви чули від мене, не є думкою"
"Ihr Ziel ist es nicht, denen, die nach Wissen suchen, die Welt zu erklären"
«Їхня мета не в тому, щоб пояснити світ тим, хто шукає знань»
"Sie haben ein anderes Ziel"
«У них інша мета»
"Ihr Ziel ist die Erlösung vom Leiden"
"Їхня мета - порятунок від страждань"
"Dies ist, was Gotama lehrt, nichts anderes"
"Це те, чого вчить Готама, нічого іншого"
"Ich wünschte, du Erhabener, würdest mir nicht böse sein", sagte der junge Mann
"Бажаю, щоб ти, о піднесений, не гнівався на мене", — сказав юнак
"Ich habe nicht so mit dir gesprochen, um mit dir zu streiten"
"Я не говорив з тобою так, щоб сперечатися з тобою"
"Ich will nicht über Worte streiten"
«Я не хочу сперечатися про слова»
"Du hast wirklich recht, da ist wenig an den Meinungen dran"
"Ви справді праві, думок мало"
"Aber lassen Sie mich noch etwas sagen"
"Але дозвольте мені сказати ще одне"
"Ich habe keinen Augenblick an dir gezweifelt"
«Я ні на мить не сумнівався в тобі»
"Ich habe keinen Augenblick daran gezweifelt, dass du Buddha bist"

«Я ні на мить не сумнівався, що ти Будда»
"Ich habe nicht daran gezweifelt, dass du das höchste Ziel erreicht hast"
«Я не сумнівався, що ви досягли найвищої мети»
"das höchste Ziel, auf das so viele Brahmanen zusteuern"
«найвища мета, до якої знаходиться так багато брахманів»
"Ihr habt Erlösung vom Tod gefunden"
"Ти знайшов спасіння від смерті"
"Es ist im Laufe deiner eigenen Suche zu dir gekommen"
"Воно прийшло до вас в ході ваших власних пошуків"
"Es ist auf deinem eigenen Weg zu dir gekommen"
"Воно прийшло до вас на вашому власному шляху"
"Es ist durch Gedanken und Meditation zu dir gekommen"
"Це прийшло до вас через думки та медитацію"
"Es ist durch Verwirklichungen und Erleuchtung zu dir gekommen"
"Це прийшло до вас через усвідомлення та просвітлення"
"Aber es ist nicht durch Lehren zu euch gekommen!"
"Але це не прийшло до вас через вчення!"
"Und das ist mein Gedanke"
"І це моя думка"
"Niemand wird das Heil durch Lehren erlangen!"
"Ніхто не отримає спасіння через вчення!"
"Ihr werdet nicht in der Lage sein, eure Stunde der Erleuchtung zu vermitteln"
«Ви не зможете передати свою годину просвітлення»
"Worte über das, was dir passiert ist, werden den Moment nicht vermitteln!"
"Слова про те, що з вами сталося, не передадуть моменту!"
"Die Lehren des erleuchteten Buddha enthalten viel"
«Вчення просвітленого Будди містить багато»
"Es lehrt viele, rechtschaffen zu leben"
"Багатьох вона вчить жити праведно"
"Es lehrt viele, das Böse zu meiden"
"Багатьох вона вчить уникати зла"
"Aber es gibt eine Sache, die diese Lehren nicht enthalten"
"Але є одна річ, якої ці вчення не містять"

"Sie sind klar und ehrwürdig, aber den Lehren fehlt etwas"
"Вони ясні і поважні, але вчення чогось пропускають"
"Die Lehren enthalten das Geheimnis nicht"
"Учення не містять таємниці"
"Das Geheimnis dessen, was der Erhabene für sich selbst erfahren hat"
"Таємниця того, що Піднесений пережив на собі"
"Unter Hunderttausenden hat es nur er erlebt"
«Серед сотень тисяч це відчув тільки він»
"Das ist es, was ich gedacht und erkannt habe, als ich die Lehren hörte"
"Це те, що я думав і усвідомлював, коли почув вчення"
"Deshalb setze ich meine Reisen fort"
«Ось чому я продовжую свої подорожі»
"Darum suche ich nicht nach anderen, besseren Lehren"
"ось чому я не шукаю інших, кращих вчень"
"Ich weiß, dass es keine besseren Lehren gibt"
"Я знаю, що немає кращих учень"
"Ich gehe, um von allen Lehren und allen Lehrern abzuweichen"
"Я йду, щоб відійти від усіх учень і всіх вчителів"
"Ich gehe, um mein Ziel allein zu erreichen oder um zu sterben"
"Я йду, щоб досягти своєї мети самостійно, або померти"
"Aber oft denke ich an diesen Tag, oh Erhabener"
"Але часто, я буду думати про цей день, о піднесений"
"Und ich werde an diese Stunde denken, da meine Augen einen heiligen Mann erblickten"
"І я подумаю про цю годину, коли мої очі побачили святого чоловіка"

Buddhas Augen blickten ruhig zu Boden
Очі Будди спокійно дивилися на землю
Leise, in vollkommenem Gleichmut, lächelte sein unergründliches Gesicht
Тихо, в досконалій незворушності його незбагненне обличчя посміхалося
Der Ehrwürdige sprach langsam

Поважний говорив повільно
"Ich wünsche, dass deine Gedanken nicht im Irrtum sind"
"Бажаю, щоб твої думки не помилялися"
"Ich wünsche, dass du das Ziel erreichst!"
«Бажаю, щоб ти досяг мети!»
"Aber es gibt etwas, worum ich dich bitte, mir zu sagen"
"Але є щось, що я прошу вас сказати мені"
"Hast du die Menge meiner Samanas gesehen?"
"Ти бачив безліч моїх саман?"
"Sie haben Zuflucht zu den Lehren genommen"
"Вони знайшли притулок у вченнях"
"Glaubst du, es wäre besser für sie, die Lehren aufzugeben?"
"Чи вважаєте ви, що їм було б краще відмовитися від учень?"
"Sollen sie in die Welt der Begierden zurückkehren?"
"Чи повинні вони повернутися у світ бажань?"
»Fern ist mir ein solcher Gedanke,« rief Siddhartha aus
— Далека така думка від моєї голови, — вигукнув Сіддхартха
"Ich wünsche, dass sie alle bei den Lehren bleiben"
"Я бажаю, щоб усі вони залишалися з ученнями"
"Ich wünsche ihnen, dass sie ihr Ziel erreichen!"
«Бажаю, щоб вони досягли своєї мети!»
"Es steht mir nicht zu, über das Leben eines anderen Menschen zu urteilen"
"Це не моє місце, щоб судити життя іншої людини"
"Ich kann nur über mein eigenes Leben urteilen"
«Я можу судити тільки про своє власне життя»
"Ich muss mich entscheiden, ich muss wählen, ich muss ablehnen"
«Я повинен вирішити, я повинен вибрати, я повинен відмовитися»
"Die Erlösung vor dem Selbst ist das, wonach wir Samanas suchen"
"Спасіння від себе - це те, чого ми шукаємо самани"
"O Erhabener, wenn ich nur einer deiner Jünger wäre"
"О піднесений, якби я був одним з твоїх учнів"

"Ich würde befürchten, dass es mir passieren könnte"
"Я б боявся, що це може статися зі мною"
"Nur scheinbar würde mein Selbst ruhig und erlöst sein"
"Тільки, здавалося б, я сам був би спокійний і був би врятований"
"Aber in Wahrheit würde es weiterleben und wachsen"
"Але насправді вона житиме і зростатиме"
"weil ich dann mein Selbst durch die Lehren ersetzen würde"
"тому що тоді я заміню себе вченнями"
"Mein Selbst wäre meine Pflicht, dir zu folgen"
"Моїм обов'язком було б іти за тобою"
"Mein Selbst wäre meine Liebe für dich"
"Я був би моєю любов'ю до тебе"
"Und ich selbst wäre die Gemeinschaft der Mönche!"
«А я сам був би спільнотою ченців!»
Mit einem halben Lächeln blickte Gotama dem Fremden in die Augen
З половиною посмішки Готама подивився в очі незнайомцю
Seine Augen waren unerschütterlich offen und freundlich
Його очі були непохитно відкритими і добрими
Er bat ihn mit einer kaum wahrnehmbaren Geste zu gehen
Він наказав йому піти ледь помітним жестом
"Du bist weise, oh Samana", sprach der Ehrwürdige
"Ти мудрий, о Самана", — промовив поважний
"Du weißt, wie man weise redet, mein Freund"
«Ти вмієш мудро говорити, друже»
"Sei dir bewusst, dass es zu viel Weisheit gibt!"
"Пам'ятайте про занадто багато мудрості!"
Der Buddha wandte sich ab
Будда відвернувся
Siddhartha würde seinen Blick nie vergessen
Сіддхартха ніколи не забуде свого погляду
sein halbes Lächeln blieb für immer in Siddharthas Gedächtnis eingebrannt
його похмура посмішка назавжди закарбувалася в пам'яті

Сіддхартхи
dachte Siddhartha bei sich
Сіддхартха подумав про себе
"Ich habe noch nie einen Menschen gesehen, der so aussieht und lächelt"
«Я ніколи раніше не бачив, щоб людина так поглядала і посміхалася»
"Niemand sonst sitzt und geht so wie er"
«Ніхто інший не сидить і не ходить так, як він»
"Wahrhaftig, ich wünsche mir, auf diese Weise blicken und lächeln zu können"
"Воістину, я хочу мати можливість так поглядати і посміхатися"
"Ich wünsche mir, dass ich auch so sitzen und gehen kann"
"Я також хочу мати можливість сидіти і ходити цим шляхом"
"befreit, ehrwürdig, verborgen, offen, kindlich und geheimnisvoll"
"Звільнений, поважний, прихований, відкритий, дитячий і таємничий"
"Es muss ihm gelungen sein, sein Innerstes zu erreichen"
"Він, мабуть, досяг успіху в досягненні найпотаємнішої частини свого "я"
"Nur dann kann jemand einen Blick werfen und diesen Weg gehen"
«Тільки тоді хтось може глянути і пройти цей шлях»
"Ich werde auch versuchen, das Innerste meines Selbst zu erreichen"
"Я також буду прагнути досягти найпотаємнішої частини себе"
»**Ich habe einen Mann gesehen**«, **dachte Siddhartha**
"Я бачив чоловіка", — подумав Сіддхартха
"ein einzelner Mann, vor dem ich meinen Blick senken müsste"
"самотній чоловік, перед яким мені довелося б опустити погляд"
"Ich will meinen Blick vor niemandem senken"

«Я не хочу опускати погляд ні перед ким іншим»
"Keine Belehrung wird mich mehr verführen"
"Ніякі вчення більше не спокушатимуть мене"
"Weil mich die Lehren dieses Mannes nicht gelockt haben"
"Тому що вчення цього чоловіка не спокусили мене"
"Ich bin beraubt durch den Buddha", dachte Siddhartha
«Я обділений Буддою», - подумав Сіддхартха
"Ich bin benachteiligt, obwohl er so viel gegeben hat"
«Я обділений, хоча він так багато віддав»
"Er hat mich meines Freundes beraubt"
«Він позбавив мене мого друга»
"Mein Freund, der an mich geglaubt hat"
"Мій друг, який повірив у мене"
"Mein Freund, der jetzt an ihn glaubt"
"Мій друг, який тепер вірить у нього"
"Mein Freund, der mein Schatten war"
"Мій друг, який був моєю тінню"
"und jetzt ist er Gotamas Schatten"
"і тепер він тінь Готами"
"Aber er hat mir Siddhartha gegeben"
"але він дав мені Сіддхартху"
"Er hat mich selbst hingegeben"
"Він дав мені себе"

Erwachen
Пробудження

Siddhartha ließ den Mangohain hinter sich
Сіддхартха залишив манговий гай позаду себе
Aber er hatte das Gefühl, dass auch sein früheres Leben hinter ihm blieb
Але він відчував, що його минуле життя також залишилося позаду
der Buddha, der Vervollkommnete, blieb zurück
Будда, досконалий, залишився позаду
und Govinda blieb auch zurück
і Говінда теж залишився позаду
und sein früheres Leben hatte sich von ihm getrennt
і його минуле життя розлучилося з ним
Er dachte nach, während er langsam ging
Він розмірковував, повільно йдучи
Er dachte über diese Empfindung nach, die ihn völlig erfüllte
Він задумався над цим відчуттям, яке наповнило його повністю
Er dachte tief nach, als würde er in ein tiefes Wasser eintauchen
Він глибоко розмірковував, немов пірнав у глибоку воду
Er ließ sich auf den Boden der Empfindung sinken
Він дозволив собі опуститися на землю сенсації
Er ließ sich hinabsinken bis dorthin, wo die Ursachen liegen
Він дозволив собі опуститися туди, де лежать причини
Die Ursachen zu identifizieren, ist das Wesen des Denkens
Виявити причини - сама суть мислення
So kam es ihm vor
Так йому здавалося
und allein dadurch verwandeln sich Empfindungen in Verwirklichungen
І тільки цим відчуття перетворюються в реалізації
und diese Empfindungen gehen nicht verloren
І ці відчуття не втрачаються

aber die Empfindungen werden zu Entitäten
Але відчуття стають сутностями
und die Empfindungen beginnen, das auszustrahlen, was in ihnen ist
І відчуття починають виділяти те, що знаходиться всередині них
Sie zeigen ihre Wahrheiten wie Lichtstrahlen
Вони показують свої істини, як промені світла
Siddhartha ging langsam dahin und dachte nach
Повільно йдучи, Сіддхартха замислився
Er erkannte, dass er kein Jüngling mehr war
Він зрозумів, що вже не юнак
Er erkannte, dass er sich in einen Mann verwandelt hatte
Він зрозумів, що перетворився на людину
Er merkte, dass ihn etwas verlassen hatte
Він зрозумів, що його щось покинуло
So wie eine Schlange von ihrer alten Haut zurückgelassen wird
точно так само змію залишає її стара шкіра
Was er in seiner Jugend besessen hatte, existierte nicht mehr in ihm
Те, що він мав протягом усієї молодості, більше не існувало в ньому
Früher war es ein Teil von ihm; Der Wunsch, Lehrer zu haben
раніше вона була його частиною; бажання мати вчителів
der Wunsch, auf Belehrungen zu hören
бажання слухати вчення
Er hatte auch den letzten Lehrer verlassen, der auf seinem Weg erschienen war
Він також залишив останнього вчителя, який з'явився на його шляху
Er hatte sogar den höchsten und weisesten Lehrer verlassen
Він навіть залишив найвищого і наймудрішого вчителя
er hatte den Allerheiligsten, Buddha, verlassen
він залишив найсвятішого, Будду
Er musste sich von ihm trennen, da er seine Lehren nicht

annehmen konnte
Йому довелося розлучитися з ним, не в силах прийняти його вчення
Langsamer ging er in Gedanken dahin
Повільніше він ішов у своїх думках
und er fragte sich: "Aber was ist das?"
і він запитав себе: "Але що це?"
"Was habt ihr von den Lehren und von den Lehrern lernen wollen?"
"Чого ви прагнули навчитися з учень і від учителів?"
"Und was waren die, die dich so viel gelehrt haben?"
- І чого вони були, які вас так багато навчили?
"Was sind sie, wenn sie nicht in der Lage waren, dich zu lehren?"
"Які вони, якщо вони не змогли навчити вас?"
Und er fand: "Es war das Selbst"
І він знайшов: "Це було я"
"Es war der Zweck und das Wesen, von dem ich zu lernen suchte"
"це була мета і суть, про яку я прагнув дізнатися"
"Es war das Selbst, von dem ich mich befreien wollte"
"Це було я, від якого я хотів звільнитися"
"das Selbst, das ich zu überwinden suchte"
"Я, яке я прагнув подолати"
"Aber ich konnte es nicht überwinden"
«Але я не зміг її подолати»
"Ich konnte es nur täuschen"
«Я міг тільки обдурити це»
"Ich konnte nur davor fliehen"
«Я міг тільки втекти від цього»
"Ich konnte mich nur davor verstecken"
«Я міг тільки сховатися від цього»
"Wahrlich, nichts auf dieser Welt hat meine Gedanken so beschäftigt"
"Воістину, ніщо в цьому світі не тримало мої думки настільки зайнятими"
"Das Mysterium, dass ich am Leben bin, hat mich

beschäftigt"
"Я був зайнятий таємницею того, що я живий"
"Das Mysterium, dass ich eins bin"
"Таємниця того, що я єдиний"
"Das Mysterium, wenn man von allen anderen getrennt und isoliert ist"
"Таємниця, якщо вона відокремлена та ізольована від усіх інших"
"das Geheimnis, dass ich Siddhartha bin!"
"таємниця того, що я Сіддхартха!"
"Und es gibt nichts auf dieser Welt, von dem ich weniger weiß"
"І немає нічого в цьому світі, про що я знаю менше"
Er hatte nachgedacht, während er langsam dahinging
Він розмірковував, повільно йдучи
Er hielt inne, als ihn diese Gedanken ergriffen
Він зупинився, коли ці думки охопили його
Und sogleich entsprang aus diesen Gedanken ein anderer Gedanke
і відразу ж з цих думок виникла інша думка
"Es gibt einen Grund, warum ich nichts über mich weiß"
"Є одна причина, чому я нічого не знаю про себе"
"Es gibt einen Grund, warum mir Siddhartha fremd geblieben ist"
«Є одна причина, чому Сіддхартха залишився для мене чужим»
"Das alles hat eine Ursache"
"Все це випливає з однієї причини"
"Ich hatte Angst vor mir selbst und war auf der Flucht"
«Я боявся себе і тікав»
"Ich habe sowohl nach Atman als auch nach Brahman gesucht"
«Я шукав і Атмана, і Брахмана»
"Dafür war ich bereit, mich selbst zu sezieren"
"за це я був готовий препарувати себе"
"und ich war bereit, alle Schichten abzuschälen"
"і я був готовий відклеїти всі його шари"

"Ich wollte den Kern aller Schalen in ihrem unbekannten Inneren finden"
«Я хотів знайти серцевину всіх пілінгів в його невідомому інтер'єрі»
"Der Atman, das Leben, der göttliche Teil, der ultimative Teil"
"Атман, життя, божественна частина, найвища частина"
"Aber ich habe mich dabei verloren"
«Але я втратив себе в процесі»
Siddhartha schlug die Augen auf und sah sich um
Сіддхартха розплющив очі і озирнувся навколо
Als er sich umsah, füllte ein Lächeln sein Gesicht
Озирнувшись, усмішка наповнила його обличчя
Ein Gefühl des Erwachens aus langen Träumen durchströmte ihn
Крізь нього протікало відчуття пробудження від довгих снів
Das Gefühl floss von seinem Kopf bis zu seinen Zehen
Почуття перетікало з його голови вниз до пальців ніг
Und es dauerte nicht lange, bis er wieder gehen konnte
І невдовзі він знову пішов
Er ging schnell, wie ein Mann, der weiß, was er zu tun hat
Він ішов швидко, як людина, яка знає, що йому належить зробити
"Nun lasse ich Siddhartha mir nicht mehr entrinnen!"
- Тепер я більше не дозволю Сіддхартхі втекти від мене!
"Ich möchte meine Gedanken und mein Leben nicht mehr mit Atman beginnen"
«Я більше не хочу починати свої думки і своє життя з Атмана»
"Ich will meine Gedanken auch nicht mit dem Leid der Welt beginnen"
"і я не хочу починати свої думки зі страждань світу"
"Ich will mich nicht länger umbringen und sezieren"
«Я більше не хочу вбивати і препарувати себе»
"Yoga-Veda soll mich nicht mehr lehren"
«Йога-веда мене більше не навчить»

"weder Atharva-Veda, noch die Asketen"
«ні Атхарва-веда, ні подвижники»
"Es wird keine Lehren geben"
"Не буде ніяких учень"
"Ich möchte von mir selbst lernen und mein Schüler sein"
«Я хочу вчитися у себе і бути моїм учнем»
"Ich möchte mich selbst kennenlernen; das Geheimnis von Siddhartha"
"Я хочу пізнати себе; таємниця Сіддхартхи»

Er sah sich um, als sähe er die Welt zum ersten Mal
Він озирнувся навколо, ніби вперше бачить світ
Schön und bunt war die Welt
Прекрасним і барвистим був світ
Seltsam und geheimnisvoll war die Welt
Дивним і загадковим був світ
Hier war blau, da war gelb, hier war grün
Тут був синій, був жовтий, тут зелений
Der Himmel und der Fluss flossen
Небо і річка текли
Der Wald und die Berge waren starr
Ліс і гори були жорсткими
Die ganze Welt war wunderschön
Весь світ був прекрасний
Alles war mysteriös und magisch
Все це було загадковим і чарівним
und in ihrer Mitte war er, Siddhartha, der Erweckende
і серед неї був він, Сіддхартха, пробуджувач
und er war auf dem Weg zu sich selbst
І він був на шляху до себе
all das Gelb und Blau und der Fluss und der Wald zogen in Siddhartha ein
все це жовте і синє, річка і ліс увійшли в Сіддхартху
Zum ersten Mal drang es durch die Augen ein
вперше вона увійшла через очі
es war kein Zauber von Mara mehr
це вже не було заклинанням Мари

es war nicht mehr der Schleier der Maya
це вже не була завіса майя
Es war nicht länger sinnlos und zufällig
Це вже не було безглуздим і випадковим
Die Dinge waren nicht nur eine Vielfalt bloßer Erscheinungen
Речі були не просто різноманітністю простих виступів
Erscheinungen, die für das tief denkende Brahman verabscheuungswürdig sind
зовнішність, ганебна для глибоко мислячого Брахмана
das denkende Brahman verachtet die Verschiedenheit und strebt nach Einheit
мислячий Брахман зневажає різноманітність і шукає єдності
Blau war blau und Fluss war Fluss
Блакитний був блакитний, а річка була річкою
das Einzigartige und Göttliche lebte verborgen in Siddhartha
єдине і божественне життя приховане в Сіддхартхі
Der Weg und Zweck der Göttlichkeit war es, hier gelb und dort blau zu sein
Шлях і мета божественності полягала в тому, щоб бути жовтим тут, і синім там
dort Himmel, dort Wald, und hier Siddhartha
там небо, там ліс, а тут Сіддхартха
Der Zweck und die wesentlichen Eigenschaften lagen nicht irgendwo hinter den Dingen
Призначення і істотні властивості не були десь за речами
Der Zweck und die wesentlichen Eigenschaften steckten in allem
Призначення і істотні властивості були всередині всього
"Wie taub und dumm bin ich gewesen!" dachte er
«Який я був глухий і дурний!» — думав він
und er ging rasch dahin
і він швидко пішов уздовж
"Wenn jemand einen Text liest, wird er die Symbole und Buchstaben nicht verachten"

«Коли хтось читає текст, він не буде зневажати символи та літери»
"Er wird die Symbole nicht als Täuschung oder Zufälle bezeichnen"
«Він не назве символи обманом або збігами»
"Aber er wird sie lesen, wie sie geschrieben sind"
"Але Він прочитає їх так, як вони були написані"
"Er wird sie studieren und lieben, Buchstabe für Buchstabe"
"Він буде вивчати і любити їх, буква за буквою"
"Ich wollte das Buch der Welt lesen und verachtete die Buchstaben"
«Я хотів прочитати книгу світу і зневажав листи»
"Ich wollte das Buch von mir selbst lesen und verachtete die Symbole"
«Я хотів прочитати книгу про себе і зневажав символи»
"Ich nannte meine Augen und meine Zunge zufällig"
«Я назвав очі і язик випадковим»
"Ich sagte, es seien wertlose Formen ohne Substanz"
"Я сказав, що це нікчемні форми без змісту"
"Nein, das ist vorbei, ich bin erwacht"
«Ні, це скінчилося, я прокинувся»
"Ich bin in der Tat erwacht"
"Я дійсно прокинувся"
"Ich war noch nicht vor diesem Tag geboren"
"Я не народився до цього дня"
Bei diesen Gedanken hielt Siddhartha plötzlich wieder inne
Обмірковуючи ці думки, Сіддхартха раптом знову зупинився
Er blieb stehen, als läge eine Schlange vor ihm
Він зупинився, ніби перед ним лежала змія
Plötzlich war ihm auch noch etwas anderes bewusst geworden
Раптом він також дізнався про щось інше
Er war in der Tat wie jemand, der gerade aufgewacht war
Він дійсно був схожий на людину, яка щойно прокинулася
Er war wie ein neugeborenes Baby, das sein Leben neu beginnt

Він був схожий на новонароджену дитину, яка починає життя заново
Und er musste wieder ganz von vorne anfangen
І йому довелося починати знову на самому початку
Am Morgen hatte er ganz andere Absichten gehabt
Вранці у нього були зовсім інші наміри
Er hatte daran gedacht, in seine Heimat und zu seinem Vater zurückzukehren
Він думав повернутися додому і до батька
Aber jetzt blieb er stehen, als läge eine Schlange auf seinem Weg
Але тепер він зупинився, ніби на його шляху лежить змія
Er erkannte, wo er war
Він усвідомив, де він знаходиться
"Ich bin nicht mehr der, der ich war"
"Я вже не той, ким був"
"Ich bin kein Asket mehr"
"Я більше не аскет"
"Ich bin kein Priester mehr"
«Я вже не священик»
"Ich bin kein Brahmane mehr"
«Я більше не брахман»
"Was soll ich bei meinem Vater tun?"
"Що мені робити у батька?"
"Studieren? Opfergaben darbringen? Meditation praktizieren?"
"Вчитися? Робити підношення? Практикувати медитацію?"
"Aber das alles ist für mich vorbei"
«Але все це для мене скінчилося»
"Das alles liegt nicht mehr auf meinem Weg"
"Все це більше не на моєму шляху"
Regungslos blieb Siddhartha stehen
Нерухомий, Сіддхартха залишився стояти там
und für die Zeit eines Augenblicks und Atemzugs fühlte sich sein Herz kalt an
і на час однієї миті і подиху його серце відчувало холод

Er fühlte eine Kälte in seiner Brust
Він відчув холод у грудях
Das gleiche Gefühl, das ein kleines Tier empfindet, wenn es sieht, wie allein es ist
Те ж саме почуття відчуває і маленька тварина, коли бачить, наскільки воно самотнє
Viele Jahre lang war er ohne Zuhause gewesen und hatte nichts gespürt
Багато років він був без дому і нічого не відчував
Jetzt fühlte er sich obdachlos
Тепер він відчув, що залишився без дому
Doch selbst in der tiefsten Meditation war er der Sohn seines Vaters gewesen
Тим не менш, навіть у найглибшій медитації він був сином свого батька
er war ein Brahmane gewesen, der einer hohen Kaste angehörte
він був брахманом, з вищої касти
Er war Kleriker gewesen
Він був священнослужителем
Nun war er nichts anderes als Siddhartha, der Erwachte
Тепер він був не що інше, як Сіддхартха, пробуджений
Nichts anderes war von ihm übrig geblieben
Більше від нього нічого не залишилося
Tief atmete er ein und fühlte sich kalt an
Глибоко він вдихнув і відчув холод
Ein Schauer lief durch seinen Körper
Тремтіння пробігло по його тілу
Niemand war so allein wie er
Ніхто не був таким самотнім, як він
Es gab keinen Edelmann, der nicht zu den Adligen gehörte
Не було дворянина, який не належав би до дворян
Es gab keinen Arbeiter, der nicht zu den Arbeitern gehörte
не було робітника, який не належав би до робітників
sie hatten alle unter sich Zuflucht gefunden
Всі вони знайшли притулок між собою
Sie teilten ihr Leben und sprachen ihre Sprachen

Вони ділилися своїм життям і говорили своїми мовами
es gibt keinen Brahmanen, der nicht als Brahmanen angesehen werden würde
немає брахманів, які не вважалися б брахманами
und es gibt keine Brahmanen, die nicht als Brahmanen gelebt haben
і немає брахманів, які не жили б як брахмани
es gibt keinen Asketen, der nicht bei den Samanas Zuflucht finden könnte
немає подвижника, який не зміг би знайти притулку у саман
Und selbst der einsamste Einsiedler im Wald war nicht allein
І навіть самий забутий відлюдник в лісі був не один
Er war auch von einem Ort umgeben, zu dem er gehörte
Він також був оточений місцем, якому належав
Er gehörte auch einer Kaste an, in der er zu Hause war
Також він належав до касти, в якій перебував вдома
Govinda hatte ihn verlassen und war Mönch geworden
Говінда покинув його і став ченцем
und tausend Mönche waren seine Brüder
і тисяча ченців були його братами
Sie trugen das gleiche Gewand wie er
Вони носили таку ж одежу, як і він
Sie glaubten an seinen Glauben und sprachen seine Sprache
Вони вірили в його віру і говорили його мовою
Aber er, Siddhartha, wo gehörte er hin?
Але він, Сіддхартха, куди він належав?
Mit wem würde er sein Leben teilen?
З ким би він розділив своє життя?
Wessen Sprache würde er sprechen?
Чиєю мовою він би говорив?
Die Welt um ihn herum schmolz dahin
світ розтанув навколо нього
Er stand allein wie ein Stern am Himmel
Він стояв один, як зірка на небі
Kälte und Verzweiflung umgaben ihn

Холод і відчай оточували його
aber Siddhartha tauchte aus diesem Augenblick auf
але Сіддхартха вийшов з цього моменту
Siddhartha trat mehr als zuvor als sein wahres Ich zum Vorschein
Сіддхартха став більш справжнім «я», ніж раніше
Er war konzentrierter als je zuvor
Він був більш сконцентрований, ніж будь-коли
Er fühlte; "Das war das letzte Beben des Erwachens"
Він відчував; "Це був останній тремор пробудження"
"Der letzte Kampf dieser Geburt"
"Остання боротьба цього народження"
Und es dauerte nicht lange, so ging er wieder in großen Schritten
І невдовзі він знову пішов довгими кроками
Er fing an, schnell und ungeduldig fortzufahren
Він почав діяти швидко і нетерпляче
Er ging nicht mehr nach Hause
Він більше не збирався додому
Er ging nicht mehr zu seinem Vater
Він більше не збирався до батька

Zweiter Teil - Частина друга
***
Kamala
Камала

Siddhartha lernte auf jedem Schritt seines Weges etwas Neues
Сіддхартха дізнавався щось нове на кожному кроці свого шляху
denn die Welt verwandelte sich und sein Herz war verzaubert
Тому що світ змінився і його серце було зачароване
Er sah die Sonne über den Bergen aufgehen
Він побачив, як сонце сходить над горами
und er sah die Sonne über dem fernen Strand untergehen
і він побачив, як сонце сідає над далеким пляжем
Nachts sah er die Sterne am Himmel in ihren festen Positionen
Вночі він бачив зірки на небі в їх нерухомих положеннях
und er sah die Mondsichel wie ein Boot im Blau treiben
і він побачив півмісяць пливе, як човен у блакиті
Er sah Bäume, Sterne, Tiere und Wolken
Він бачив дерева, зірки, тварин і хмари
Regenbögen, Felsen, Kräuter, Blumen, Bäche und Flüsse
веселки, скелі, трави, квіти, струмки і річки
Er sah den glitzernden Tau im Gebüsch am Morgen
Вранці він побачив блискучу росу в кущах
Er sah in der Ferne hohe Berge, die blau waren
Він побачив далекі високі гори, які були синіми
Wind wehte durch das Reisfeld
Вітер дув через рисове поле
Das alles, tausendfach und bunt, war schon immer da gewesen
Все це, тисячократне і барвисте, завжди було там
Die Sonne und der Mond hatten immer geschienen
Сонце і місяць світили завжди
Flüsse hatten immer gebraust und Bienen hatten immer

gesummt
Річки завжди ревіли, а бджоли завжди дзижчали
aber in früheren Zeiten war das alles ein trügerischer Schleier gewesen
Але в колишні часи все це було оманливою завісою
Für ihn war es nur flüchtig gewesen
Для нього це було не більше ніж скороминущим
Es sollte mit Misstrauen betrachtet werden
Передбачалося, що на нього дивляться з недовірою
Es war dazu bestimmt, von Gedanken durchdrungen und zerstört zu werden
Їй судилося бути пронизаною і знищеною думкою
da es nicht das Wesen des Daseins war
оскільки це не було суттю існування
denn dieses Wesen lag jenseits, auf der anderen Seite des Sichtbaren
Оскільки ця сутність лежала за межами, по той бік, видимого
Aber jetzt blieben seine befreiten Augen auf dieser Seite
Але тепер його звільнені очі залишилися на цьому боці
Er sah und wurde sich des Sichtbaren bewusst
Він побачив і усвідомив видиме
Er suchte in dieser Welt zu Hause zu sein
Він прагнув бути вдома в цьому світі
Er suchte nicht nach dem wahren Wesen
Він не шукав справжньої сутності
Er zielte nicht auf eine jenseitige Welt
Він не прагнув до світу поза межами
Diese Welt war schön genug für ihn
Цей світ був для нього досить прекрасним
Wenn man es so betrachtete, wurde alles kindlich
Дивлячись на це так, все робилося по-дитячому
Schön waren der Mond und die Sterne
Прекрасними були місяць і зірки
Schön war der Bach und die Ufer
Прекрасним був струмок і береги
Der Wald und die Felsen, die Ziege und der Goldkäfer

Ліс і скелі, коза і златоїд
die Blume und der Schmetterling; Schön und lieblich war es
квітка і метелик; Красиво і прекрасно це було
Durch die Welt zu gehen war wieder kindlich
Ходити світом знову стало по-дитячому
Auf diese Weise wurde er geweckt
Таким чином він прокинувся
Auf diese Weise war er offen für das, was nahe ist
Таким чином він був відкритий до того, що знаходиться поруч
Auf diese Weise war er ohne Misstrauen
Таким чином він був без недовіри
anders verbrannte die Sonne den Kopf
По-іншому сонце обпікало голову
Anders kühlte ihn der Schatten des Waldes ab
По-іншому тінь лісу охолоджувала його
Anders schmeckten der Kürbis und die Banane
по-різному гарбуз і банан на смак
Kurz waren die Tage, kurz waren die Nächte
Короткими були дні, короткими були ночі
jede Stunde raste schnell dahin wie ein Segel auf dem Meer
Кожна година стрімко відводилася, як вітрило по морю
und unter dem Segel war ein Schiff voller Schätze, voller Freude
А під вітрилом стояв корабель, повний скарбів, повний радості
Siddhartha sah eine Gruppe von Affen, die sich durch das hohe Blätterdach bewegten
Сіддхартха побачив групу мавп, що рухалися через високий навіс
Sie saßen hoch in den Ästen der Bäume
Вони були високо в гілках дерев
und er hörte ihren wilden, gierigen Gesang
І він почув їхню дикунську, жадібну пісню
Siddhartha sah ein männliches Schaf, das einem weiblichen folgte und sich mit ihr paarte
Сіддхартха побачив самця вівці, який слідував за самкою і

спаровувався з нею
In einem See aus Schilf sah er den Hecht, der hungrig nach seinem Abendessen jagte
В очеретяному озері він побачив щуку, яка жадібно полює за своїм обідом
Junge Fische trieben sich vom Hecht weg
Молоді риби відганялися від щуки
Sie waren verängstigt, wackelten und funkelten
Вони були налякані, погойдувалися і іскрилися
Die Jungfische sprangen in Scharen aus dem Wasser
Молоді рибки натовпами вистрибували з води
Der Duft von Kraft und Leidenschaft kam kraftvoll aus dem Wasser
Аромат сили і пристрасті з силою виходив з води
und der Hecht erregte den Geruch
І щука сколихнула аромат
All das hatte es schon immer gegeben
Все це існувало завжди
und er hatte es nicht gesehen, noch war er bei ihm gewesen
і він не бачив цього, і він не був з нею
Jetzt war er dabei und er war ein Teil davon
Тепер він був з нею і був її частиною
Licht und Schatten liefen durch seine Augen
Світло і тінь пробігли по його очах
Sterne und Mond liefen ihm durch das Herz
Зірки і місяць пробігли крізь його серце

Siddhartha erinnerte sich an alles, was er im Garten Jetavana erlebt hatte
Сіддхартха згадав усе, що пережив у саду Джетавана
Er erinnerte sich an die Lehre, die er dort vom göttlichen Buddha gehört hatte
він пам'ятав вчення, яке почув там від божественного Будди
er erinnerte sich an den Abschied von Govinda
він згадав прощання з Говіндою
Er erinnerte sich an das Gespräch mit dem Erhabenen

Він згадав розмову з піднесеним
Wieder erinnerte er sich an seine eigenen Worte, die er zu dem Erhabenen gesprochen hatte
Він знову згадав свої власні слова, які сказав піднесеному
Er erinnerte sich an jedes Wort
Він пам'ятав кожне слово
Er erkannte, dass er Dinge gesagt hatte, die er nicht wirklich gewusst hatte
Він зрозумів, що сказав речі, яких насправді не знав
er erstaunte sich selbst über das, was er zu Gotama gesagt hatte
він здивував себе тим, що сказав Готамі
Buddhas Schatz und Geheimnis waren nicht die Lehren
скарб і таємниця Будди не були вченням
aber das Geheimnis war das Unaussprechliche und nicht Belehrbare
Але секрет був невимовним і не піддається навчанню
das Geheimnis, das er in der Stunde seiner Erleuchtung erfahren hatte
таємниця, яку він пережив у годину свого просвітлення
Das Geheimnis war nichts anderes als das, was er jetzt erlebt hatte
Таємниця полягала не в чому іншому, крім того, що він тепер випробував
Das Geheimnis war, was er nun zu erleben begann
Секрет полягав у тому, що він тепер почав відчувати
Nun musste er sich selbst erfahren
Тепер йому довелося випробувати себе
er wusste schon lange, dass er Atman war
він уже давно знав, що його «я» — Атман
Er wußte, daß Atman die gleichen ewigen Eigenschaften wie Brahman besaß
він знав, що Атман має ті самі вічні характеристики, що й Брахман
Aber er hatte nie wirklich zu sich selbst gefunden
Але насправді він ніколи не знаходив цього
weil er das Selbst im Netz des Denkens einfangen wollte

тому що він хотів захопити себе в тенета думки
Aber der Körper war nicht Teil des Selbst
Але тіло не було частиною самого себе
Es war nicht das Schauspiel der Sinne
Це не було видовищем почуттів
Es war also auch nicht der Gedanke, noch der rationale Verstand
Так що це також не була ні думка, ні раціональний розум
Es war weder die erlernte Weisheit, noch die erlernte Fähigkeit
Це не була ні вивчена мудрість, ні вивчені здібності
Aus diesen Dingen konnten keine Schlüsse gezogen werden
З цих речей не можна було зробити ніяких висновків
Nein, auch die Gedankenwelt war noch auf dieser Seite
Ні, світ думки теж все ще був по цей бік
Beide, sowohl die Gedanken als auch die Sinne, waren hübsche Dinge
І думки, і почуття, були гарними речами
Aber die letztendliche Bedeutung verbarg sich hinter beiden
Але кінцевий сенс ховався за ними обома
Beides musste angehört und gespielt werden
Обох потрібно було слухати і грати з
weder zu verachten noch zu überschätzen
Ні зневажати, ні переоцінювати не доводилося
Es gab geheime Stimmen der innersten Wahrheit
Були таємні голоси найпотаємнішої істини
Diese Stimmen mussten aufmerksam wahrgenommen werden
Ці голоси треба було уважно сприймати
Er wollte nichts anderes anstreben
Він не хотів прагнути ні до чого іншого
Er würde tun, was die Stimme ihm befahl
Він робив те, що голос наказував йому робити
Er würde dort wohnen, wo die Stimmen ihm rieten
Він зупинявся там, де голоси радили йому
Warum hatte sich Gotama unter den Bhodi Baum gesetzt?
Чому Готама сів під бо-дерево?

Er hatte eine Stimme in seinem eigenen Herzen gehört
Він почув голос у своєму власному серці
eine Stimme, die ihm befohlen hatte, unter diesem Baum Ruhe zu suchen
голос, який наказав йому шукати спокою під цим деревом
Er hätte weiter Opfergaben darbringen können
Він міг би продовжувати приносити жертви
Er hätte seine Waschungen vollziehen können
Він міг здійснювати свої обмивання
Er hätte diesen Moment im Gebet verbringen können
Він міг провести той момент у молитві
Er hatte sich entschieden, weder zu essen noch zu trinken
Він не вирішив ні їсти, ні пити
Er hatte sich entschieden, weder zu schlafen noch zu träumen
Він не вирішив ні спати, ні мріяти
Stattdessen hatte er der Stimme gehorcht
замість цього він послухався голосу
So zu gehorchen war gut
Підкорятися так було добре
Es war gut, einem fremden Befehl nicht zu gehorchen
Добре було не підкорятися зовнішній команді
Es war gut, nur der Stimme zu gehorchen
Добре було слухатися тільки голосу
So bereit zu sein, war gut und notwendig
Бути готовим так було добре і необхідно
Es gab nichts anderes, was nötig war
Більше не було нічого необхідного

in der Nacht kam Siddhartha an einen Fluss
вночі Сіддхартха дістався до річки
Er schlief in der Strohhütte eines Fährmanns
Він спав у солом'яній хатинці паромщика
in dieser Nacht hatte Siddhartha einen Traum
цієї ночі Сіддхартха наснився сон
Govinda stand vor ihm
Говінда стояв перед ним

Er trug das gelbe Gewand eines Asketen
Він був одягнений у жовту одежу подвижника
Traurig sah Govinda aus
Сумно було, як виглядала Говінда
Traurig fragte er: "Warum hast du mich verlassen?"
Він сумно запитав: "Чому ти покинув мене?"
Siddhartha umarmte Govinda und schlang seine Arme um ihn
Сіддхартха обійняв Говінду і обхопив його руками
Er zog ihn an seine Brust und küsste ihn
Він притягнув його до грудей і поцілував
aber es war nicht mehr Govinda, sondern eine Frau
але це вже була не Говінда, а жінка
Eine volle Brust sprang aus dem Kleid der Frau hervor
З жіночої сукні вискочили повні груди
Siddhartha lag da und trank aus der Brust
Сіддхартха лежав і пив з грудей
süß und kräftig schmeckte die Milch aus dieser Brust
солодко і сильно скуштував молока з цієї грудки
Es schmeckte nach Frau und Mann
Це смакувало жінку і чоловіка
Es schmeckte nach Sonne und Wald
Смакувало сонце і ліс
es schmeckte nach Tier und Blume
На смак тварина і квітка
Es schmeckte von jeder Frucht und jedem freudigen Verlangen
У ньому смакував кожен плід і кожне радісне бажання
Es berauschte ihn und machte ihn bewusstlos
Це сп'янило його і знепритомніло
Siddhartha erwachte aus dem Traum
Сіддхартха прокинувся від сну
Der bleiche Fluss schimmerte durch die Tür der Hütte
Бліда річка переливалася крізь двері хатини
Ein dunkler Ruf einer Eule hallte tief durch den Wald
Темний поклик сови глибоко пролунав по лісі
Siddhartha bat den Fährmann, ihn über den Fluss zu

bringen
Сіддхартха попросив перевізника перевезти його через річку
Der Fährmann brachte ihn auf seinem Bambusfloß über den Fluss
Паромщик перевіз його через річку на своєму бамбуковому плоту
das Wasser schimmerte rötlich im Licht des Morgens
Вода переливалася червонуватою при світлі ранку
"Das ist ein wunderschöner Fluss", sagte er zu seinem Gefährten
"Це прекрасна річка", — сказав він своєму супутнику
»Ja,« sagte der Fährmann, »ein sehr schöner Fluss.«
- Так, - сказав паромщик, - дуже красива річка.
"Ich liebe es über alles"
"Я люблю це більше за все"
"Oft habe ich es mir angehört"
"Часто я слухав це"
"Oft habe ich ihm in die Augen geschaut"
"Часто я дивився йому в очі"
"Und ich habe immer daraus gelernt"
"і я завжди вчився на цьому"
"Von einem Fluss kann man viel lernen"
«Багато чому можна навчитися з річки»
»Ich danke dir, mein Wohltäter,« sprach Siddhartha
— Дякую тобі, мій благодійнику, — промовив Сіддхартха
Er ging auf der anderen Seite des Flusses von Bord
Він висадився на іншому березі річки
"Ich habe kein Geschenk, das ich dir für deine Gastfreundschaft geben könnte, meine Liebe"
"У мене немає подарунка, який я міг би дати тобі за твою гостинність, моя люба"
"und ich habe auch keinen Lohn für deine Arbeit"
"і я також не маю оплати за вашу роботу"
"Ich bin ein Mann ohne Heimat"
"Я людина без дому"
"Ich bin der Sohn eines Brahmanen und eines Samana"

"Я син брахмана і самани"
"Ich habe es gesehen!" sprach der Fährmann
— Я бачив це, — промовив паромщик
"Ich habe keine Zahlung von Ihnen erwartet"
«Я не очікував від вас ніякої оплати»
"Es ist für Gäste selbstverständlich, ein Geschenk zu tragen"
"Це піклування про те, щоб гості несли подарунок"
"Aber das habe ich auch nicht von dir erwartet"
- Але і від вас цього я не очікував:
"Du wirst mir das Geschenk ein anderes Mal geben"
"Ти зробиш мені подарунок іншим разом"
»Glaubst du das?« fragte Siddhartha verwirrt
«Ти так думаєш?» — здивовано запитав Сіддхартха
"Dessen bin ich sicher", antwortete der Fährmann
- Я в цьому впевнений, - відповів перевізник
"Auch das habe ich vom Fluss gelernt"
"Цього я теж навчився з річки"
"Alles, was geht, kommt zurück!"
«Все, що відбувається, повертається!»
"Auch du, Samana, wirst wiederkommen"
"Ти теж, Самана, повернешся"
"Nun lebe wohl! Lass deine Freundschaft mein Lohn sein."
"Тепер прощавай! Нехай твоя дружба буде моєю нагородою»
"Gedenke meiner, wenn du den Göttern Opfergaben darbringst"
"Поминайте мене, коли приносите жертви богам"
Lächelnd trennten sie sich voneinander
Посміхаючись, вони розлучилися один з одним
Lächelnd freute sich Siddhartha über die Freundschaft
Посміхаючись, Сіддхартха був радий дружбі
und er freute sich über die Güte des Fährmanns
І він зрадів доброті паромщика
"Er ist wie Govinda", dachte er lächelnd
"Він схожий на Говінду", - подумав він з посмішкою
"Alles, was mir auf meinem Weg begegnet, ist wie Govinda"
"все, що я зустрічаю на своєму шляху, схоже на Говінду"

"Alle sind dankbar für das, was sie haben"
"Всі вдячні за те, що мають"
"Aber sie sind diejenigen, die ein Recht auf Dank hätten"
«Але саме вони матимуть право отримувати подяку»
"Alle sind unterwürfig und möchten Freunde sein"
"Всі покірні і хотіли б дружити"
"Alle gehorchen gerne und denken wenig"
«Всі люблять слухатися і мало думати»
"Alle Menschen sind wie Kinder"
«Всі люди як діти»

Gegen Mittag kam er durch ein Dorf
Близько полудня він прийшов через село
Vor den Lehmhütten wälzten sich Kinder auf der Straße
Перед грязьовими котеджами на вулиці валялися діти
sie spielten mit Kürbiskernen und Muscheln
Вони гралися з гарбузовим насінням і морськими черепашками
Sie schrien und rangen miteinander
Вони кричали і боролися один з одним
aber sie flohen alle schüchtern vor dem unbekannten Samana
але всі вони боязко втекли від невідомої Самани
Am Ende des Dorfes führte der Weg durch einen Bach
В кінці села стежка вела через струмок
Am Ufer des Baches kniete eine junge Frau
Біля струмка стояла на колінах молода жінка
Sie wusch Wäsche im Bach
Вона прала одяг у потоці
Als Siddhartha sie begrüßte, hob sie den Kopf
Коли Сіддхартха привітався з нею, вона підняла голову
und sie blickte lächelnd zu ihm auf
І вона подивилася на нього з посмішкою
Er konnte sehen, wie das Weiß in ihren Augen glänzte
Він бачив, як біла в її очах блищала
Er rief ihr einen Segen zu
Він благословив її

Dies war der Brauch unter den Reisenden
Таким був звичай серед мандрівників
und er fragte, wie weit es bis zu der großen Stadt sei
І він запитав, як далеко до великого міста
Dann stand sie auf und kam zu ihm
Потім вона встала і підійшла до нього
Wunderschön schimmerte ihr feuchter Mund in ihrem jungen Gesicht
Її мокрий рот переливався в молодому обличчі
Sie tauschte humorvolle Scherze mit ihm aus
Вона обмінялася з ним жартівливими стьобами
Sie fragte, ob er schon gegessen habe
Вона запитала, чи він уже їв
und sie stellte neugierige Fragen
І вона задавала цікаві питання
"Stimmt es, dass die Samanas nachts allein im Wald schliefen?"
"Чи правда, що самани спали вночі одні в лісі?"
"Stimmt es, dass Samanas keine Frauen bei sich haben dürfen?"
"Чи правда, що Саманам не дозволено мати з собою жінок"
Während sie sprach, setzte sie ihren linken Fuß auf seinen rechten
Під час розмови вона поставила ліву ногу на праву
die Bewegung einer Frau, die sexuelles Vergnügen initiieren möchte
рух жінки, яка хотіла б ініціювати сексуальне задоволення
In den Lehrbüchern wird dies als "Baumklettern" bezeichnet
Підручники називають це «лазіння по дереву»
Siddhartha fühlte, wie sich sein Blut erhitzte
Сіддхартха відчув, як його кров нагрівається
Er musste wieder an seinen Traum denken
Йому довелося знову думати про свою мрію
Er beugte sich leicht zu der Frau hinunter
Він злегка нахилився до жінки
und er küßte mit seinen Lippen die braune Brustwarze ihrer

Brust
і він поцілував губами коричневий сосок її грудей
Als er aufblickte, sah er ihr Gesicht lächeln
Підвівши очі, він побачив її обличчя, яке посміхалося
und ihre Augen waren voller Lust
і очі її були сповнені похоті
Auch Siddhartha empfand Verlangen nach ihr
Сіддхартха також відчував бажання до неї
Er fühlte, wie sich die Quelle seiner Sexualität bewegte
Він відчував, як зворушується джерело його сексуальності
aber er hatte noch nie eine Frau berührt
Але він ніколи раніше не торкався жінки
Also zögerte er einen Augenblick
Тож він якусь мить завагався
Seine Hände waren bereits bereit, nach ihr zu greifen
Його руки вже були готові простягнути їй руку
Doch dann hörte er die Stimme seines Innersten
Але потім він почув голос свого найпотаємнішого «я»
Er zitterte vor Ehrfurcht vor seiner Stimme
Він здригнувся від трепету від свого голосу
und diese Stimme sagte ihm nein
І цей голос сказав йому «ні»
Alle Reize verschwanden aus dem lächelnden Gesicht der jungen Frau
Всі чари зникли з усміхненого обличчя молодої жінки
Er sah nichts anderes mehr als einen feuchten Blick
Він більше не бачив нічого іншого, крім вологого погляду
Alles, was er sehen konnte, war ein läufiges weibliches Tier
Все, що він міг бачити, - це самка тварини в теплі
Höflich streichelte er ihre Wange
Ввічливо він погладив її по щоці
Er wandte sich von ihr ab und verschwand
Він відвернувся від неї і зник
Er entfernte sich von der enttäuschten Frau mit leichten Schritten
Він пішов від розчарованої жінки легкими кроками
und er verschwand im Bambuswald

і він зник у бамбуковому лісі

Noch vor Abend erreichte er die große Stadt
До великого міста він дістався ще до вечора
und er war froh, die Stadt erreicht zu haben
І він був щасливий, що дістався до міста
weil er das Bedürfnis verspürte, unter Menschen zu sein
тому що він відчував потребу бути серед людей
oder lange Zeit hatte er in den Wäldern gelebt
або довгий час він жив у лісах
Zum ersten Mal seit langer Zeit schlief er unter einem Dach
Вперше за довгий час він спав під дахом
Früher war die Stadt ein wunderschön eingezäunter Garten
Раніше місто було красиво обгородженим садом
Der Reisende stieß auf eine kleine Gruppe von Dienern
Мандрівник натрапив на невелику групу слуг
Die Diener trugen Körbe mit Früchten
слуги несли кошики з фруктами
Vier Diener trugen eine dekorative Sänfte
Четверо слуг несли декоративне крісло-седан
Auf diesem Stuhl saß eine Frau, die Herrin
На цьому стільці сиділа жінка-господиня
Sie lag auf roten Kissen unter einem bunten Baldachin
Вона була на червоних подушках під барвистим балдахіном
Siddhartha blieb am Eingang des Lustgartens stehen
Сіддхартха зупинився біля входу в прогулянковий сад
und er sah zu, wie die Parade vorüberzog
І він спостерігав, як проходить парад
Er sah, sah die Knechte und Mägde
Він бачив слуг і служниць
Er sah die Körbe und die Sänfte
Він побачив кошики і крісло-седан
und er sah die Dame auf dem Stuhl
І він побачив даму на стільці
Unter ihrem schwarzen Haar sah er ein sehr zartes Gesicht
Під її чорним волоссям він побачив дуже ніжне обличчя

ein leuchtend roter Mund, wie eine frisch geknackte Feige
яскраво-червоний рот, як у свіжотріснутого інжиру
Augenbrauen, die gut gepflegt und in einem hohen Bogen bemalt waren
брови, які були добре підтягнуті і пофарбовані у високу арку
Es waren kluge und wachsame dunkle Augen
Це були розумні і пильні темні очі
ein klarer, hoher Hals erhob sich aus einem grün-goldenen Gewand
Ясна, висока шия піднялася із зелено-золотого вбрання
Ihre Hände ruhten, lang und dünn
Її руки відпочивали, довгі і тонкі
Sie trug breite goldene Armbänder über ihren Handgelenken
На зап'ястях у неї були широкі золоті браслети
Siddhartha sah, wie schön sie war, und sein Herz freute sich
Сіддхартха побачив, яка вона красива, і його серце зраділо
Er verneigte sich tief, als die Sänfte näher kam
Він глибоко вклонився, коли седан-крісло підійшло ближче
Er richtete sich wieder auf und blickte in das schöne, reizende Gesicht
Знову випроставшись, він подивився на світле, чарівне обличчя
Er las in ihren klugen Augen mit den hohen Bögen
Він читав її розумні очі високими дугами
Er atmete den Duft von etwas ein, das er nicht kannte
Він вдихнув пахощі чогось, чого не знав
Mit einem Lächeln nickte die schöne Frau für einen Moment
З посмішкою красуня на мить кивнула
Dann verschwand sie im Garten
потім вона зникла в саду
Und dann verschwanden auch die Diener
А потім зникли і слуги
"Ich betrete diese Stadt mit einem reizenden Omen", dachte Siddhartha

«Я входжу в це місто з чарівною прикметою», - подумав Сіддхартха

Er fühlte sich sofort in den Garten hineingezogen
Він миттєво відчув себе втягнутим у сад

Aber er dachte über seine Situation nach
Але він думав про своє становище

Er merkte, wie die Diener und Mägde ihn angeschaut hatten
Він дізнався, як на нього дивляться слуги і служниці

Sie hielten ihn für verachtenswert, misstrauisch und lehnten ihn ab
Вони вважали його мерзенним, недовірливим і відкидали його

"Ich bin immer noch ein Samana", dachte er
"Я все ще самана", — подумав він

"Ich bin immer noch ein Asket und Bettler"
«Я все ще аскет і жебрак»

"Ich darf nicht so bleiben"
«Я не повинен залишатися таким»

"So werde ich den Garten nicht betreten können", lachte er
- Я не зможу так увійти в сад, - засміявся він

fragte er die nächste Person, die den Weg des Gartens entlang kam
— запитав він наступного чоловіка, який ішов стежкою навколо саду

und er fragte nach dem Namen der Frau
і він попросив назвати ім'я жінки

Ihm wurde gesagt, dass dies der Garten von Kamala, der berühmten Kurtisane, sei
йому сказали, що це сад Камали, знаменитої куртизанки

und man sagte ihm, dass sie auch ein Haus in der Stadt besitze
І йому сказали, що вона також володіє будинком у місті

Dann zog er mit einem Tor in die Stadt ein
Потім він увійшов у місто з метою

Um sein Ziel zu erreichen, ließ er sich von der Stadt einsaugen
Переслідуючи свою мету, він дозволив місту засмоктати

його
Er trieb durch den Fluss der Straßen
Він дрейфував крізь потік вулиць
Er blieb auf den Plätzen der Stadt stehen
Він завмер на площах міста
Er ruhte sich auf den steinernen Treppen am Fluss aus
Він спочивав на кам'яних сходах біля річки
Als der Abend kam, freundete er sich mit einer Friseurgehilfin an
Коли настав вечір, він подружився з помічником перукаря
Er hatte ihn im Schatten eines Bogens arbeiten sehen
Він бачив, як він працював у тіні арки
und er fand ihn wieder betend in einem Tempel von Vishnu
і він знову знайшов його, що молиться в храмі Вішну
Er erzählte von Geschichten von Vishnu und den Lakshmi
він розповів про історії Вішну і Лакшмі
Zwischen den Booten am Fluss schlief er diese Nacht
Серед човнів біля річки він спав цієї ночі
Siddhartha kam zu ihm, bevor die ersten Kunden in seinen Laden kamen
Сіддхартха прийшов до нього раніше, ніж в його магазин прийшли перші покупці
Er ließ sich vom Friseurgehilfen den Bart rasieren und die Haare schneiden
Помічник перукаря поголив бороду і підстриг волосся
Er kämmte sein Haar und salbte es mit feinem Öl
Він розчесав волосся і помазав його дрібним маслом
Dann ging er, um sein Bad im Fluss zu nehmen
Потім він пішов прийняти купання в річці

Am späten Nachmittag näherte sich die schöne Kamala ihrem Garten
Пізно вдень до свого саду підійшла прекрасна Камала
Siddhartha stand wieder am Eingang
Сіддхартха знову стояв біля входу
Er machte eine Verbeugung und empfing den Gruß der Kurtisane

Він зробив уклін і отримав привітання куртизанки
Er erregte die Aufmerksamkeit eines der Diener
Він привернув увагу одного зі слуг
Er bat ihn, seine Herrin zu informieren
Він попросив його повідомити про це коханці
"ein junger Brahmane möchte mit ihr sprechen"
«Молодий брахман бажає поговорити з нею»
Nach einer Weile kehrte der Diener zurück
Через деякий час слуга повернувся
der Diener bat Siddhartha, ihm zu folgen
слуга попросив Сіддхартху піти за ним
Siddhartha folgte dem Diener in einen Pavillon
Сіддхартха пішов за слугою в павільйон
hier lag Kamala auf einer Couch
тут Камала лежала на дивані
und die Dienerin ließ ihn mit ihr allein
і слуга залишив його наодинці з нею
"Hast du nicht gestern auch da draußen gestanden und mich begrüßt?", fragte Kamala
"Хіба ти не стояла там вчора, віталася зі мною?" - запитала Камала
"Es ist wahr, dass ich dich gestern schon gesehen und begrüßt habe"
"Це правда, що я вже бачив і вітав вас вчора"
"Aber hast du nicht gestern einen Bart und lange Haare getragen?"
- Але хіба ти вчора не носив бороду і довге волосся?
"Und war nicht Staub in deinem Haar?"
- І хіба в твоєму волоссі не було пилу?
"Du hast gut beobachtet, du hast alles gesehen"
«Ви добре спостерігали, ви все бачили»
"Du hast Siddhartha, den Sohn eines Brahmanen, gesehen"
«Ви бачили Сіддхартху, сина брахмана»
"der Brahmane, der seine Heimat verlassen hat, um ein Samana zu werden"
"Брахман, який залишив свій дім, щоб стати саманою"
"der Brahmane, der seit drei Jahren ein Samana ist"

"Брахман, який був саманою протягом трьох років"
"Aber jetzt habe ich diesen Weg verlassen und bin in diese Stadt gekommen."
"Але тепер я залишив цей шлях і прийшов у це місто"
"Und der erste, den ich traf, noch bevor ich die Stadt betreten hatte, warst du"
"і першим, кого я зустрів, ще до того, як я увійшов у місто, був ти"
"Um das zu sagen, bin ich zu dir gekommen, oh Kamala!"
- Щоб сказати це, я прийшов до тебе, о Камала!
"Zuvor sprach Siddhartha alle Weiber mit den Augen zur Erde an"
«Раніше Сіддхартха звертався до всіх жінок очима до землі»
"Du bist die erste Frau, die ich sonst anspreche"
«Ти перша жінка, до якої я звертаюся інакше»
"Nie wieder will ich den Blick auf den Boden richten"
"Ніколи більше я не хочу звертати свій погляд на землю"
"Ich werde mich nicht umdrehen, wenn ich einer schönen Frau begegne"
«Я не повернуся, коли натрапив на красиву жінку»
Kamala lächelte und spielte mit ihrem Fächer von Pfauenfedern
Камала посміхнулася і пограла зі своїм шанувальником пір'я павичів
»Und nur um mir das zu sagen, ist Siddhartha zu mir gekommen?«
- І тільки щоб сказати мені це, Сіддхартха прийшов до мене?
"Um dir das zu sagen und dir zu danken, dass du so schön bist"
"Сказати вам це і подякувати вам за те, що ви такі красиві"
"Ich möchte dich bitten, mein Freund und Lehrer zu sein"
"Я хотів би попросити тебе бути моїм другом і вчителем"
"denn ich weiß noch nichts von der Kunst, die du gemeistert hast"
"бо я ще нічого не знаю про те мистецтво, яке ви

опанували"
Daraufhin lachte Kamala laut auf
На це Камала вголос розсміялася
"Das ist mir noch nie passiert, mein Freund"
"Ніколи раніше такого не траплялося зі мною, друже"
"Eine Samana aus dem Wald kam zu mir und wollte von mir lernen!"
«До мене прийшла Самана з лісу і хотіла вчитися у мене!»
"Das ist mir noch nie passiert"
"Ніколи раніше зі мною такого не траплялося"
"Eine Samana kam zu mir mit langen Haaren und einem alten, zerrissenen Lendenschurz!"
"До мене прийшла Самана з довгим волоссям і старою, порваною пов'язкою на стегнах!"
"Viele junge Männer kommen zu mir"
"Багато юнаків приходить до мене"
"und es sind auch Söhne Brahmanen unter ihnen"
"і є серед них також сини брахманів"
"Aber sie kommen in schönen Kleidern"
«Але вони приходять в красивому одязі»
"Sie kommen in feinen Schuhen"
"Вони приходять у чудовому взутті"
"Sie haben Parfüm im Haar
«У них парфуми у волоссі
"Und sie haben Geld in ihren Beuteln"
«І у них гроші в мішечках»
"So sind die jungen Männer, die zu mir kommen"
"Ось такі юнаки, які приходять до мене"
Siddhartha sprach: "Schon fange ich an, von dir zu lernen."
Промовив Сіддхартха: «Я вже починаю вчитися у тебе»
"Schon gestern habe ich dazugelernt"
«Ще вчора я вже вчився»
"Ich habe meinen Bart schon abgenommen"
«Я вже зняв бороду»
"Ich habe die Haare gekämmt"
«Я розчесав волосся»
"Und ich habe Öl in meinen Haaren"

"і в моєму волоссі олія"
"Es gibt wenig, was mir noch fehlt"
"Мало чого ще не вистачає в мені"
"Oh vortrefflich, feine Kleider, feine Schuhe, Geld im Beutel"
"О, відмінний, гарний одяг, вишукане взуття, гроші в сумці"
"Du sollst wissen, dass Siddhartha sich härtere Ziele gesetzt hat"
"Ви знаєте, що Сіддхартха поставив перед собою важчі цілі"
"Und er hat diese Ziele erreicht"
"І він досяг цих цілей"
"Wie sollte ich dieses Ziel nicht erreichen?"
"Як мені не досягти цієї мети?"
"das Ziel, das ich mir gestern gesetzt habe"
«мета, яку я поставив перед собою вчора»
"Dein Freund zu sein und von dir die Freuden der Liebe zu lernen"
"Бути твоїм другом і вчитися від тебе радощів любові"
"Du wirst sehen, dass ich schnell lernen werde, Kamala"
"Ти побачиш, що я швидко навчуся, Камала"
"Ich habe schon härtere Dinge gelernt als das, was du mir beibringen sollst"
"Я вже навчився важчим речам, ніж те, чого ти повинен мене навчити"
"Und jetzt lasst uns loslegen"
«А тепер давайте перейдемо до цього»
»Du bist nicht zufrieden mit Siddhartha, wie er ist?«
- Ви не задоволені Сіддхартхою таким, яким він є?
"mit Öl im Haar, aber ohne Kleider"
«з маслом у волоссі», але без одягу
"Siddhartha ohne Schuhe, ohne Geld"
«Сіддхартха без взуття, без грошей»
Lachend rief Kamala: "Nein, meine Liebe."
Сміючись, Камала вигукнула: «Ні, моя люба»
"Er befriedigt mich noch nicht"

"Він мене поки не задовольняє"
"Kleider sind das, was er haben muss"
"Одяг - це те, що він повинен мати"
"Schöne Kleider und Schuhe sind das, was er braucht"
"Гарний одяг, а взуття - це те, що йому потрібно"
"Schöne Schuhe und viel Geld in der Tasche"
"Гарне взуття та багато грошей у сумці"
"Und er muss Geschenke für Kamala haben"
"і він повинен мати дари для Камали"
"Weißt du es jetzt, Samana aus dem Wald?"
— Ти знаєш це тепер, Самана з лісу?
"Hast du meine Worte markiert?"
"Ти позначив мої слова?"
»Ja, ich habe deine Worte markiert,« rief Siddhartha aus
— Так, я позначив твої слова, — вигукнув Сіддхартха
"Wie sollte ich nicht Worte markieren, die aus einem solchen Mund kommen!"
"Як я не повинен позначати слова, які виходять з таких уст!"
"Dein Mund ist wie eine frisch geknackte Feige, Kamala"
«Твій рот схожий на свіжопотрісканий інжир, Камала»
"Mein Mund ist auch rot und frisch"
"Мій рот також червоний і свіжий"
"Es wird ein passendes Match für Sie sein, Sie werden sehen"
"Це буде підходящий матч для вашого, ви побачите"
"Aber sag mir, schöne Kamala"
«Але скажи мені, красуня Камала»
"Hast du überhaupt keine Angst vor den Samana aus dem Wald?"
"Ти зовсім не боїшся Самани з лісу""
"die Samana, die gekommen ist, um zu lernen, wie man Liebe macht"
"Самана, яка прийшла, щоб навчитися займатися любов'ю"
"Wozu sollte ich mich vor einem Samana fürchten?"
"Навіщо мені боятися самани?"

"eine dumme Samana aus dem Wald"
«дурна Самана з лісу»
"ein Samana, der von den Schakalen kommt"
"Самана, яка йде від шакалів"
"Eine Samana, die noch nicht einmal weiß, was Frauen sind?"
"Самана, яка ще навіть не знає, що таке жінки?"
"Oh, er ist stark, der Samana"
"О, він сильний, Самана"
"Und er hat vor nichts Angst"
«І він нічого не боїться»
"Er könnte dich zwingen, schönes Mädchen"
«Він міг би змусити тебе, красива дівчино»
"Er könnte dich entführen und verletzen"
"Він міг викрасти вас і заподіяти вам біль"
"Nein, Samana, davor habe ich keine Angst"
"Ні, Самана, я цього не боюся"
"Hat irgendein Samana oder Brahmane jemals befürchtet, dass jemand kommen und ihn ergreifen könnte?"
«Чи боявся хто-небудь Самана або Брахман коли-небудь боятися, що хтось може прийти і схопити його?»
"Könnte er befürchten, dass jemand sein Wissen stiehlt?
"Чи може він боятися, що хтось вкраде його навчання?
"Könnte irgendjemand seine religiöse Hingabe nehmen?"
"Чи міг хтось прийняти його релігійну відданість"
"Ist es möglich, seine Gedankentiefe zu nehmen?
"Чи можна взяти його глибину думки?
"Nein, denn diese Dinge sind sein Eigentum"
"Ні, тому що ці речі є його власними"
"Er würde nur das Wissen verschenken, das er zu geben bereit ist"
"Він віддав би лише ті знання, які готовий дати"
"Er würde nur denen geben, denen er zu geben bereit ist"
"Він дасть лише тим, кому готовий дати"
"Genau so ist es auch bei Kamala"
"Саме так само і з Камалою"
"Und so ist es auch mit den Freuden der Liebe"

«І так само з радощами любові»
»Schön und rot ist Kamalas Mund,« antwortete Siddhartha
— Гарний і червоний рот Камали, — відповів Сіддхартха
"aber versuche nicht, es gegen Kamalas Willen zu küssen"
"але не намагайся поцілувати його проти волі Камали"
"weil du keinen einzigen Tropfen Süße daraus ziehen wirst"
"тому що ви не отримаєте від нього жодної краплі солодощі"
"Du lernst leicht, Siddhartha"
"Ти легко вчишся, Сіддхартха"
"Das solltest du auch lernen"
"Ви також повинні навчитися цьому"
"Liebe kann man durch Betteln, Kaufen erlangen"
«Любов можна здобути жебрацтвом, купівлею»
"Sie können es als Geschenk erhalten"
«Ти можеш отримати його в подарунок»
"Oder du findest es auf der Straße"
«Або ви можете знайти його на вулиці»
"Aber Liebe kann nicht gestohlen werden"
«Але любов не вкрати»
"Damit hast du den falschen Weg eingeschlagen"
«У цьому ви вийшли на неправильний шлях»
"Es wäre schade, wenn du die Liebe so falsch angehen wolltest"
"Було б шкода, якби ви хотіли зайнятися любов'ю таким неправильним чином"
Siddhartha verneigte sich lächelnd
Сіддхартха вклонився з посмішкою
"Schade, Kamala, du hast so recht"
«Шкода, Камала, ти так права»
"Es wäre so schade"
«Було б дуже шкода»
"Nein, ich werde keinen einzigen Tropfen Süße aus deinem Mund verlieren"
"Ні, я не втрачу жодної краплі солодощі з твоїх уст"
"Und du sollst die Süße nicht aus meinem Munde verlieren"
"І не втратиш солодкість з уст Моїх"

"So ist es abgemacht. Siddhartha wird wiederkommen."
"Так погоджено. Сіддхартха повернеться"
"Siddhartha wird wiederkommen, wenn er das hat, was ihm noch fehlt"
«Сіддхартха повернеться, як тільки у нього з'явиться те, чого йому все ще не вистачає»
"Er wird mit Kleidern, Schuhen und Geld zurückkommen"
«Він повернеться з одягом, взуттям і грошима»
"Aber sprich, liebe Kamala, könntest du mir nicht noch einen kleinen Rat geben?"
- Але говори, мила Камала, хіба ти не могла б дати мені одну маленьку пораду?
"Gibst du dir einen Rat? Warum nicht?"
"Дайте пораду? Чому б і ні?"
"Wer würde nicht gerne einem armen, unwissenden Samana einen Rat geben?"
"Хто б не хотів дати пораду бідній, неосвіченій Самані?"
"Liebe Kamala, wo soll ich hingehen, um diese drei Dinge am schnellsten zu finden?"
"Дорога Камала, куди мені піти, щоб знайти ці три речі найшвидше?"
"Freund, das möchten viele wissen"
"Друже, багато хто хотів би це знати"
"Du musst tun, was du gelernt hast, und um Geld bitten"
«Ви повинні робити те, чого навчилися, і просити грошей»
"Es gibt keinen anderen Weg für einen armen Mann, an Geld zu kommen"
«Немає іншого способу для бідняка отримати гроші»
"Was könntest du tun?"
"Що ти можеш зробити?"
"Ich kann denken. Ich kann warten. Ich kann fasten", sagte Siddhartha
"Я можу думати. Я можу почекати. Я можу постити", - сказав Сіддхартха
"Sonst nichts?", fragte Kamala
"Більше нічого?" - запитала Камала
"Ja, ich kann auch Gedichte schreiben"

"Так, я також можу писати вірші"
"Möchtest du mir einen Kuss für ein Gedicht geben?"
"Ти хочеш поцілувати мене для вірша?"
"Ich möchte, wenn mir dein Gedicht gefällt"
"Я хотів би, якщо мені сподобається ваш вірш"
»Wie würde der Titel lauten?«
"Якою була б його назва?"
Siddhartha sprach, nachdem er einen Augenblick darüber nachgedacht hatte
Сіддхартха заговорив, подумавши про це якусь мить
"In ihren schattigen Garten trat die hübsche Kamala"
«В її тінистий сад ступила гарненька Камала »
"Am Eingang des Gartens stand die braune Samana"
"Біля входу в сад стояла коричнева самана"
"Tief, als ich die Blüte des Lotus sah, verneigte sich dieser Mann"
"Глибоко, побачивши цвіт лотоса, вклонився тому чоловікові"
"Und lächelnd bedankte sich Kamala bei ihm"
"і, посміхаючись, Камала подякувала йому"
"Lieblicher, dachte der Jüngling, als Opfergaben für Götter"
"Прекрасніше, думав юнак, ніж жертви богам"
Kamala klatschte so laut in die Hände, dass die goldenen Armbänder klirrten
Камала так голосно заплескала в долоні, що золоті браслети зачепилися
"Schön sind deine Verse, oh braune Samana"
"Прекрасні твої вірші, о коричнева Самана"
"Und wahrlich, ich verliere nichts, wenn ich dir einen Kuss für sie gebe"
"І справді, я нічого не втрачаю, коли цілую тебе за них"
Sie winkte ihm mit den Augen zu
Вона вабила його своїми очима
Er neigte den Kopf, so dass sein Gesicht das ihre berührte
Він нахилив голову так, щоб його обличчя торкнулося її
und er legte seinen Mund auf ihren Mund
і він поклав свої уста на її вуста

der Mund, der wie eine frisch geknackte Feige war
рот, який був схожий на свіжопотрісканий інжир
Lange Zeit küsste Kamala ihn
Довгий час Камала цілувала його
und mit tiefem Erstaunen fühlte Siddhartha, wie sie ihn lehrte
і з глибоким подивом Сіддхартха відчула, як вона навчала його
Er fühlte, wie weise sie war
Він відчував, якою мудрою вона була
Er spürte, wie sie ihn kontrollierte
Він відчував, як вона контролює його
Er fühlte, wie sie ihn zurückwies
Він відчував, як вона відкидає його
Er spürte, wie sie ihn anlockte
Він відчув, як вона його заманює
und er fühlte, wie es noch mehr Küsse geben sollte
І він відчував, як має бути більше поцілунків
Jeder Kuss war anders als der andere
Кожен поцілунок відрізнявся від інших
Er war still, als er die Küsse empfing
Він був ще тоді, коли отримував поцілунки
Tief atmend blieb er stehen, wo er war
Глибоко дихаючи, він залишився стояти там, де був
Er staunte wie ein Kind über die Dinge, die es wert waren, gelernt zu werden
Він був здивований, як дитина, тим, чого варто навчитися
Das Wissen offenbarte sich vor seinen Augen
Знання розкрилося на його очах
»Sehr schön sind deine Verse!« rief Kamala
"Дуже красиві ваші вірші", - вигукнула Камала
"Wenn ich reich wäre, würde ich dir Goldstücke dafür geben"
"Якби я був багатий, я дав би вам за них шматки золота"
"Aber es wird dir schwer fallen, mit Versen genug Geld zu verdienen"
«Але вам буде важко заробити достатньо грошей

віршами»
"Weil du viel Geld brauchst, wenn du Kamalas Freund sein willst"
«Тому що тобі потрібно багато грошей, якщо ти хочеш бути другом Камали»
»So kannst du küssen, Kamala!« stammelte Siddhartha
«Так, як ти вмієш цілуватися, Камала!» — заїкнувся Сіддхартха
"Ja, das kann ich"
"Так, це я можу зробити"
"Darum fehlt es mir nicht an Kleidern, Schuhen, Armbändern"
«тому мені не бракує одягу, взуття, браслетів»
"Ich habe all die schönen Dinge"
"У мене є все прекрасне"
»Aber was wird aus dir?«
- Але що з тобою буде?
"Kannst du nichts anderes?"
"Хіба ти не можеш зробити щось інше?"
"Kannst du mehr tun, als schnell zu denken und Gedichte zu machen?"
"Чи можете ви робити більше, ніж думати, поститися і створювати вірші?"
"Ich kenne auch die Opferlieder", sagte Siddhartha
"Я також знаю жертовні пісні", - сказав Сіддхартха
"Aber ich will diese Lieder nicht mehr singen"
«Але я більше не хочу співати ці пісні»
"Ich weiß auch, wie man Zaubersprüche macht"
«Я теж вмію робити магічні заклинання»
"aber ich will sie nicht mehr sprechen"
«Але я більше не хочу ними говорити»
"Ich habe in den heiligen Schriften gelesen"
"Я читав Писання"
"Stopp!" Kamala unterbrach ihn
«Стоп!» — перебила його Камала
"Du kannst lesen und schreiben?"
"Ти вмієш читати і писати?"

"Sicher, ich kann das, viele Leute können das"
«Звичайно, я можу це зробити, багато людей можуть»
"Die meisten Leute können das nicht", antwortete Kamala
"Більшість людей не можуть", - відповіла Камала
"Ich gehöre auch zu denen, die es nicht können"
«Я також один з тих, хто не може цього зробити»
"Es ist sehr gut, dass man lesen und schreiben kann"
"Дуже добре, що ти вмієш читати і писати"
"Sie werden auch Verwendung für die Zaubersprüche finden"
«Ви також знайдете застосування магічним заклинанням»
In diesem Augenblick kam ein Dienstmädchen hereingelaufen
У цей момент прибігла служниця
Sie flüsterte ihrer Herrin eine Botschaft ins Ohr
Вона прошепотіла послання на вухо своїй господині
"Da ist Besuch für mich", rief Kamala
"Для мене є відвідувач", - вигукнула Камала
"Beeile dich und mach dich auf den Weg, Siddhartha"
"Поспішай і забирайся, Сіддхартха"
"Niemand darf dich hier drinnen sehen, denk daran!"
"Ніхто не може бачити вас тут, пам'ятайте про це!"
"Morgen sehen wir uns wieder"
"Завтра я побачу тебе знову"
Kamala befahl ihrer Magd, Siddhartha weiße Kleider zu geben
Камала наказала своїй служниці віддати Сіддхартхі білий одяг
und dann fand sich Siddhartha von der Magd fortgeschleppt
і тоді Сіддхартха виявив, що його відтягує служниця
Er wurde in ein Gartenhaus gebracht, außer Sichtweite aller Wege
Його привели в сад-будиночок поза полем зору будь-яких стежок
Dann wurde er in das Gebüsch des Gartens geführt
Потім його повели в кущі саду
Er wurde aufgefordert, sich so schnell wie möglich aus dem

Garten zu entfernen
Його закликали якомога швидше вибратися з саду
und man sagte ihm, er dürfe nicht gesehen werden
і йому сказали, що його не можна бачити
Er tat, was ihm gesagt worden war
Він зробив так, як йому було сказано
Er war an den Wald gewöhnt
Він звик до лісу
So schaffte er es, ohne ein Geräusch von sich zu geben heraus
Так йому вдалося вибратися, не видавши ні звуку

Er kehrte in die Stadt zurück und trug die zusammengerollten Kleider unter dem Arm
Він повернувся в місто, несучи згорнутий одяг під пахвою
In der Herberge, in der Reisende übernachten, stellte er sich an die Tür
У корчмі, де зупиняються подорожні, він розташувався біля дверей
Ohne Worte bat er um Essen
Без слів він просив їжі
Ohne ein Wort zu sagen, nahm er ein Stück Reiskuchen an
Без жодного слова він прийняв шматочок рисового пирога
Er dachte daran, wie er immer gebettelt hatte
Він думав про те, як завжди просив милостиню
"Vielleicht werde ich schon morgen niemanden mehr um Essen bitten"
«Можливо, як тільки завтра я більше ні в кого не буду просити їжі»
Plötzlich flammte Stolz in ihm auf
Раптом в ньому спалахнула гордість
Er war kein Samana mehr
Він більше не був саманою
Es ziemte sich nicht mehr für ihn, um Essen zu betteln
Йому вже було недоречно випрошувати їжу
Er gab den Reiskuchen einem Hund
Він дав рисовий пиріг собаці

und in dieser Nacht blieb er ohne Nahrung
і тієї ночі він залишився без їжі
Siddhartha dachte bei sich an die Stadt
Сіддхартха думав про місто
"Einfach ist das Leben, das die Menschen in dieser Welt führen"
«Просте життя, яке ведуть люди в цьому світі»
"Dieses Leben bereitet keine Schwierigkeiten"
"Це життя не представляє ніяких труднощів"
"Alles war schwierig und mühsam, als ich ein Samana war"
"Все було важко і важко, коли я був саманою"
"als Samana war alles hoffnungslos"
"як у Самани все було безнадійно"
"Aber jetzt ist alles einfach"
«Але тепер все легко»
"Es ist einfach wie die Lektion im Küssen von Kamala"
"це легко, як урок поцілунків від Камали"
"Ich brauche Klamotten und Geld, sonst nichts"
«Мені потрібен одяг і гроші, більше нічого»
"Diese Ziele sind klein und erreichbar"
«Ці цілі маленькі і досяжні»
"Solche Ziele bringen einen Menschen nicht um den Schlaf"
«Такі цілі не змусять людину втратити сон»

Am nächsten Tag kehrte er zu Kamalas Haus zurück
наступного дня він повернувся до будинку Камали
"Es klappt gut", rief sie ihm zu
"Все складається добре",— гукнула вона йому
"Sie erwarten dich bei Kamaswami"
"Вони чекають вас у Камасвамі"
"Er ist der reichste Kaufmann der Stadt"
«Він найбагатший купець міста»
"Wenn er dich mag, wird er dich in seinen Dienst aufnehmen"
«Якщо ти йому подобаєшся, він прийме тебе на службу»
"Aber du musst klug sein, braune Samana"
"але ти, мабуть, розумна, коричнева Самана"

"Ich habe ihm von anderen von dir erzählen lassen"
"Я попросив інших розповісти йому про тебе"
"Sei höflich zu ihm, er ist sehr mächtig"
«Будьте ввічливі з ним, він дуже могутній»
"Aber ich warne dich, sei nicht zu bescheiden!"
- Але попереджаю, не будьте занадто скромними!
"Ich will nicht, dass du sein Diener wirst"
«Я не хочу, щоб ти став його слугою»
"Du sollst ihm ebenbürtig werden"
"Ти станеш рівним Йому"
"Sonst bin ich nicht zufrieden mit dir"
"інакше я не буду задоволений тобою"
"Kamaswami fängt an, alt und faul zu werden"
«Камасвамі починає старіти і лінуватися»
"Wenn er dich mag, wird er dir viel anvertrauen"
«Якщо ти йому подобаєшся, він багато тобі довірить»
Siddhartha dankte ihr und lachte
Сіддхартха подякував їй і засміявся
Sie fand heraus, dass er nichts gegessen hatte
Вона дізналася, що він не їв
Da schickte sie ihm Brot und Früchte
Тому вона послала йому хліб і фрукти
"Du hast Glück gehabt", sagte sie, als sie sich trennten
"Тобі пощастило", - сказала вона, коли вони розійшлися
"Ich öffne dir eine Tür nach der anderen"
«Я відкриваю для тебе одні двері за одними»
"Wie kommt das? Hast du einen Zauber?"
"Чому? У вас є заклинання?"
"Ich habe dir gesagt, dass ich denke, warte und faste"
"Я казав вам, що вмію думати, чекати і поститися"
"Aber du dachtest, das nützt nichts"
"Але ви думали, що це не принесе користі"
"Aber es ist für viele Dinge nützlich"
«Але це корисно для багатьох речей»
"Kamala, du wirst sehen, dass die dummen Samanas gut lernen können"
"Камала, ти побачиш, що дурні самани добре вміють

вчитися"
"Sie werden sehen, dass sie in der Lage sind, viele schöne Dinge im Wald zu tun"
"Ви побачите, що вони можуть робити багато красивих речей у лісі"
"Dinge, zu denen Leute wie du nicht fähig sind"
"Речі, на які такі, як ви, не здатні"
"Vorgestern war ich noch ein zotteliger Bettler"
«Позавчора я був ще волохатим жебраком»
"Erst gestern habe ich Kamala geküsst"
"Ще вчора я цілував Камалу"
"und bald werde ich Kaufmann sein und Geld haben"
«І скоро я буду купцем і матиму гроші»
"Und ich werde all die Dinge haben, auf denen du bestehst"
"І у мене буде все те, на чому ви наполягаєте"
"Nun ja", gab sie zu, "aber wo wärst du ohne mich?"
"Ну, так, — зізналася вона, — але де б ти був без мене?"
"Was wärst du, wenn Kamala dir nicht helfen würde?"
"Ким би ти був, якби Камала тобі не допомагала?"
»Liebe Kamala,« sagte Siddhartha
— Дорога Камала, — сказав Сіддхартха
und er richtete sich zu seiner vollen Größe auf
і він випростався на весь зріст
"Als ich zu dir in deinen Garten kam, tat ich den ersten Schritt"
"Коли я прийшов до вас у ваш сад, я зробив перший крок"
"Es war mein Entschluss, die Liebe von dieser schönsten Frau zu lernen"
"Це була моя резолюція навчитися любові у цієї найкрасивішої жінки"
"In diesem Moment hatte ich diesen Entschluss gefasst"
"У той момент я прийняв цю резолюцію"
"und ich wusste, dass ich es ausführen würde"
"і я знав, що виконаю це"
"Ich wusste, dass du mir helfen würdest"
"Я знав, що ти мені допоможеш"
"beim ersten Blick auf den Eingang des Gartens wusste ich

es schon"
"При першому погляді на вхід в сад я це вже знав"
"Aber was wäre, wenn ich nicht dazu bereit gewesen wäre?", fragte Kamala
"Але що, якби я не хотіла?" - запитала Камала
»Du warst willig,« erwiderte Siddhartha
— Ти був готовий, — відповів Сіддхартха
"Wenn man einen Stein ins Wasser wirft, nimmt er den schnellsten Weg nach unten"
«Коли ви кидаєте камінь у воду, він бере найшвидший курс на дно»
"So ist es, wenn Siddhartha ein Ziel hat"
«Ось як це, коли у Сіддхартхи є мета»
"Siddhartha tut nichts; er wartet, er denkt, er fastet"
"Сіддхартха нічого не робить; Він чекає, він думає, він постить"
"Er aber geht durch die Dinge der Welt wie ein Fels durchs Wasser"
"Але Він проходить крізь речі світу, як камінь крізь воду"
"Er ging durch das Wasser, ohne etwas zu tun"
«Він пройшов по воді, нічого не зробивши»
"Er zieht es auf den Grund des Wassers"
«Його тягне на дно води»
"Er lässt sich auf den Grund des Wassers fallen"
«Він дозволяє собі впасти на дно води»
"Sein Ziel zieht ihn an"
«Його мета притягує його до цього»
"Er lässt nichts in seine Seele eindringen, was dem Ziel entgegenstehen könnte"
«Він не дозволяє нічому увійти в його душу, що могло б протистояти меті»
"Das ist es, was Siddhartha bei den Samanas gelernt hat"
"Це те, чого Сіддхартха навчився серед саманів"
"Das ist es, was Narren Magie nennen"
«Це те, що дурні називають магією»
"Sie denken, dass es von Dämonen gemacht wird"
"Вони думають, що це роблять демони"

"Aber Dämonen tun nichts"
"Але демони нічого не роблять"
"Es gibt keine Dämonen auf dieser Welt"
"У цьому світі немає демонів"
"Jeder kann zaubern, wenn er will"
"Кожен може творити магію, якщо захоче"
"Jeder kann seine Ziele erreichen, wenn er denken kann"
«Кожен може досягти своїх цілей, якщо вміє думати»
"Jeder kann seine Ziele erreichen, wenn er warten kann"
«Кожен може досягти своїх цілей, якщо вміє чекати»
"Jeder kann seine Ziele erreichen, wenn er fasten kann"
«Кожен може досягти своїх цілей, якщо вміє постити»
Kamala hörte ihm zu; sie liebte seine Stimme
Камала слухала його; Вона любила його голос
Sie liebte den Blick aus seinen Augen
Їй подобався погляд з його очей
"Vielleicht ist es so, wie du sagst, Freund"
"Можливо, це так, як ти кажеш, друже"
"Aber vielleicht gibt es eine andere Erklärung"
- Але, можливо, є й інше пояснення
"Siddhartha ist ein schöner Mann"
"Сіддхартха - красень"
"Sein Blick erfreut die Frauen"
«Його погляд радує жінок»
"Das Glück kommt ihm dadurch entgegen"
«Через це до нього приходить удача»
Mit einem Kuß verabschiedete sich Siddhartha
Одним поцілунком Сіддхартха попрощався
"Ich wünschte, dass es so wäre, mein Lehrer"
«Бажаю, щоб так і було, мій учитель»
"Ich wünsche, dass mein Blick dir gefallen möge"
"Бажаю, щоб мій погляд радував тебе"
"Ich wünsche mir, dass du mir immer Glück bringst"
«Бажаю, щоб ти завжди приносив мені удачу»

Mit den kindlichen Menschen
З дитячими людьми

Siddhartha ging zu Kamaswami, dem Kaufmann
Сіддхартха відправився до купця Камасвамі
Er wurde in ein reiches Haus geleitet
Його направили в багатий будинок
Diener führten ihn zwischen kostbaren Teppichen hindurch in ein Gemach
Слуги вели його між дорогоцінними килимами в палату
In der Kammer erwartete er den Hausherrn
У палаті знаходилося місце, де його чекав господар будинку
Kamaswami betrat rasch den Raum
Камасвамі швидко увійшов до кімнати
Er war ein Mann, der sich geschmeidig bewegte
Він був плавно рухомою людиною
Er hatte sehr graues Haar und sehr intelligente, vorsichtige Augen
У нього було дуже сиве волосся і дуже розумні, обережні очі
und er hatte ein gieriges Maul
і у нього був жадібний рот
Höflich begrüßten sich der Gastgeber und der Gast
Ввічливо господар і гість привіталися один з одним
"Mir wurde gesagt, dass du ein Brahmane bist", begann der Kaufmann
«Мені сказали, що ти брахман», — почав купець
"Man hat mir gesagt, dass du ein gelehrter Mann bist"
"Мені сказали, що ти вчена людина"
"und mir wurde auch noch etwas anderes gesagt"
"І мені також сказали щось інше"
"Du suchst im Dienste eines Kaufmanns zu stehen"
«Ти прагнеш бути на службі у торговця»
"Könntest du mittellos geworden sein, Brahmane, so dass du zu dienen trachtetst?"
"Можливо, ти став знедоленим, Брахмане, щоб прагнути

служити?"
»Nein,« sagte Siddhartha, »ich bin nicht mittellos geworden.«
"Ні, - сказав Сіддхартха, - я не став знедоленим"
"Ich bin auch nie mittellos gewesen", fügte Siddhartha hinzu
"І я ніколи не був знедоленим", - додав Сіддхартха
"Ihr müsst wissen, dass ich von den Samanas komme"
"Ви повинні знати, що я йду з Саман"
"Ich lebe schon lange mit ihnen zusammen"
«Я живу з ними давно»
"Du kommst von den Samanas"
"Ви йдете з Саман"
"Wie könntest du nur mittellos sein?"
"Як ти міг бути ким завгодно, крім знедоленого?"
"Sind die Samanas nicht gänzlich ohne Besitz?"
"Хіба самани не зовсім без майна?"
"Ich bin ohne Besitz, wenn du das meinst", sagte Siddhartha
"Я без майна, якщо ви маєте на увазі саме це", - сказав Сіддхартха
"Aber ich bin freiwillig ohne Besitz"
"Але я без майна добровільно"
"und darum bin ich nicht mittellos"
"і тому я не знедолений"
"Aber wovon willst du leben, wenn du ohne Besitz bist?"
- Але від чого ти плануєш жити, залишаючись без майна?
"Daran habe ich noch nicht gedacht, Sir"
— Я ще не думав про це,.
"Seit mehr als drei Jahren bin ich ohne Besitz"
«Більше трьох років я без майна»
"und ich habe nie darüber nachgedacht, was ich leben soll"
"і я ніколи не думав про те, що мені жити"
"Du hast also von den Besitztümern anderer gelebt"
"Отже, ви жили з майна інших"
"Vermutlich, so ist es?"
- Мабуть, так воно і є?
"Nun, Kaufleute leben auch von dem, was andere Leute

besitzen"
«Ну, купці також живуть тим, чим володіють інші люди»
»Gut gesagt«, gab der Marschent zu
— Добре сказано, — сказав маршист
"Aber er würde nichts umsonst von einer anderen Person annehmen"
«Але він нічого не взяв би від іншої людини просто так»
"Er würde seine Waren zurückgeben", sagte Kamaswami
"Він віддав би свій товар натомість", - сказав Камасвамі
"So scheint es in der Tat zu sein"
- Так начебто і справді"
"Jeder nimmt, jeder gibt, so ist das Leben"
«Всі беруть, всі дають, таке життя»
"Aber wenn es Ihnen nichts ausmacht, dass ich frage, habe ich eine Frage"
"Але якщо ви не проти, щоб я запитав, у мене є питання"
"Wenn du ohne Besitz bist, was möchtest du geben?"
"Будучи без майна, що б ти хотів дати?"
"Jeder gibt, was er hat"
«Кожен віддає те, що має»
"Der Krieger gibt Kraft"
«Воїн дає сили»
"Der Kaufmann gibt Waren"
«Торговець дає товар»
"Der Lehrer gibt Belehrungen"
"Учитель дає вчення"
"Der Bauer gibt Reis"
«Фермер дає рис»
"Der Fischer gibt Fische"
«Рибалка дає рибу»
"Ja, in der Tat. Und was hast du zu geben?"
- Так, дійсно. І що ти маєш дати?"
"Was hast du gelernt?"
"Чого ти навчився?"
"Was können Sie tun?"
"Що ти можеш зробити?"
"Ich kann denken. Ich kann warten. Ich kann fasten"

"Я можу думати. Я можу почекати. Я можу постити"
»**Das ist alles?« fragte Kamaswami**
«Ось і все?» — запитав Камасвамі
"**Ich glaube, das ist alles, was es gibt!**"
"Я вірю, що це все, що є!"
"**Und was nützt das?**"
- І яка від цього користь?
"**Zum Beispiel; Fasten. Wozu ist es gut?**"
"Наприклад; піст. Чим це добре?"
"**Es ist sehr gut, Sir**"
- Це дуже добре,
"**Es gibt Zeiten, in denen ein Mensch nichts zu essen hat**"
«Бувають випадки, коли людині нічого їсти»
"**Dann ist Fasten das Klügste, was er tun kann**"
"Тоді піст - це найрозумніше, що він може зробити"
"**Es gab eine Zeit, da hatte Siddhartha nicht gelernt zu fasten**"
"Був час, коли Сіддхартха не навчився поститися"
"**In dieser Zeit musste er jede Art von Dienst annehmen**"
"У цей час він повинен був прийняти будь-яку послугу"
"**weil der Hunger ihn zwingen würde, den Dienst anzunehmen**"
«Тому що голод змусив би його прийняти службу»
"**Aber so kann Siddhartha ruhig warten**"
«Але так Сіддхартха може спокійно чекати»
"**Er kennt keine Ungeduld, er kennt keinen Notfall**"
«Він не знає нетерпіння, він не знає надзвичайних ситуацій»
"**Lange Zeit kann er sich vom Hunger bedrängen lassen**"
«Надовго він може дозволити голоду взяти його в облогу»
"**Und er kann über den Hunger lachen**"
«І він може сміятися з голоду»
"**Das, mein Herr, ist es, wozu das Fasten gut ist**"
- Ось для чого,, для чого корисний піст"
"**Du hast recht, Samana**", **bestätigte Kamaswami**
— Ти маєш рацію, Самана, — визнав Камасвамі
"**Warte einen Moment**", **bat er seinen Gast**

"Зачекайте хвилинку", — попросив він свого гостя
Kamaswami verließ den Raum und kehrte mit einer Schriftrolle zurück
Камасвамі вийшов з кімнати і повернувся з сувоєм
er reichte Siddhartha die Schriftrolle und bat ihn, sie zu lesen
він простягнув Сіддхартхі сувій і попросив його прочитати його
Siddhartha blickte auf die Schriftrolle, die ihm gereicht wurde
Сіддхартха подивився на вручений йому сувій
Auf der Schriftrolle war ein Kaufvertrag geschrieben
На сувої був написаний договір купівлі-продажу
Er begann, den Inhalt der Schriftrolle vorzulesen
Він почав зачитувати зміст сувою
Kamaswami war sehr zufrieden mit Siddhartha
Камасвамі залишився дуже задоволений Сіддхартхою
"Würdest du mir etwas auf diesen Zettel schreiben?"
"Ви б написали щось для мене на цьому аркуші паперу?"
Er reichte ihm ein Blatt Papier und einen Stift
Він простягнув йому аркуш паперу і ручку
Siddhartha schrieb und gab das Papier zurück
Сіддхартха написав і повернув газету
Kamaswami las: "Schreiben ist gut, Denken ist besser"
Камасвамі прочитав: «Писати добре, думати краще»
"Klug sein ist gut, geduldig sein ist besser"
"Бути розумним - це добре, бути терплячим - краще"
"Es ist vortrefflich, wie Sie schreiben können", lobte ihn der Kaufmann
- Чудово, як ти вмієш писати, - похвалив його купець
"So manches werden wir noch miteinander besprechen müssen"
"Багато речей нам ще доведеться обговорювати один з одним"
"Für heute bitte ich dich, mein Gast zu sein"
"На сьогодні я прошу вас бути моїм гостем"
"Bitte kommen Sie, um in diesem Haus zu wohnen"

"Будь ласка, приходьте жити в цей будинок"
Siddhartha bedankte sich bei Kamaswami und nahm sein Angebot an
Сіддхартха подякував Камасвамі і прийняв його пропозицію
Er wohnte fortan im Haus des Händlers
Відтепер він жив у будинку дилера
Man brachte ihm Kleider und Schuhe
Йому приносили одяг і взуття
und jeden Tag bereitete ihm ein Diener ein Bad
І кожен день слуга готував для нього ванну

Zweimal am Tag wurde eine reichliche Mahlzeit serviert
Двічі на день подавалася рясна трапеза
aber Siddhartha aß nur einmal am Tag
але Сіддхартха їв лише раз на день
und er aß weder Fleisch noch trank er Wein
і він не їв ні м'яса, ні вина не пив
Kamaswami erzählte ihm von seinem Handwerk
Камасвамі розповів йому про свою торгівлю
Er zeigte ihm die Waren- und Lagerräume
Він показав йому товари та складські приміщення
Er zeigte ihm, wie die Berechnungen durchgeführt wurden
Він показав йому, як проводилися розрахунки
Siddhartha lernte viel Neues kennen
Сіддхартха дізнався багато нового
Er hörte viel und sprach wenig
Він багато чув і мало говорив
aber er vergaß Kamalas Worte nicht
але він не забув слів Камали
Er war also nie dem Kaufmann untertan
Тому він ніколи не підкорявся купцеві
Er zwang ihn, ihn als gleichwertig zu behandeln
Він змусив його ставитися до нього як до рівного
Vielleicht zwang er ihn, ihn sogar als mehr als ebenbürtig zu behandeln
Можливо, він змусив його ставитися до нього як до навіть

більш ніж рівного
Kamaswami führte seine Geschäfte mit Sorgfalt
Камасвамі дбайливо вів свій бізнес
Und er war sehr leidenschaftlich bei der Sache
І він був дуже захоплений своєю справою
aber Siddhartha betrachtete dies alles, als wäre es ein Spiel
але Сіддхартха дивився на все це так, ніби це гра
Er bemühte sich, die Spielregeln genau zu lernen
Він наполегливо намагався вивчити правила гри в точності
aber der Inhalt des Spiels berührte sein Herz nicht
Але зміст гри не торкнулося його серця
Er war noch nicht lange in Kamaswamis Haus
Він недовго пробув у будинку Камасвамі
Doch schon bald beteiligte er sich an den Geschäften seines Gutsherrn
Але незабаром він взяв участь в поміщицькому бізнесі

jeden Tag besuchte er die schöne Kamala
кожен день він відвідував прекрасну Камалу
Kamala hatte eine Stunde für ihre Zusammenkünfte angesetzt
Камалі була призначена година для їхніх зустрічей
Sie trug hübsche Kleider und feine Schuhe
Вона була одягнена в гарний одяг і вишукане взуття
und bald brachte er ihr auch Geschenke
І незабаром він приніс і їй дари
Vieles lernte er von ihrem roten, klugen Mund
Багато чого він навчився з її червоного, розумного рота
Er lernte viel von ihrer zärtlichen, geschmeidigen Hand
Багато чого він навчився від її ніжної, податливої руки
Was die Liebe anbelangt, so war Siddhartha noch ein Knabe
щодо кохання, Сіддхартха був ще хлопчиком
und er neigte dazu, sich blindlings in die Liebe zu stürzen
І він мав схильність сліпо занурюватися в любов
Er fiel in die Lust wie in einen Abgrund ohne Boden
Він впав у пожадливість, як у бездонну яму
Sie unterrichtete ihn gründlich, beginnend mit den

Grundlagen
Вона навчила його досконально, почавши з основ
Vergnügen kann nicht genommen werden, ohne Vergnügen zu schenken
задоволення не можна приймати, не доставляючи задоволення
Jede Geste, jede Liebkosung, jede Berührung, jeder Blick
кожен жест, кожна ласка, кожен дотик, кожен погляд
Jeder noch so kleine Fleck des Körpers hatte sein Geheimnis
Кожна пляма тіла, якою б маленькою вона не була, мала свою таємницю
Die Geheimnisse würden denen, die sie kennen, Glück bringen
Секрети принесуть щастя тим, хто їх знає
Liebende dürfen sich nicht voneinander trennen, nachdem sie die Liebe gefeiert haben
Закохані не повинні розлучатися один з одним після святкування любові
sie dürfen sich nicht trennen, ohne dass einer den anderen bewundert
Вони не повинні розлучатися без того, щоб один милувався іншим
Sie müssen ebenso besiegt sein, wie sie gesiegt haben
Вони повинні бути настільки ж переможеними, як і переможцями
Keiner der Liebhaber sollte anfangen, sich satt oder gelangweilt zu fühlen
Жоден коханець не повинен починати відчувати себе ситим або нудьгувати
Sie sollten nicht das böse Gefühl bekommen, missbräuchlich gewesen zu sein
Вони не повинні відчувати злого відчуття насильства
Und sie sollten sich nicht missbraucht fühlen
і вони не повинні відчувати, що над ними знущалися
Wundervolle Stunden, die er mit der schönen und klugen Künstlerin verbrachte
Чудові години він провів з красивим і розумним

художником
Er wurde ihr Schüler, ihr Geliebter, ihr Freund
Він став її учнем, її коханцем, її другом
Hier bei Kamala lag der Wert und Zweck seines jetzigen Lebens
Тут з Камалою була цінність і мета його теперішнього життя
seine Absicht war nicht das Geschäft von Kamaswami
його мета не була пов'язана з бізнесом Камасвамі

Siddhartha erhielt wichtige Briefe und Verträge
Сіддхартха отримував важливі листи і контракти
Kamaswami fing an, alle wichtigen Angelegenheiten mit ihm zu besprechen
Камасвамі почав обговорювати з ним всі важливі справи
Er merkte bald, daß Siddhartha wenig von Reis und Wolle verstand
Незабаром він побачив, що Сіддхартха мало знає про рис і шерсть
aber er sah, daß er auf glückliche Weise handelte
Але він побачив, що вчинив щасливим чином
und Siddhartha übertraf ihn an Ruhe und Gleichmut
і Сіддхартха перевершив його в спокої і незворушності
Er übertraf ihn in der Kunst, bisher unbekannte Menschen zu verstehen
Він перевершив його в мистецтві розуміння раніше невідомих людей
Kamaswami sprach mit einem Freund über Siddhartha
Камасвамі розповів про Сіддхартху другові
"Dieser Brahmane ist kein richtiger Händler"
«Цей брахман не є належним купцем»
"Er wird nie ein Kaufmann sein"
«Він ніколи не буде купцем»
"Für das Geschäft gibt es nie eine Leidenschaft in seiner Seele"
«До бізнесу ніколи не буває пристрасті в душі»
"Aber er hat etwas Geheimnisvolles an sich"

«Але у нього є таємнича якість»
"Diese Qualität führt ganz von selbst zum Erfolg"
«Ця якість приносить успіх сама по собі»
"es könnte von einem guten Stern seiner Geburt sein"
"це може бути від доброї зірки його народження"
"oder es könnte etwas sein, das er unter Samanas gelernt hat"
"або це може бути щось, чого він навчився серед саман"
"Er scheint immer nur mit unseren Geschäften zu spielen"
«Здається, він завжди просто грає з нашими бізнес-справами»
"Sein Geschäft wird nie ganz ein Teil von ihm"
«Його бізнес ніколи повністю не стає його частиною»
"Sein Geschäft regiert nie über ihn"
«Його бізнес ніколи не панує над ним»
"Er hat nie Angst vor dem Scheitern"
«Він ніколи не боїться невдачі»
"Er ärgert sich nie über einen Verlust"
«Його ніколи не засмучує втрата»
Der Freund beriet den Kaufmann
Друг порадив купцеві
"Gib ihm ein Drittel des Gewinns, den er für dich macht"
«Віддавайте йому третину прибутку, який він заробляє для вас»
"Aber er soll auch haften, wenn es Verluste gibt"
"Але нехай він також несе відповідальність, коли є збитки"
"Dann wird er eifriger"
"Тоді він стане більш завзятим"
Kamaswami war neugierig und befolgte den Rat
Камасвамі був допитливий і прислухався до поради
Aber Siddhartha kümmerte sich wenig um Verluste oder Gewinne
Але Сіддхартха мало дбав про втрати або прибутки
Wenn er einen Gewinn machte, nahm er ihn mit Gleichmut an
Коли він отримував прибуток, то приймав її з незворушністю

Wenn er Verluste machte, lachte er darüber
Коли він зазнавав втрат, він сміявся з цього
Es schien tatsächlich, als ob er sich nicht um das Geschäft kümmerte
Здавалося, дійсно, ніби він не дбав про бізнес
Einmal reiste er in ein Dorf
Свого часу він їздив у село
Er ging dorthin, um eine große Ernte Reis zu kaufen
Він відправився туди, щоб купити великий урожай рису
Doch als er dort ankam, war der Reis bereits verkauft
Але коли він туди потрапив, рис вже був проданий
Ein anderer Kaufmann war vor ihm in das Dorf gekommen
До нього в село потрапив інший купець
Trotzdem blieb Siddhartha mehrere Tage in jenem Dorfe
Тим не менш, Сіддхартха залишився в цьому селі на кілька днів
Er lud die Bauern zu einem Getränk ein
Він пригощав фермерів напоєм
Er schenkte ihren Kindern Kupfermünzen
Він дарував мідні монети їхнім дітям
Er nahm an der Feier einer Hochzeit teil
Він приєднався до святкування весілля
und er kehrte äußerst zufrieden von seiner Reise zurück
І він повернувся надзвичайно задоволеним зі своєї поїздки
Kamaswami war wütend, dass Siddhartha Zeit und Geld verschwendet hatte
Камасвамі був розгніваний тим, що Сіддхартха витратив час і гроші даремно
Siddhartha antwortete: "Hör auf zu schelten, lieber Freund!"
Сіддхартха відповів: «Досить лаяти, дорогий друже!»
"Nichts wurde jemals durch Schelte erreicht"
«Нічого ніколи не досягалося лаянням»
"Wenn ein Verlust eingetreten ist, lass mich diesen Verlust tragen"
"Якщо сталася втрата, дозвольте мені понести цю втрату"
"Ich bin sehr zufrieden mit dieser Reise"
«Я дуже задоволений цією поїздкою»

"Ich habe viele Menschen kennengelernt"
"Я познайомився з багатьма людьми"
"Ein Brahmane ist mein Freund geworden"
«Брахман став моїм другом»
"Kinder haben auf meinen Knien gesessen"
«Діти сіли мені на коліна»
"Bauern haben mir ihre Felder gezeigt"
«Фермери показали мені свої поля»
"Niemand wusste, dass ich Kaufmann war"
«Ніхто не знав, що я купець»
"Das ist alles sehr schön", rief Kamaswami empört aus
- Це все дуже приємно, - обурено вигукнув Камасвамі
"Aber eigentlich bist du doch ein Kaufmann"
«Але насправді ти все-таки комерсант»
"Oder warst du nur zu deinem Vergnügen gereist?"
- Або у вас були подорожі тільки для розваги?
»Natürlich bin ich zu meinem Vergnügen gereist,« lachte Siddhartha
— Звичайно, я подорожував заради розваги, — засміявся Сіддхартха
"Wozu wäre ich sonst gereist?"
"Бо що б ще я подорожував?"
"Ich habe Menschen und Orte kennengelernt"
"Я познайомився з людьми та місцями"
"Ich habe Freundlichkeit und Vertrauen erhalten"
"Я отримав доброту і довіру"
"Ich habe in diesem Dorf Freundschaften gefunden"
"Я знайшов дружбу в цьому селі"
"Wenn ich Kamaswami gewesen wäre, wäre ich genervt zurückgereist"
"Якби я був Камасвамі, я б повернувся роздратованим"
"Ich hätte es eilig gehabt, sobald mein Kauf gescheitert wäre"
«Я б поспішав, як тільки моя покупка провалилася»
"Und Zeit und Geld wären in der Tat verloren gegangen"
«І час і гроші дійсно були б втрачені»
"Aber so hatte ich ein paar gute Tage"

"Але так у мене було кілька хороших днів"
"Ich habe aus meiner Zeit dort gelernt"
"Я навчився за час свого перебування там"
"und ich habe Freude an dieser Erfahrung gehabt"
"і я мав радість від цього досвіду"
"Ich habe weder mir noch anderen durch Ärger und Eile geschadet"
«Я не завдав шкоди ні собі, ні іншим досадою і поспішністю»
"Wenn ich jemals zurückkomme, werden mich freundliche Leute willkommen heißen"
"Якщо я коли-небудь повернуся, доброзичливі люди вітатимуть мене"
"Wenn ich zurückkehre, um Geschäfte zu machen, werden mich auch freundliche Leute willkommen heißen"
"Якщо я повернуся, щоб займатися бізнесом, доброзичливі люди також вітатимуть мене"
"Ich lobe mich dafür, dass ich keine Eile oder Unmut gezeigt habe"
«Я хвалю себе за те, що не виявляю ніякого поспіху або невдоволення»
"Also, lass es so, wie es ist, mein Freund"
"Отже, залиш все як є, друже"
"Und schade dir nicht, indem du schimpfst"
«І не нашкодь собі, лаючи»
"Siehst du, wie Siddhartha sich selbst Schaden zufügt, so rede mit mir"
«Якщо ви бачите, що Сіддхартха завдає шкоди собі, то поговоріть зі мною»
"und Siddhartha wird seinen eigenen Weg gehen"
"і Сіддхартха піде своїм шляхом"
"Aber bis dahin lasst uns miteinander zufrieden sein"
"Але до тих пір давайте задовольнятися один одним"
Die Versuche des Kaufmanns, Siddhartha zu überzeugen, waren vergeblich
спроби купця переконати Сіддхартху були марними
er konnte Siddhartha nicht dazu bringen, sein Brot zu essen

він не міг змусити Сіддхартху їсти свій хліб
Siddhartha aß sein eigenes Brot
Сіддхартха їв власний хліб
oder besser gesagt, sie aßen beide das Brot des anderen
А точніше, вони обидва їли чужий хліб
Siddhartha hörte nie auf Kamaswamis Sorgen
Сіддхартха ніколи не слухав хвилювань Камасвамі
und Kamaswami hatte viele Sorgen, die er teilen wollte
і у Камасвамі було багато турбот, якими він хотів поділитися
Es gab Geschäfte, die zu scheitern drohten
Були ділові угоди, які відбувалися під загрозою провалу
Warensendungen schienen verloren gegangen zu sein
Поставки товарів, здавалося, були втрачені
Die Schuldner schienen nicht in der Lage zu sein,
Боржники, здавалося, не в змозі розрахуватися
Kamaswami konnte Siddhartha nie davon überzeugen, Worte der Besorgnis auszusprechen
Камасвамі ніколи не зміг переконати Сіддхартху вимовити слова занепокоєння
Kamaswami konnte Siddhartha nicht dazu bringen, Zorn gegen das Geschäft zu empfinden
Камасвамі не зміг змусити Сіддхартху відчути гнів по відношенню до бізнесу
Er konnte ihn nicht dazu bringen, Falten auf der Stirn zu haben
Він не міг змусити його мати зморшки на лобі
er konnte Siddhartha nicht schlecht schlafen lassen
він не міг змусити Сіддхартху погано спати

Eines Tages versuchte Kamaswami, mit Siddhartha zu sprechen
одного разу Камасвамі спробував поговорити з Сіддхартхою
"Siddhartha, du hast nichts Neues gelernt"
"Сіддхартха, ти не зміг навчитися нічого нового"
aber Siddhartha lachte wieder darüber

але знову Сіддхартха посміявся з цього
"Würdest du mich bitte nicht mit solchen Witzen?"
"Будь ласка, не обманюйте мене такими жартами"
"Was ich von Ihnen gelernt habe, ist, wie viel ein Fischkorb kostet"
"Те, що я дізнався від вас, - це скільки коштує кошик риби"
"und ich habe gelernt, wie viel Zinsen für geliehenes Geld verlangt werden können"
«і я дізнався, скільки відсотків може бути нараховано на позичені гроші»
"Das sind Ihre Fachgebiete"
"Це ваші сфери компетенції"
"Ich habe nicht von dir gelernt zu denken, mein lieber Kamaswami"
"Я не навчився думати від тебе, мій дорогий Камасвамі"
"Du solltest derjenige sein, der von mir lernen will"
"Ти повинен бути тим, хто прагне вчитися у Мене"
Wahrlich, seine Seele war nicht bei dem Handel
Дійсно, його душа була не з торгівлею
Das Geschäft war gut genug, um ihm Geld für Kamala zu verschaffen
Бізнес був досить хорошим, щоб забезпечити його грошима для Камали
und es brachte ihm viel mehr ein, als er brauchte
І це заробило йому набагато більше, ніж йому було потрібно
Außer Kamala galt Siddharthas Neugier den Menschen
Крім Камали, цікавість Сіддхартхи була до людей
ihre Geschäfte, ihr Handwerk, ihre Sorgen und Vergnügungen
їхні справи, ремесла, турботи та задоволення
All diese Dinge waren ihm früher fremd
Всі ці речі раніше були йому чужі
Ihre Torheiten waren früher so fern wie der Mond
Їхні дурні вчинки раніше були далекими, як місяць
Es gelang ihm leicht, mit allen zu sprechen
Йому легко вдалося поговорити з усіма ними

Er könnte mit allen leben
Він міг жити з усіма ними
Und er konnte weiterhin von ihnen allen lernen
і він міг продовжувати вчитися у всіх них
Aber es gab etwas, das ihn von ihnen trennte
але було щось, що відділяло його від них
Er spürte eine Kluft zwischen sich und den Menschen
Він відчував прірву між ним і людьми
dieser trennende Faktor war, dass er ein Samana war
цим відокремлюючим фактором було те, що він був саманою
Er sah, wie die Menschheit kindlich durchs Leben ging
Він бачив, як людство йде по життю по-дитячому
In vielerlei Hinsicht lebten sie so, wie Tiere leben
Багато в чому вони жили так, як живуть тварини
Er liebte und verachtete auch ihre Lebensweise
Він любив, а також зневажав їхній спосіб життя
Er sah sie sich abmühen und leiden
Він бачив, як вони трудилися і страждали
sie wurden grau für Dinge, die dieses Preises nicht würdig waren
Вони ставали сірими за речі, негідні такої ціни
Sie taten Dinge für Geld und kleine Vergnügungen
Вони робили речі заради грошей і маленьких задоволень
Sie taten Dinge, um ein wenig geehrt zu werden
Вони робили речі для того, щоб їх трохи шанували
Er sah, wie sie sich gegenseitig beschimpften und beleidigten
Він бачив, як вони лаяли і ображали один одного
Er sah, wie sie über Schmerzen klagten
Він бачив, як вони скаржилися на біль
Schmerzen, über die ein Samana nur lächeln würde
болі, при яких Самана тільки посміхається
und er sah, wie sie unter Entbehrungen litten
і він бачив, як вони страждали від нестатків
Entbehrungen, die ein Samana nicht empfinden würde
позбавлення, яких Самана не відчувала б

Er war offen für alles, was diese Leute ihm brachten
Він був відкритий до всього, що ці люди принесли йому на шляху
Willkommen war der Kaufmann, der ihm Leinen zum Verkauf anbot
Ласкаво просимо був купець, який запропонував йому білизну на продаж
Willkommen war der Schuldner, der einen anderen Kredit suchte
Вітався боржник, який звернувся за черговим кредитом
Willkommen war der Bettler, der ihm die Geschichte seiner Armut erzählte
Ласкаво просимо жебрака, який розповів йому історію своєї бідності
der Bettler, der nicht halb so arm war wie jeder Samana
жебрак, який не був наполовину таким бідним, як будь-яка Самана
Er behandelte den reichen Kaufmann und seinen Diener nicht verschieden
Він не ставився до багатого купця і його слуги по-іншому
Er ließ sich beim Kauf von Bananen von Straßenhändlern betrügen
Він дозволив вуличному торговцю обдурити його, купуючи банани
Kamaswami beklagte sich oft bei ihm über seine Sorgen
Камасвамі часто скаржився йому на свої турботи
oder er würde ihm Vorwürfe wegen seines Geschäfts machen
або він буде дорікати його в своїх справах
Er hörte neugierig und glücklich zu
Він слухав з цікавістю і радісністю
aber er war verwirrt über seinen Freund
Але він був спантеличений своїм другом
Er versuchte, ihn zu verstehen
Він намагався зрозуміти його
Und er gab zu, dass er Recht hatte, bis zu einem gewissen Punkt

І він визнав, що мав рацію, до певного моменту
es gab viele, die nach Siddhartha fragten
було багато тих, хто просив про Сіддхартху
Viele wollten mit ihm Geschäfte machen
Багато хто хотів зайнятися з ним бізнесом
Es gab viele, die ihn betrügen wollten
Було багато бажаючих його обдурити
Viele wollten ihm ein Geheimnis entlocken
Багато хто хотів витягнути з нього якусь таємницю
Viele wollten an seine Sympathie appellieren
Багато хто хотів звернутися до його симпатії
Viele wollten seinen Rat einholen
Багато хто хотів отримати його пораду
Er gab denen, die es wollten, Ratschläge
Він давав поради тим, хто цього хотів
Er bemitleidete diejenigen, die Mitleid brauchten
Він шкодував тих, хто потребував жалості
Er machte Geschenke für diejenigen, die Geschenke mochten
Він робив подарунки тим, хто любив подарунки
Er ließ sich von einigen ein wenig betrügen
Він дозволив деяким трохи обдурити його
Dieses Spiel, das alle Menschen spielten, beschäftigte seine Gedanken
Ця гра, в яку грали всі люди, займала його думки
er dachte an dieses Spiel ebenso viel wie an die Götter
він думав про цю гру так само, як і про богів
Tief in seiner Brust spürte er eine sterbende Stimme
Глибоко в грудях він відчув передсмертний голос
Diese Stimme ermahnte ihn leise
Цей голос тихо наставляв його
und er nahm die Stimme in seinem Innern kaum wahr
і він майже не сприймав голос всередині себе
Und dann, für eine Stunde, wurde ihm etwas bewusst
А потім, на годину, він щось усвідомив
Er wurde sich des seltsamen Lebens bewusst, das er führte
Він усвідомив дивне життя, яке вів

Er erkannte, dass dieses Leben nur ein Spiel war
Він зрозумів, що це життя було лише грою
Manchmal fühlte er Glück und Freude
Іноді він відчував щастя і радість
Aber das wirkliche Leben zog immer noch an ihm vorbei
Але реальне життя все ще проходило повз нього
und es ging vorüber, ohne ihn zu berühren
і вона проходила повз, не торкаючись його
Siddhartha spielte mit seinen Geschäften
Сіддхартха грав зі своїми діловими угодами
Siddhartha amüsierte sich an den Menschen um ihn herum
Сіддхартха знайшов розвагу в оточуючих його людях
aber was sein Herz betrifft, so war er nicht bei ihnen
Але щодо свого серця, то його не було з ними
Die Quelle verlief irgendwo, weit weg von ihm
Джерело втік кудись, далеко від нього
Er lief und lief unsichtbar
Він біг і біг непомітно
Es hatte nichts mehr mit seinem Leben zu tun
Це більше не мало нічого спільного з його життям
Mehrmals erschrak er wegen solcher Gedanken
Кілька разів йому ставало страшно через такі думки
Er wünschte, er könnte an all diesen kindlichen Spielen teilnehmen
Він хотів брати участь у всіх цих дитячих іграх
Er wollte wirklich leben
Він хотів по-справжньому жити
Er wollte wirklich in ihrem Theater spielen
Він хотів по-справжньому грати в їхньому театрі
Er wollte ihre Vergnügungen wirklich genießen
Він хотів по-справжньому насолодитися їхніми задоволеннями
Und er wollte leben, statt nur als Zuschauer zuzusehen
І він хотів жити, а не просто стояти поруч як глядач

Doch immer wieder kehrte er zur schönen Kamala zurück
Але знову і знову він повертався до прекрасної Камали

Er erlernte die Kunst der Liebe
Він навчився мистецтву любові
und er praktizierte den Kult der Lust
і він практикував культ похоті
Lust, in der Geben und Nehmen eins werden
пожадливість, в якій давати і брати стає єдиним цілим
Er unterhielt sich mit ihr und lernte von ihr
Він розмовляв з нею і вчився у неї
Er gab ihr Rat, und er nahm ihren Rat an
Він дав їй пораду, і він отримав її пораду
Sie verstand ihn besser, als Govinda ihn zu verstehen pflegte
Вона розуміла його краще, ніж Говінда розуміла його
sie war ihm ähnlicher als Govinda
вона була більше схожа на нього, ніж Говінда
"Du bist wie ich", sagte er zu ihr
"Ти схожа на мене", — сказав він їй
"Du bist anders als die meisten Menschen"
«Ти відрізняєшся від більшості людей»
"Du bist Kamala, sonst nichts"
"Ти - Камала, більше нічого"
"Und in dir ist Frieden und Zuflucht"
"А всередині вас мир і притулок"
"Eine Zuflucht, zu der man zu jeder Tageszeit gehen kann"
"притулок, до якого можна йти в кожну годину дня"
"Sie können bei sich selbst zu Hause sein"
«Ти можеш бути вдома з собою»
"Das kann ich auch"
«Я теж можу це зробити»
"Nur wenige Menschen haben diesen Ort"
«Мало у кого є це місце»
"Und doch könnten es alle haben"
"І все ж усі вони могли це мати"
"Nicht alle Menschen sind schlau", sagt Kamala
"Не всі люди розумні", - сказала Камала
»Nein,« sagte Siddhartha, »das ist nicht der Grund dafür.«
"Ні, - сказав Сіддхартха, - це не причина"

"Kamaswami ist genauso schlau wie ich"
«Камасвамі такий же розумний, як і я»
"Aber er hat keine Zuflucht in sich selbst"
«Але він не має притулку в собі»
"Andere haben es, obwohl sie den Verstand von Kindern haben"
"Інші мають це, хоча вони мають розум дітей"
"Die meisten Menschen, Kamala, sind wie ein fallendes Blatt"
«Більшість людей, Камала, схожі на падаючий листок»
"ein Blatt, das geweht wird und sich durch die Luft dreht"
"листок, який видувається і обертається в повітрі"
"ein Blatt, das schwankt und zu Boden fällt"
"Листок, який коливається і падає на землю"
"Aber andere, einige wenige, sind wie Sterne"
"Але інші, небагато, схожі на зірки"
"Sie gehen auf einen festen Kurs"
«Вони йдуть по фіксованому курсу»
"Kein Wind erreicht sie"
«До них не доходить вітер»
"In sich selbst haben sie ihr Gesetz und ihren Lauf"
«Самі по собі вони мають свій закон і свій курс»
"Unter all den gelehrten Männern, die ich getroffen habe, gab es einen von dieser Art"
"Серед усіх вчених мужів, яких я зустрічав, був один такого роду"
"Er war ein wahrhaft Vollkommener"
"Він був справді досконалим"
"Ich werde ihn nie vergessen können"
«Я ніколи не зможу його забути»
"Es ist dieser Gotama, der Erhabene"
"Це той Готама, піднесений"
"Tausende von Anhängern hören jeden Tag seine Lehren"
"Тисячі послідовників слухають його вчення щодня"
"Sie befolgen stündlich seine Anweisungen"
"Вони виконують Його вказівки щогодини"
"Aber es sind alles fallende Blätter"

«Але всі вони опадає листя»
"Nicht in sich selbst haben sie Lehren und ein Gesetz"
"Не самі по собі вони мають вчення і закон"
Kamala sah ihn mit einem Lächeln an
Камала подивилася на нього з посмішкою
"Nochmals, du sprichst von ihm", sagte sie
"Знову ж таки, ви говорите про нього", - сказала вона
"Wieder hast du die Gedanken eines Samana"
"Знову у тебе виникають думки Самани"
Siddhartha schwieg, und sie spielten das Spiel der Liebe
Сіддхартха нічого не сказав, і вони зіграли в любовну гру
eines der dreißig oder vierzig verschiedenen Spiele, die Kamala kannte
одна з тридцяти чи сорока різних ігор, які знала Камала
Ihr Körper war flexibel wie der eines Jaguars
Її тіло було гнучким, як у ягуара
flexibel wie der Bogen eines Jägers
гнучкий, як лук мисливця
Er, der von ihr gelernt hatte, wie man Liebe macht
той, хто навчився від неї, як займатися любов'ю
Er kannte viele Formen der Lust
Він був обізнаний з багатьма формами похоті
Wer von ihr lernte, kannte viele Geheimnisse
Той, хто дізнався від неї, знав багато таємниць
Lange Zeit spielte sie mit Siddhartha
Довгий час вона грала з Сіддхартхою
Sie lockte ihn und wies ihn zurück
Вона заманила його і відкинула
Sie zwang ihn und umarmte ihn
Вона змусила його і обійняла
Sie genoss seine meisterhaften Fähigkeiten
Вона насолоджувалася його майстерними навичками
bis er besiegt wurde und erschöpft an ihrer Seite ruhte
поки він не зазнав поразки і не відпочив виснажений біля неї
Die Kurtisane beugte sich über ihn
Куртизанка схилилася над ним

Sie warf einen langen Blick auf sein Gesicht
Вона довго дивилася на його обличчя
Sie sah in seine Augen, die müde geworden waren
Вона подивилася на його очі, які втомилися
"Du bist der beste Liebhaber, den ich je gesehen habe", sagte sie nachdenklich
"Ти найкращий коханець, якого я коли-небудь бачила", - задумливо сказала вона
"Du bist stärker als andere, geschmeidiger, williger"
"Ти сильніший за інших, гнучкіший, охочіший"
"Du hast meine Kunst gut gelernt, Siddhartha"
"Ти добре вивчив моє мистецтво, Сіддхартха"
"Irgendwann, wenn ich älter bin, möchte ich dein Kind gebären"
«Колись, коли я підросту, я захочу народити твою дитину»
"Und doch, meine Liebe, bist du ein Samana geblieben."
"І все ж, любий мій, ти залишився саманою"
"Und trotzdem liebst du mich nicht"
«І, незважаючи на це, ти мене не любиш»
"Es gibt niemanden, den du liebst"
"Немає нікого, кого любиш"
"Ist es nicht so?", fragte Kamala
"Чи не так?" - запитала Камала
»Es kann wohl so sein,« sagte Siddhartha müde
— Цілком можливо, що так, — втомлено сказав Сіддхартха
"Ich bin wie du, weil du auch nicht liebst"
«Я схожий на тебе, тому що ти теж не любиш»
"Wie sonst könnte man die Liebe als Handwerk ausüben?"
"Як ще можна практикувати любов як ремесло?"
"Vielleicht können Menschen unserer Art nicht lieben"
«Можливо, люди нашого роду не вміють любити»
"Die kindlichen Menschen können lieben, das ist ihr Geheimnis"
"Люди, схожі на дітей, можуть любити, ось їхній секрет"

Sansara
Сансара

Lange Zeit hatte Siddhartha in der Welt gelebt der Lust
Довгий час Сіддхартха жив у світі і похоті
Er lebte jedoch so, ohne ein Teil davon zu sein
Однак він жив таким чином, не будучи його частиною
Er hatte dies getötet, als er ein Samana gewesen war
він убив, коли був саманою
Doch nun waren sie wieder erwacht
Але тепер вони знову прокинулися
Er hatte Reichtum, Lust und Macht gekostet
Він відчув смак багатства, похоті і сили
lange Zeit war er in seinem Herzen ein Samana geblieben
довгий час він залишався саманою у своєму серці
Kamala war klug und hatte das ganz richtig erkannt
Камала, будучи розумною, зрозуміла це цілком правильно
Denken, Warten und Fasten bestimmten noch immer sein Leben
Роздуми, очікування і піст все ще керували його життям
Das kindliche Volk blieb ihm fremd
Дитячі люди залишилися для нього чужими;
und er blieb dem kindlichen Volk fremd
І він залишився чужим для дітей,
Die Jahre vergingen; Umgeben vom guten Leben
Минали роки; в оточенні доброго життя
Siddhartha spürte kaum, wie die Jahre verblassten
Сіддхартха майже не відчував, що роки згасають
Er war reich geworden und besaß ein eigenes Haus
Він розбагатів і мав власний будинок
Er hatte sogar seine eigenen Diener
У нього навіть були свої слуги
Er hatte einen Garten vor der Stadt, am Fluss
Він мав сад перед містом, біля річки
Die Leute mochten ihn und kamen zu ihm, um Geld oder Rat zu erhalten

Він подобався людям і приходив до нього за грошима або порадою
aber es gab niemanden, der ihm nahe stand, außer Kamala
але поруч з ним нікого не було, крім Камали
Der helle Zustand des Wachseins
Світлий стан неспання
das Gefühl, das er auf dem Höhepunkt seiner Jugend empfunden hatte
почуття, яке він відчував на піку своєї юності
in jenen Tagen nach Gotamas Predigt
в ті дні після проповіді Готами
nach der Trennung von Govinda
після розлуки з Говіндою
Die gespannte Lebenserwartung
Напружене очікування життя
Der stolze Staat, allein zu stehen
Гордий стан самотності
ohne Belehrungen oder Lehrer zu sein
бути без вчень і вчителів
die geschmeidige Bereitschaft, auf die göttliche Stimme im eigenen Herzen zu hören
податлива готовність слухати божественний голос у власному серці;
All diese Dinge waren langsam zu einer Erinnerung geworden
Всі ці речі поступово стали спогадом
Die Erinnerung war flüchtig, fern und still gewesen
Пам'ять була швидкоплинною, далекою і тихою
Die heilige Quelle, die früher in der Nähe war, murmelte jetzt nur noch
Святе джерело, яке раніше було поруч, тепер тільки ремствувало
die heilige Quelle, die in sich zu murmeln pflegte
Святе джерело, яке раніше ремствувало в собі
Trotzdem hatte er vieles von den Samanas gelernt
Однак багато чого він навчився від саман
er hatte von Gotama gelernt

він навчився у Готами
er hatte von seinem Vater, dem Brahmanen, gelernt
він навчився від свого батька Брахмана
Sein Vater war lange Zeit in seinem Wesen geblieben
Його батько довгий час залишався в його єстві
Maßvolles Leben, Freude am Denken, Stunden der Meditation
помірне життя, радість роздумів, години медитації
die geheime Erkenntnis des Selbst; sein ewiges Wesen
таємне пізнання себе; Його вічна сутність
das Selbst, das weder Körper noch Bewusstsein ist
Я, яке не є ні тілом, ні свідомістю
Manches Teil davon hatte er noch
Багато з цього він ще мав
aber ein Teil nach dem anderen war untergetaucht
але одна частина за одною була затоплена
und schließlich verstaubte jedes Teil
і врешті-решт кожна частина припала пилом
Eine Töpferscheibe, wenn sie einmal in Bewegung ist, dreht sich lange Zeit
Гончарний круг, потрапивши в рух, буде довго крутитися
sie verliert nur langsam an Kraft
Вона втрачає свою силу лише повільно
und es kommt erst nach einiger Zeit zum Stillstand
І припиняється вона тільки через час
Siddharthas Seele hatte immer wieder am Rad der Askese gedreht
Душа Сіддхартхи продовжувала крутити колесо аскетизму
Das Rad des Denkens hatte sich lange Zeit gedreht
Колесо мислення довго крутилося
Das Rad der Differenzierung hatte sich noch lange gedreht
Колесо диференціації ще довго крутилося
aber es drehte sich langsam und zögerlich
Але він повернувся повільно і нерішуче
und es war kurz davor, zum Stillstand zu kommen
І це було близько до того, щоб зайти в глухий кут
Langsam, wie Feuchtigkeit, die in den sterbenden Stamm

eines Baumes eindringt
Повільно, як вологість, потрапляючи в відмираючий стовбур дерева
Füllen Sie den Stiel langsam und lassen Sie ihn faulen
повільно наповнюючи стебло і змушуючи його гнити,
die Welt und die Trägheit waren in Siddharthas Seele eingedrungen
світ і лінивець увійшли в душу Сіддхартхи
Langsam erfüllte es seine Seele und machte sie schwer
Повільно це наповнювало його душу і робило її важкою
Es machte seine Seele müde und ließ sie einschlafen
Це змусило його душу втомитися і приспало її
Andererseits waren seine Sinne lebendig geworden
З іншого боку, його почуття ожили
Es gab vieles, was seine Sinne gelernt hatten
Багато чого навчилися його почуття
Es gab vieles, was seine Sinne erlebt hatten
Багато чого пережили його почуття
Siddhartha hatte das Handwerk gelernt
Сіддхартха навчився торгувати
Er hatte gelernt, seine Macht über die Menschen zu nutzen
Він навчився використовувати свою владу над людьми
Er hatte gelernt, sich mit einer Frau zu amüsieren
Він навчився розважатися з жінкою
Er hatte gelernt, schöne Kleider zu tragen
Він навчився носити гарний одяг
Er hatte gelernt, wie man Dienern Befehle erteilt
Він навчився віддавати накази слугам
Er hatte gelernt, in parfümiertem Wasser zu baden
Він навчився купатися в ароматних водах
Er hatte gelernt, zärtlich und sorgfältig zubereitet zu essen
Він навчився їсти ніжно і ретельно приготовлену їжу
Er aß sogar Fisch, Fleisch und Geflügel
Він навіть їв рибу, м'ясо та птицю
Gewürze und Süßigkeiten und Wein, was Faulheit und Vergesslichkeit verursacht
спеції і солодощі і вино, яке викликає лінивство і

забудькуватість
Er hatte gelernt, mit Würfeln und auf dem Schachbrett zu spielen
Він навчився грати в кості і на шахівниці
Er hatte gelernt, tanzenden Mädchen zuzusehen
Він навчився спостерігати за танцюючими дівчатами
Er lernte, sich in einer Sänfte herumtragen zu lassen
Він навчився носити себе в кріслі седана
Er lernte, auf einem weichen Bett zu schlafen
Він навчився спати на м'якому ліжку
Trotzdem fühlte er sich anders als andere
Але все ж він відчував себе не таким, як інші
Er fühlte sich den anderen immer noch überlegen
Він все ще відчував свою перевагу над іншими
Er beobachtete sie immer mit einem gewissen Spott
Він завжди спостерігав за ними з якоюсь насмішкою
Es gab immer eine spöttische Verachtung dafür, wie er über sie dachte
Завжди була якась глузлива зневага до того, що він відчував до них
die gleiche Verachtung, die ein Samana für die Menschen der Welt empfindet
таку ж зневагу Самана відчуває до людей світу

Kamaswami war kränklich und fühlte sich verärgert
Камасвамі був хворий і відчував роздратування
er fühlte sich von Siddhartha beleidigt
він відчував себе ображеним Сіддхартхою
und er ärgerte sich über seine Sorgen als Kaufmann
і його дратували його турботи як купця
Siddhartha hatte diese Dinge immer mit Spott beobachtet
Сіддхартха завжди дивився на ці речі з насмішкою
aber sein Spott war müder geworden
Але його глузування ще більше втомилися
Seine Überlegenheit war ruhiger geworden
Його перевага стала спокійнішою
so langsam unmerklich wie die Regenzeit, die vorüberzieht

так само повільно непомітно, як сезон дощів, що проходить повз
Langsam hatte Siddhartha etwas von den kindlichen Sitten der Menschen angenommen
повільно Сіддхартха взяв на себе щось із дитячих шляхів людей
Er hatte etwas von ihrer Kindlichkeit gewonnen
Він здобув частину їхньої дитячості
und er hatte etwas von ihrer Furchtsamkeit gewonnen
і він набув деякої їхньої лякливості
Und doch, je mehr er ihnen ähnlich wurde, desto mehr beneidete er sie
І все ж, чим більше він ставав схожим на них, тим більше він їм заздрив
Er beneidete sie um das Einzige, was ihm fehlte
Він заздрив їм за одне, чого йому не вистачало
die Bedeutung, die sie ihrem Leben beimessen konnten
Значення, яке вони змогли надати своєму життю
das Ausmaß an Leidenschaft in ihren Freuden und Ängsten
кількість пристрасті в своїх радощах і страхах,
das ängstliche, aber süße Glück, ständig verliebt zu sein
Страшне, але солодке щастя бути постійно закоханим
Diese Menschen waren die ganze Zeit in sich selbst verliebt
Ці люди весь час були закохані в себе
Frauen liebten ihre Kinder, mit Ehren oder Geld
Жінки любили своїх дітей, з почестями або грошима
Die Männer liebten sich mit Plänen oder Hoffnungen
Чоловіки любили себе планами або надіями
Aber das hat er nicht von ihnen gelernt
Але він не навчився цього у них
Er lernte die Freude der Kinder nicht kennen
Він не пізнав радості дітей
und er lernte ihre Torheit nicht kennen
і він не пізнав їхньої глупоти
Was er vor allem lernte, waren ihre unangenehmen Dinge
Те, що він здебільшого дізнався, було їхніми неприємними речами

und er verachtete diese Dinge
і він зневажав це
am Morgen, nachdem wir Gesellschaft gehabt haben
вранці, після компанії
Mehr und mehr blieb er lange im Bett
Все більше і більше він надовго залишався в ліжку
Er fühlte sich unfähig zu denken und war müde
Він відчував, що не може думати і втомився
er wurde wütend und ungeduldig, als Kamaswami ihn mit seinen Sorgen langweilte
він став злим і нетерплячим, коли Камасвамі набрид йому своїми турботами
Er lachte einfach zu laut, als er ein Würfelspiel verlor
Він занадто голосно сміявся, коли програв гру в кості
Sein Gesicht war immer noch klüger und spiritueller als bei anderen
Його обличчя все ще було розумнішим і духовнішим за інших
aber sein Gesicht lachte nur noch selten
Але його обличчя вже рідко сміялося
Langsam nahm sein Gesicht andere Züge an
Поступово його обличчя набуло інших рис
die Merkmale, die oft in den Gesichtern reicher Leute zu finden sind
Риси, які часто зустрічаються в обличчях багатих людей
Züge der Unzufriedenheit, der Kränklichkeit, der schlechten Laune
риси невдоволення, хворобливості, негумору
Merkmale von Trägheit und eines Mangels an Liebe
риси лінивця і відсутність любові
die Krankheit der Seele, die reiche Leute haben
хвороба душі, яка є у багатих людей
Langsam ergriff ihn diese Krankheit
Поступово ця хвороба охопила його
wie ein dünner Nebel kam Müdigkeit über Siddhartha
як тонкий туман, втома охопила Сіддхартху
Langsam wurde dieser Nebel von Tag zu Tag etwas dichter

Повільно цей туман ставав трохи щільнішим з кожним днем
Es wurde jeden Monat ein bisschen düsterer
З кожним місяцем ставало трохи похмуріше
und jedes Jahr wurde es ein bisschen schwerer
І з кожним роком вона ставала трохи важче
Kleider werden mit der Zeit alt
Сукні з часом старіють
Kleidung verliert mit der Zeit ihre schöne Farbe
Одяг з часом втрачає свій гарний колір
Sie bekommen Flecken, Falten, die an den Nähten abgenutzt sind
на них з'являються плями, зморшки, стираються по швах
Sie fangen an, hier und da fadenscheinige Stellen zu zeigen
Вони починають показувати оголені плями то тут, то там
so war Siddharthas neues Leben
так склалося нове життя Сіддхартхи
das Leben, das er nach seiner Trennung von Govinda begonnen hatte
життя, яке він почав після розлуки з Говіндою
Sein Leben war alt geworden und hatte an Farbe verloren
Його життя постаріло і втратило колір
Im Laufe der Jahre verlor es an Pracht
З роками в ньому було менше пишноти
Sein Leben war voller Falten und Flecken
Його життя збирало зморшки і плями
und im Grunde versteckt warteten Enttäuschung und Ekel
і сховалися внизу, чекали розчарування і відраза
sie zeigten ihre Hässlichkeit
Вони показували свою потворність
Siddhartha bemerkte diese Dinge nicht
Сіддхартха не помічав цих речей
Er erinnerte sich an die helle und zuverlässige Stimme in ihm
Він запам'ятав світлий і надійний голос всередині себе
Er bemerkte, dass die Stimme verstummt war
Він помітив, що голос замовк

die Stimme, die damals in ihm erwacht war
голос, який прокинувся в ньому в той час
die Stimme, die ihn in seinen besten Zeiten geleitet hatte
голос, який керував ним у найкращі часи
Er war von der Welt gefangen genommen worden
Він був захоплений світом
Er war gefangen genommen worden von Lust, Habsucht, Trägheit
Його захопили хтивість, жадібність, лінивство
und schließlich war er von seinem verachtetesten Laster gefangen genommen worden
і, нарешті, він потрапив у полон до свого найбільш зневаженого пороку
das Laster, das er am meisten verspottete
порок, над яким він знущався найбільше
das dümmste aller Laster
найбезглуздіший з усіх вад
Er hatte die Gier in sein Herz gelassen
Він впустив жадібність у своє серце
Auch Besitz, Besitz und Reichtum hatten ihn schließlich gefangen genommen
Майно, майно та багатство також остаточно захопили його
Dinge zu haben war für ihn kein Spiel mehr
Мати речі для нього більше не було грою
Seine Besitztümer waren zu einer Fessel und Last geworden
Його майно стало кайданами і тягарем
Es war auf eine seltsame und hinterhältige Weise geschehen
Це сталося дивним і підступним чином
Siddhartha hatte dieses Laster aus dem Würfelspiel bekommen
Сіддхартха отримав цей порок від гри в кості
er hatte in seinem Herzen aufgehört, ein Samana zu sein
він перестав бути саманою у своєму серці
Und dann fing er an, das Spiel um Geld zu spielen
А потім став грати в гру на гроші
Zuerst kam er mit einem Lächeln ins Spiel
Спочатку він вступив в гру з посмішкою

Zu dieser Zeit spielte er nur noch gelegentlich
У цей час він грав лише випадково
Er wollte sich den Sitten des kindlichen Volkes anschließen
Він хотів долучитися до звичаїв дитячого народу
Aber jetzt spielte er mit zunehmender Wut und Leidenschaft
Але тепер він грав зі зростаючою люттю і пристрастю
Er war ein gefürchteter Spieler unter den anderen Kaufleuten
Він був страшним азартним гравцем серед інших купців
Seine Einsätze waren so kühn, dass nur wenige es wagten, es mit ihm aufzunehmen
Його ставки були настільки зухвалими, що мало хто наважувався взяти його на себе
Er spielte das Spiel aufgrund von Herzschmerzen
Він грав у гру через біль у серці
Sein elendes Geld zu verlieren und zu verschwenden, brachte ihm eine zornige Freude
Втрата і марнування своїх жалюгідних грошей принесли йому сердиту радість
Er konnte seine Verachtung für Reichtum auf keine andere Weise demonstrieren
Свою зневагу до багатства він не міг продемонструвати ніяким іншим способом
Er konnte den falschen Gott der Kaufleute nicht besser verspotten
Він не міг краще знущатися над фальшивим богом купців
Also spielte er mit hohen Einsätzen
Тому він грав з високими ставками
Er hasste sich erbarmungslos und verspottete sich selbst
Він нещадно ненавидів себе і знущався над собою
Er gewann Tausende, warf Tausende weg
Він виграв тисячі, викинув тисячі
Er verlor Geld, Schmuck, ein Haus auf dem Land
Він втратив гроші, коштовності, будинок на дачі
Er gewann es wieder, und dann verlor er wieder
Він знову виграв її, а потім знову програв
Er liebte die Angst, die er beim Würfeln empfand

Йому подобався страх, який він відчував, кидаючи кістки
Er liebte es, sich Sorgen zu machen, das zu verlieren, was er verspielt hatte
Він любив хвилюватися, що втратить те, що грав в азартні ігри
Er wollte diese Angst immer auf ein etwas höheres Niveau bringen
Він завжди хотів підняти цей страх на трохи вищий рівень
Er fühlte nur so etwas wie Glück, wenn er diese Angst fühlte
Він відчув щось схоже на щастя лише тоді, коли відчув цей страх
Es war so etwas wie ein Rausch
Це було щось на зразок сп'яніння
so etwas wie eine erhabene Lebensform
щось на зразок піднесеної форми життя
etwas Helleres inmitten seines langweiligen Lebens
щось яскравіше посеред його похмурого життя
Und nach jedem großen Verlust war sein Geist auf neue Reichtümer gerichtet
І після кожної великої втрати його розум налаштовувався на нові багатства
Er trieb den Handel eifriger
Він займався торгівлею більш завзято
Er zwang seine Schuldner strenger zur Zahlung
Він змушував своїх боржників суворіше платити
weil er weiter spielen wollte
тому що він хотів продовжувати грати в азартні ігри
Er wollte weiter verschwenden
Він хотів продовжувати розбазарювати
Er wollte weiterhin seine Verachtung für Reichtum demonstrieren
Він хотів продовжувати демонструвати свою зневагу до багатства
Siddhartha verlor seine Ruhe, wenn Verluste eintraten
Сіддхартха втратив спокій, коли сталися втрати
Er verlor die Geduld, als er nicht pünktlich bezahlt wurde

Він втратив терпіння, коли йому не платили вчасно
Er verlor seine Freundlichkeit gegenüber Bettlern
Він втратив доброту до жебраків
Er verspielte Zehntausende Rupeen mit einem Würfelwurf
Він грав в азартні ігри десятки тисяч за один кидок кубиків
Er wurde strenger und kleinlicher in seinen Geschäften
Він став суворіше і дріб'язковіше в своїй справі
Gelegentlich träumte er nachts von Geld!
Зрідка йому снилися ночами про гроші!
Wann immer er von diesem hässlichen Zauber erwachte, floh er weiter
Всякий раз, коли він прокидався від цього потворного заклинання, він продовжував тікати
Wann immer er feststellte, dass sein Gesicht im Spiegel gealtert war, fand er ein neues Spiel
Всякий раз, коли він знаходив своє обличчя в дзеркалі, щоб постаріти, він знаходив нову гру
Wann immer Verlegenheit und Ekel ihn überkamen, betäubte er seinen Verstand
Щоразу, коли його охоплювали збентеження й відраза, він заціпенів від розуму
Er betäubte seinen Geist mit Sex und Wein
Він заціпенів свій розум сексом і вином
und von dort floh er zurück in den Drang, Besitztümer anzuhäufen und zu erwerben
і звідти він втік назад у бажанні накопичити і здобути майно
In diesem sinnlosen Kreislauf lief er
У цьому безглуздому циклі він біг
Im Laufe seines Lebens wurde er müde, alt und krank
З життя він втомився, постарів і захворів

Dann kam die Zeit, in der ein Traum ihn warnte
Потім прийшов час, коли сон попередив його
Er hatte die Stunden des Abends mit Kamala verbracht
Вечірні години він провів з Камалою
Er war in ihrem schönen Lustgarten gewesen

Він був у її прекрасному розважальному саду
Sie hatten unter den Bäumen gesessen und sich unterhalten
Вони сиділи під деревами і розмовляли
und Kamala hatte nachdenkliche Worte gesagt
і Камала сказала задумливі слова
Worte, hinter denen sich Traurigkeit und Müdigkeit verbargen
слова, за якими ховалися смуток і втома
Sie hatte ihn gebeten, ihr von Gotama zu erzählen
Вона попросила його розповісти їй про Готаму
Sie konnte nicht genug von ihm hören
Вона не могла чути про нього достатньо
Sie liebte es, wie klar seine Augen waren
Їй подобалося, наскільки ясними були його очі
Sie liebte es, wie still und schön sein Mund war
Їй подобалося, якими тихими і красивими були його уста
Sie liebte die Güte seines Lächelns
Вона любила доброту його посмішки
Sie liebte es, wie friedlich sein Gang gewesen war
Їй подобалося, якою мирною була його хода
Lange Zeit musste er ihr von dem erhabenen Buddha erzählen
Довгий час йому доводилося розповідати їй про піднесеного Будду
und Kamala hatte geseufzt und gesprochen
і Камала зітхнула і заговорила
"Eines Tages, vielleicht bald, werde ich auch diesem Buddha folgen"
"Одного разу, можливо, незабаром, я також піду за цим Буддою"
"Ich schenke ihm meinen Lustgarten"
«Я подарую йому на подарунок свій сад-задоволення»
"und ich werde meine Zuflucht nehmen zu seinen Lehren"
"і Я знайду Свій притулок у Його вченнях"
Aber danach hatte sie ihn erregt
Але після цього вона збудила його
Sie hatte ihn im Akt des Liebesspiels an sich gefesselt

Вона прив'язала його до себе в акті занять любов'ю
mit schmerzlicher Inbrunst, beißend und in Tränen aufgelöst
з хворобливим запалом, кусаючи і в сльозах
Es war, als wolle sie den letzten süßen Tropfen aus diesem Wein herauspressen
Вона ніби хотіла вичавити з цієї суєти останню солодку краплю
Nie zuvor war es Siddhartha so seltsam klar geworden
Ніколи раніше це не ставало так дивно зрозуміло для Сіддхартхи
Er fühlte, wie nahe die Lust dem Tod war
Він відчував, наскільки близька пожадливість схожа на смерть
Er lag an ihrer Seite, und Kamalas Gesicht war ihm nahe
він ліг біля неї, і обличчя Камали було близько до нього
unter den Augen und neben den Mundwinkeln
під очима і поруч з куточками рота
Es war so klar wie nie zuvor
Це було ясно, як ніколи раніше
Dort stand eine furchtbare Inschrift
Там прочитали страшний напис
eine Beschriftung aus kleinen Linien und leichten Rillen
напис з дрібних ліній і невеликих борозенок
eine Inschrift, die an Herbst und Alter erinnert
напис, що нагадує про осінь і старість,
hier und da graue Haare zwischen seinen schwarzen
то тут, то там сиве волосся серед його чорних
Siddhartha selbst, der erst in den Vierzigern war, bemerkte dasselbe
Те ж саме помітив і сам Сіддхартха, якому було всього за сорок
Müdigkeit stand Kamala ins Gesicht geschrieben
На прекрасному обличчі Камали була написана втома
Müdigkeit vom Gehen eines langen Weges
втома від ходьби довгим шляхом,
Ein Weg, der kein glückliches Ziel hat

шлях, який не має щасливого пункту призначення
Müdigkeit und beginnendes Verwelken
втома і початок в'янення,
Angst vor Alter, Herbst und Sterben
страх старості, осені і необхідності померти
Mit einem Seufzer hatte er sich von ihr verabschiedet
Зітхнувши, він попрощався з нею
die Seele voller Widerwillen und voll verborgener Besorgnis
душа, повна небажання і сповнена прихованої тривоги

Siddhartha hatte die Nacht in seinem Haus mit tanzenden Mädchen verbracht
Сіддхартха провів ніч у своєму будинку з танцюючими дівчатами
Er tat so, als sei er ihnen überlegen
Він поводився так, ніби перевершував їх
Er verhielt sich überlegen gegenüber den Mitbrüdern seiner Kaste
Він діяв вище по відношенню до товаришів по своїй касті
Aber das stimmte nicht mehr
Але це вже було неправдою
Er hatte in dieser Nacht viel Wein getrunken
Тієї ночі він випив багато вина
und er ging lange nach Mitternacht zu Bett
І він довго лягав спати після півночі
müde und doch aufgeregt, dem Weinen und der Verzweiflung nahe
втомлений і водночас схвильований, близький до плачу і відчаю
Lange Zeit versuchte er zu schlafen, aber es war vergeblich
Довгий час він прагнув заснути, але марно
sein Herz war voller Elend
Його серце було сповнене страждань
Er dachte, er könne es nicht länger ertragen
Він думав, що не зможе більше терпіти
Er war von einem Ekel erfüllt, den er in seinem ganzen Körper spüren fühlte

Він був сповнений відрази, яка, як він відчував, проникала в усе його тіло
wie der lauwarme, abstoßende Geschmack des Weins
як теплий відразливий смак вина
Die dumpfe Musik war ein wenig zu fröhlich
Нудна музика була занадто щасливою
Das Lächeln der tanzenden Mädchen war ein wenig zu weich
Посмішка танцюючих дівчат була трохи занадто м'якою
Der Duft ihrer Haare und Brüste war ein wenig zu süß
Аромат їх волосся і грудей був трохи занадто солодким
Aber mehr als alles andere ekelte er sich vor sich selbst
Але більше, ніж будь-що інше, він відчував огиду до себе
Er war angewidert von seinem parfümierten Haar
Йому було огидно від його парфумованого волосся
Er war angewidert von dem Geruch von Wein aus seinem Mund
Йому було огидно від запаху вина з рота
Er war angewidert von der Antriebslosigkeit seiner Haut
Йому було огидно від млявості його шкіри
Zum Beispiel, wenn jemand, der viel zu viel gegessen und getrunken hat,
Наприклад, коли хтось, хто з'їв і випив занадто багато
sie erbrechen es wieder mit quälendem Schmerz
Вони знову рвуть його з болісним болем
aber sie fühlen sich durch das Erbrechen erleichtert
Але вони відчувають полегшення від блювоти
Dieser schlaflose Mann wollte sich von diesen Vergnügungen befreien
Цей безсонний чоловік бажав звільнитися від цих задоволень
Er wollte diese Gewohnheiten loswerden
Він хотів позбутися цих звичок
Er wollte diesem sinnlosen Leben entfliehen
Він хотів уникнути всього цього безглуздого життя
und er wollte sich selbst entfliehen
І він хотів втекти від самого себе

Erst im Morgengrauen war er leicht eingeschlafen
Лише вранці він трохи заснув
Die ersten Aktivitäten auf der Straße begannen bereits
Перші заняття на вулиці вже починалися
Für ein paar Augenblicke hatte er einen Hauch von Schlaf gefunden
На кілька хвилин він знайшов натяк на сон
In diesen Momenten hatte er einen Traum
У ті моменти йому наснився сон
Kamala besaß einen kleinen, seltenen Singvogel in einem goldenen Käfig
Камала володіла маленькою, рідкісною співочою пташкою в золотій клітці
es sang ihm immer am Morgen vor
Це завжди співається йому вранці
Aber dann träumte er, dieser Vogel sei stumm geworden
Але потім йому наснилося, що цей птах стала німою
Da dies seine Aufmerksamkeit erregte, trat er vor den Käfig
Оскільки це привернуло його увагу, він ступив перед кліткою
Er betrachtete den Vogel im Käfig
Він подивився на пташку всередині клітки
Der kleine Vogel war tot und lag steif auf dem Boden
Маленька пташка була мертва, і лежала твердою на землі
Er holte den toten Vogel aus seinem Käfig
Він дістав мертву птицю з клітки
Er nahm sich einen Moment Zeit, um den toten Vogel in seiner Hand zu wiegen
Він знайшов хвилинку, щоб зважити мертву птицю в руці
und warf es dann weg, auf die Straße
а потім викинув, на вулицю
Im selben Augenblick erschrak er fürchterlich
У ту ж мить він відчув страшенний шок
Sein Herz schmerzte, als hätte er allen Wert weggeworfen
Його серце боліло, ніби він викинув усю цінність
Alles Gute war in diesem toten Vogel gewesen
Все хороше було всередині цього мертвого птаха

Ausgehend von diesem Traum fühlte er sich von einer tiefen Traurigkeit umhüllt
Починаючи з цього сну, він відчував глибокий смуток
alles schien ihm wertlos
Йому все здавалося нікчемним
Wertlos und sinnlos war die Art und Weise, wie er durchs Leben gegangen war
нікчемним і безглуздим був шлях, яким він йшов по життю
Nichts, was noch lebte, blieb in seinen Händen
Нічого, що було живим, не залишилося в його руках
Nichts, was irgendwie köstlich war, konnte aufbewahrt werden
Нічого, що було якимось смачним, не можна було зберегти
Nichts, was es wert ist, aufbewahrt zu werden, würde bleiben
Нічого, що варто зберегти, не залишиться
Allein stand er da, leer wie ein Schiffbrüchiger am Ufer
Один він стояв там, порожній, як потерпілий на березі

Mit düsterem Gemüt begab sich Siddhartha in seinen Lustgarten
З похмурим розумом Сіддхартха відправився в свій сад задоволень
Er schloß das Tor ab und setzte sich unter einen Mangobaum
Він замкнув ворота і сів під мангове дерево
Er fühlte den Tod in seinem Herzen und das Grauen in seiner Brust
Він відчував смерть у серці і жах у грудях
Er spürte, wie alles in ihm starb und verdorrte
Він відчув, як у ньому все вмирало і в'яло
Nach und nach sammelte er seine Gedanken in seinem Kopf
Час від часу він збирав свої думки в голові
Wieder einmal ging er den gesamten Weg seines Lebens
В черговий раз він пройшов весь шлях свого життя

Er begann mit den ersten Tagen, an die er sich erinnern konnte
Він почав з перших днів, які пам'ятав
Wann gab es jemals eine Zeit, in der er eine wahre Glückseligkeit empfunden hatte?
Коли був час, коли він відчував справжнє блаженство?
Oh ja, so etwas hatte er schon mehrmals erlebt
Ах так, кілька разів він переживав таке
In seinen Jahren als Knabe hatte er einen Geschmack der Glückseligkeit gehabt
У дитинстві він відчув смак блаженства
er hatte Glück in seinem Herzen empfunden, als er von den Brahmanen gelobt wurde
він відчув щастя у своєму серці, коли отримав похвалу від брахманів
"Es gibt einen Weg vor dem, der sich ausgezeichnet hat"
«Перед тим, хто відзначився, є шлях»
Er hatte Glückseligkeit empfunden, als er die heiligen Verse rezitierte
Він відчував блаженство, читаючи святі вірші
Er hatte Glückseligkeit empfunden, als er mit den Gelehrten stritt
Він відчував блаженство, сперечаючись з ученими
Er hatte Glückseligkeit empfunden, als er ein Helfer bei den Opfergaben war
Він відчував блаженство, коли був помічником у підношеннях
Dann hatte er es in seinem Herzen gefühlt
Тоді він відчув це у своєму серці
"Vor dir liegt ein Weg"
«Перед тобою стежка»
"Ihr seid für diesen Weg bestimmt"
"Вам призначено цей шлях"
"Die Götter warten auf dich"
«Боги чекають на тебе»
Und wieder hatte er als junger Mann Glückseligkeit empfunden

І знову, будучи юнаком, він відчув блаженство
als seine Gedanken ihn von denen trennten, die über dieselben Dinge nachdachten
коли його думки відділяли його від тих, хто думає про те саме
als er im Schmerz für Brahman rang
коли він боровся з болем з метою Брахмана
als jedes erlangte Wissen nur neuen Durst in ihm entfachte
коли кожне отримане знання тільки розпалювало в ньому нову спрагу
Inmitten des Schmerzes fühlte er genau das Gleiche
Серед болю він відчував те саме
"**Los! Ihr seid aufgerufen!**"
"Продовжуй! Вас покликано!"
Er hatte diese Stimme gehört, als er sein Haus verlassen hatte
Він почув цей голос, коли вийшов з дому
Er hörte diese Stimme, als er das Leben eines Samana gewählt hatte
він почув цей голос, коли вибрав життя Самани
und wieder hörte er diese Stimme, als er die Samanas verließ
і знову почув цей голос, коли залишив Самани
Er hatte die Stimme gehört, als er zu dem Vervollkommneten ging
Він почув голос, коли пішов до досконалого
und als er sich von dem Vollendeten entfernt hatte, hatte er die Stimme gehört
і коли він відійшов від досконалого, він почув голос
Er hatte die Stimme gehört, als er in die Ungewissheit ging.
Він почув цей голос, коли пішов у непевність
Wie lange hatte er diese Stimme nicht mehr gehört?
Як довго він більше не чув цього голосу?
Wie lange hatte er keine Höhe mehr erreicht?
Як довго він більше не досягав висоти?
Wie gleichmäßig und langweilig war die Art und Weise, wie er durchs Leben ging?

Наскільки рівним і нудним був спосіб, у який він ішов по життю?
für viele lange Jahre ohne ein hohes Ziel
довгі роки без високої мети
Er war ohne Durst und ohne Erhebung gewesen
Він не відчував ні спраги, ні піднесення
Er hatte sich mit kleinen lüsternen Vergnügungen begnügt
Він задовольнявся маленькими хтивими задоволеннями
Und doch war er nie zufrieden!
І все ж він ніколи не був задоволений!
All die Jahre hatte er sich bemüht, so zu werden wie die anderen
Всі ці роки він з усіх сил намагався стати таким, як інші
Er sehnte sich danach, einer der kindlichen Menschen zu sein
Він прагнув бути одним з дітей, схожих на людей
Aber er wusste nicht, dass es das war, was er wirklich wollte
Але він не знав, що це те, чого він насправді хоче
Sein Leben war viel elender und ärmer gewesen als das ihrige
Його життя було набагато жалюгіднішим і біднішим, ніж їхнє
denn ihre Ziele und Sorgen waren nicht seine
тому що їхні цілі і турботи були не його
die ganze Welt des Kamaswami-Volkes war für ihn nur ein Spiel gewesen
весь світ народу Камасвамі був для нього лише грою
Ihr Leben war ein Tanz, dem er zusehen würde
Їхнє життя було танцем, за яким він спостерігав
Sie führten eine Komödie auf, mit der er sich amüsieren konnte
Вони поставили комедію, якою він міг себе розважити
Nur Kamala war ihm lieb und wertvoll gewesen
Тільки Камала була йому дорога і цінна
Aber war sie ihm noch wertvoll?
Але чи була вона все ще цінною для нього?
Brauchte er sie noch?

Вона йому ще була потрібна?
Oder brauchte sie ihn noch?
Або він їй все ще був потрібен?
Haben sie nicht ein Spiel ohne Ende gespielt?
Хіба вони не грали в гру без кінцівки?
War es notwendig, dafür zu leben?
Чи потрібно було для цього жити?
Nein, das war nicht nötig!
Ні, не було необхідності!
Der Name dieses Spiels war Sansara
Назва цієї гри було Sansara
Ein Spiel für Kinder, das vielleicht einmal Spaß gemacht hat
Гра для дітей, в яку, мабуть, колись було приємно грати
Vielleicht könnte es zweimal gespielt werden
Можливо, його можна було б зіграти двічі
Vielleicht könntest du es zehnmal spielen
Можливо, ви могли б зіграти в неї десять разів
Aber sollte man es für immer und ewig spielen?
Але чи варто грати в неї на віки вічні?
Da wusste Siddhartha, dass das Spiel vorbei war
Тоді Сіддхартха знав, що гра закінчена
Er wusste, dass er es nicht mehr spielen konnte
Він знав, що більше не зможе грати в неї
Schauer liefen über seinen Körper und in ihn hinein
Тремтіння пробігло по його тілу і всередині
Er fühlte, dass etwas gestorben war
Він відчував, що щось померло

Den ganzen Tag saß er unter dem Mangobaum
Весь той день він сидів під манговим деревом
Er dachte an seinen Vater
Він думав про свого батька
er dachte an Govinda
він думав про Говінду
und er dachte an Gotama
і він думав про Готаму
Musste er sie verlassen, um ein Kamaswami zu werden?

Чи повинен був він залишити їх, щоб стати Камасвамі?
Er saß immer noch da, als die Nacht hereingebrochen war
Він все ще сидів там, коли настала ніч
Er erblickte die Sterne und dachte bei sich
Він побачив зірки і подумав про себе
"Hier sitze ich unter meinem Mangobaum in meinem Lustgarten"
«Ось я сиджу під своїм манговим деревом у своєму розважальному саду»
Er lächelte ein wenig in sich hinein
Він трохи посміхнувся сам собі
War es wirklich notwendig, einen Garten zu besitzen?
Чи дійсно потрібно було володіти садом?
War es nicht ein törichtes Spiel?
Хіба це не була дурна гра?
Musste er einen Mangobaum besitzen?
Чи потрібно було йому володіти манговим деревом?
Dem setzte er auch ein Ende
Він також поклав цьому край
auch das starb in ihm
Це теж померло в ньому
Er erhob sich und verabschiedete sich von dem Mangobaum
Він підвівся і попрощався з манговим деревом
Er verabschiedete sich vom Lustgarten
Він попрощався з садом задоволень
Da er an diesem Tag nichts zu essen hatte, verspürte er starken Hunger
Оскільки в цей день він був без їжі, то відчував сильний голод
und er dachte an sein Haus in der Stadt
і він думав про свій будинок у місті
Er dachte an seine Kammer und sein Bett
Він думав про свою палату і ліжко
Er dachte an den Tisch mit den Mahlzeiten darauf
Він думав про стіл з їжею на ньому
Er lächelte müde, schüttelte sich und verabschiedete sich von diesen Dingen

Він втомлено посміхнувся, похитався і попрощався з цими речами
In derselben Stunde der Nacht verließ Siddhartha seinen Garten
У ту ж годину ночі Сіддхартха покинув свій сад
Er verließ die Stadt und kehrte nie wieder zurück
Він покинув місто і більше не повернувся

Lange Zeit ließ Kamaswami die Leute nach ihm suchen
Довгий час Камасвамі змушував людей шукати його
Sie dachten, er sei in die Hände von Räubern gefallen
Вони думали, що він потрапив до рук розбійників
Kamala ließ niemanden nach ihm suchen
Камала нікого не шукала
Sie war nicht erstaunt über sein Verschwinden
Вона не була здивована його зникненням
Hat sie nicht immer damit gerechnet?
Чи не завжди вона цього очікувала?
War er nicht ein Samana?
Хіба він не був саманою?
ein Mann, der nirgends zu Hause war, ein Pilger
Людина, яка ніде не була вдома, паломник
Das hatte sie gespürt, als sie das letzte Mal zusammen gewesen waren
Вона відчувала це востаннє, коли вони були разом
Sie war glücklich trotz aller Schmerzen über den Verlust
Вона була щаслива, незважаючи на весь біль втрати
Sie war froh, dass sie ein letztes Mal bei ihm gewesen war
Вона була щаслива, що була з ним востаннє
Sie war glücklich, dass sie ihn so zärtlich an ihr Herz gezogen hatte
Вона була щаслива, що так ласкаво притягнула його до свого серця
Sie war froh, dass sie sich völlig besessen und von ihm durchdrungen gefühlt hatte
Вона була щаслива, що відчувала себе повністю одержимою і проникненою ним

Als sie die Nachricht erhielt, ging sie zum Fenster
Отримавши звістку, вона підійшла до вікна
Am Fenster hielt sie einen seltenen Singvogel
біля вікна вона тримала рідкісного співаючого птаха
Der Vogel wurde in einem goldenen Käfig gefangen gehalten
Птах перебувала в полоні в золотій клітці
Sie öffnete die Tür des Käfigs
Вона відкрила двері клітки
Sie nahm den Vogel heraus und ließ ihn fliegen
Вона вийняла пташку і пустила її в політ
Lange Zeit blickte sie ihm nach
Довгий час вона дивилася за ним
Von diesem Tag an empfing sie keinen Besuch mehr
З цього дня вона більше не приймала відвідувачів
und sie hielt ihr Haus verschlossen
і вона тримала свій будинок зачиненим
Doch nach einiger Zeit wurde ihr bewusst, dass sie schwanger war
Але через деякий час їй стало відомо, що вона вагітна
sie war schwanger, seit sie das letzte Mal mit Siddhartha zusammen war
вона була вагітна з останнього разу, коли була з Сіддхартхою

Am Fluss
Біля річки

Siddhartha ging durch den Wald
Сіддхартха йшов лісом
Er war schon weit weg von der Stadt
Він був уже далеко від міста
und er wußte nichts als eins
І він не знав нічого, крім одного
Für ihn gab es kein Zurück
Шляху назад для нього не було
Das Leben, das er viele Jahre gelebt hatte, war vorbei
Життя, яку він прожив багато років, закінчилася
Er hatte sein ganzes Leben gekostet
Він скуштував усе це життя
Er hatte alles aus diesem Leben gesaugt
Він висмоктував все з цього життя
bis er sich davor ekelte
поки йому не було огидно до цього
Der Singvogel, von dem er geträumt hatte, war tot
Співоча пташка, про яку він мріяв, була мертва
und der Vogel in seinem Herzen war auch tot
І птах у серці його теж була мертва
er war tief in Sansara verstrickt gewesen
він був глибоко заплутаний у Сансарі
Er hatte Ekel und Tod in seinen Körper gesaugt
Він всмоктав огиду і смерть у своє тіло
wie ein Schwamm Wasser aufsaugt, bis es voll ist
як губка всмоктує воду, поки вона не наповниться,
Er war voller Elend und Tod
Він був сповнений страждань і смерті
Es gab nichts mehr auf dieser Welt, was ihn hätte anziehen können
У цьому світі не залишилося нічого, що могло б його привабити
Nichts hätte ihm Freude oder Trost geben können
Ніщо не могло дати йому радості чи втіхи

Er wünschte sich leidenschaftlich, nichts mehr über sich selbst zu wissen
Він пристрасно хотів більше нічого не знати про себе
Er wollte sich ausruhen und tot sein
Він хотів відпочити і бути мертвим
Er wünschte, es gäbe einen Blitz, der ihn totschlagen würde!
Він хотів, щоб була блискавка, щоб вдарити його мертвим!
Wenn es nur einen Tiger gäbe, der ihn verschlingt!
Якби тільки був тигр, щоб його зжерти!
Wenn es nur einen giftigen Wein gäbe, der seine Sinne betäuben würde
Якби тільки було отруйне вино, яке оніміло б його почуття
ein Wein, der ihm Vergesslichkeit und Schlaf brachte
вино, яке принесло йому забудькуватість і сон
ein Wein, von dem er nicht erwachen würde
вино, від якого він не прокинувся
Gab es noch irgendeinen Schmutz, mit dem er sich nicht beschmutzt hatte?
Чи була ще якась гидота, якою він себе не забруднив?
Gab es eine Sünde oder eine törichte Handlung, die er nicht begangen hatte?
Чи був гріх або нерозумний вчинок, якого він не вчинив?
Gab es eine Tristesse der Seele, die er nicht kannte?
Чи була тужливість душі, якої він не знав?
Gab es etwas, das er sich nicht selbst zugefügt hatte?
Чи було щось, чого він не накликав на себе?
War es überhaupt noch möglich, am Leben zu sein?
Чи можна було взагалі бути живим?
War es möglich, immer wieder einzuatmen?
Чи можна було вдихати знову і знову?
Konnte er noch ausatmen?
Чи міг він ще видихнути?
War er in der Lage, den Hunger zu ertragen?
Чи був він здатний переносити голод?
Gab es eine Möglichkeit, wieder etwas zu essen?
Чи був спосіб знову поїсти?
War es möglich, wieder zu schlafen?

Чи можна було знову заснути?
Könnte er wieder mit einer Frau schlafen?
Чи міг він знову спати з жінкою?
Hatte sich dieser Kreislauf nicht erschöpft?
Хіба цей цикл не вичерпав себе?
Wurden die Dinge nicht zu Ende gebracht?
Хіба справи не були доведені до завершення?

Siddhartha erreichte den großen Fluss im Walde
Сіддхартха досяг великої річки в лісі
Es war derselbe Fluss, den er überquert hatte, als er noch ein junger Mann war
Це була та сама річка, яку він перейшов, коли був ще юнаком
es war derselbe Fluss, den er von der Stadt Gotama aus überquerte
це була та сама річка, яку він переправив з міста Готама
Er erinnerte sich an einen Fährmann, der ihn über den Fluss gebracht hatte
Він згадав поромника, який перевіз його через річку
An diesem Fluß hielt er an und stand zögernd am Ufer
Біля цієї річки він зупинився і нерішуче став на березі
Müdigkeit und Hunger hatten ihn geschwächt
Втома і голод послабили його
"Wozu soll ich laufen?"
"За чим мені ходити?"
"Bis zu welchem Ziel war es noch zu gehen?"
"До якої мети залишалося йти?"
Nein, es gab keine Tore mehr
Ні, цілей більше не було
Es blieb nichts übrig als die schmerzliche Sehnsucht, diesen Traum abzuschütteln
Не залишалося нічого, крім болісного бажання струсити цю мрію
Er sehnte sich danach, diesen abgestandenen Wein auszuspucken
Він жадав виплюнути це черстве вино

Er wollte diesem elenden und schändlichen Leben ein Ende setzen
Він хотів покласти край цій жалюгідному і ганебному життю
ein Kokosnussbaum, der sich über das Ufer des Flusses beugt
кокосова пальма, схилена над берегом річки
Siddhartha lehnte sich mit der Schulter an den Stamm
Сіддхартха притулився плечем до тулуба
Er umklammerte den Stamm mit einem Arm
Він обійняв тулуб однією рукою
und er schaute hinab in das grüne Wasser
І він подивився вниз у зелену воду
Das Wasser lief unter ihm
вода бігла під ним
Er blickte nach unten und fand sich ganz erfüllt von dem Wunsch, loszulassen
Він подивився вниз і виявив, що повністю сповнений бажання відпустити
Er wollte in diesen Gewässern ertrinken
Він хотів потонути в цих водах
Das Wasser warf eine beängstigende Leere auf ihn zurück
Вода відбивала на нього лякаючу порожнечу
Das Wasser antwortete auf die schreckliche Leere in seiner Seele
вода відповіла на страшну порожнечу в його душі
Ja, er war am Ende angelangt
Так, він дійшов до кінця
Es blieb ihm nichts anderes übrig, als sich selbst zu vernichten
Йому нічого не залишалося, крім як знищити себе
Er wollte das Scheitern, in das er sein Leben hinein geformt hatte, zerschlagen
Він хотів розбити невдачу, в яку вплинув своє життя
Er wollte sein Leben vor die Füße spöttisch lachender Götter werfen
Він хотів кинути своє життя перед ногами глузливо

сміються богів
Das war das große Erbrechen, nach dem er sich gesehnt hatte; Tod
Це була велика блювота, якої він прагнув; смерть
das Zertrümmern der Form, die er hasste
розбиття на шматки форми, яку він ненавидів
Er soll Futter für Fische und Krokodile sein
Нехай він буде їжею для риб і крокодилів
Siddhartha, der Hund, ein Wahnsinniger
Собака Сіддхартха, божевільний
ein verdorbener und verfaulter Körper; eine geschwächte und mißhandelte Seele!
розпусне і гниле тіло; Ослаблена і скривджена душа!
Lasst ihn von den Dämonen in Stücke gehackt werden
Нехай його порубають на шматки демони
Mit verzerrtem Gesicht starrte er ins Wasser
Зі спотвореним обличчям він дивився у воду
Er sah das Spiegelbild seines Gesichts und spuckte es an
Він побачив відображення свого обличчя і плюнув на нього
In tiefer Müdigkeit nahm er seinen Arm vom Stamm des Baumes weg
У глибокій втомі він відвів руку від стовбура дерева
Er drehte sich ein wenig, um sich gerade hinunterfallen zu lassen
Він трохи повернувся, щоб дозволити собі впасти прямо вниз
um schließlich im Fluss zu ertrinken
для того, щоб остаточно потонути в річці
Mit geschlossenen Augen glitt er dem Tod entgegen
Із закритими очима він скотився назустріч смерті
Dann erhob sich aus entlegenen Gegenden seiner Seele ein Klang
Потім з віддалених куточків його душі сколихнувся звук
ein Klang, der aus vergangenen Zeiten seines nun müden Lebens hervorgewühlt wurde
Звук сколихнув минулі часи його тепер стомленого життя

Es war ein einzelnes Wort, eine einzige Silbe
Це було слово однини, один склад
Ohne nachzudenken sprach er die Stimme zu sich selbst
Не замислюючись, він промовив голос сам до себе;
er verwischte den Anfang und das Ende aller Gebete der Brahmanen
він невиразно оцінив початок і кінець всіх молитов брахманів
er sprach das heilige Om
він говорив святим Ом
"das, was perfekt ist" oder "die Vollendung"
"те, що є досконалим" або "завершення"
Und in dem Augenblick erkannte er die Torheit seines Handelns
І в даний момент він усвідомив безглуздість своїх дій
der Klang Oms berührte Siddharthas Ohr
звук Ом торкнувся вуха Сіддхартхи
Sein schlummernder Geist erwachte plötzlich
Його дрімаючий дух раптом прокинувся
Siddhartha war zutiefst erschüttert
Сіддхартха був глибоко шокований
Er sah, dass es ihm so ging
Він бачив, що так було з ним
Er war so dem Untergang geweiht, dass er in der Lage gewesen war, den Tod zu suchen
Він був настільки приречений, що зміг шукати смерті
Er hatte sich so sehr verirrt, dass er sich das Ende wünschte
Він так заблукав, що побажав кінця
Der Wunsch nach einem Kind hatte in ihm wachsen können
Бажання дитини змогло вирости в ньому
Er hatte sich gewünscht, Ruhe zu finden, indem er seinen Körper vernichtete!
Він хотів знайти спокій, знищивши своє тіло!
all die Qualen der letzten Zeit
Всі муки останнього часу
alles ernüchternde Erkenntnisse, die sein Leben hervorgebracht hatte

всі протверезні усвідомлення, які створило його життя
all die Verzweiflung, die er empfunden hatte
весь відчай, який він відчував
Diese Dinge haben diesen Moment nicht herbeigeführt
Ці речі не настали цього моменту
als das Om in sein Bewußtsein trat, wurde er sich seiner selbst bewußt
коли Ом увійшов у його свідомість, він усвідомив себе
Er erkannte sein Elend und seinen Irrtum
Він усвідомив своє нещастя і свою помилку
Om! Er sprach zu sich selbst
Ом! Він говорив сам до себе
Om! und wieder wußte er über Brahman Bescheid
Ом! і знову він знав про Брахмана
Om! Er wusste um die Unzerstörbarkeit des Lebens
Ом! Він знав про незнищенність життя
Om! Er wusste um alles Göttliche, was er vergessen hatte
Ом! Він знав про все божественне, про що забув
Aber das war nur ein Augenblick, der vor ihm aufblitzte
Але це була лише мить, яка промайнула перед ним
Am Fuße des Kokosnussbaumes brach Siddhartha zusammen
Біля підніжжя кокосової пальми впав Сіддхартха
Er wurde von Müdigkeit überwältigt
Його вразила втома
murmelte "Om" und legte seinen Kopf auf die Wurzel des Baumes
бурмочучи «Ом», він поклав голову на корінь дерева
und er fiel in einen tiefen Schlaf
і він занурився в глибокий сон
Tief war sein Schlaf und ohne Träume
Глибоким був його сон, і без снів
Einen solchen Schlaf hatte er schon lange nicht mehr gekannt
Давно він вже не знав такого сну

Als er nach vielen Stunden aufwachte, fühlte er sich, als wären zehn Jahre vergangen
Прокинувшись через багато годин, він відчув, ніби минуло десять років
Er hörte das Wasser leise fließen
Він почув, як тихо текла вода
Er wusste nicht, wo er war
Він не знав, де знаходиться
und er wußte nicht, wer ihn hierher gebracht hatte
і він не знав, хто привів його сюди
Er öffnete die Augen und schaute erstaunt
Він розплющив очі і здивовано подивився
Es gab Bäume und den Himmel über ihm
Над ним були дерева і небо
Er erinnerte sich, wo er war und wie er hierher gekommen war
Він згадав, де він був і як сюди потрапив
Aber es hat lange gedauert, bis er das geschafft hat
Але для цього йому знадобилося багато часу
Die Vergangenheit schien ihm, als wäre sie von einem Schleier umhüllt worden
Минуле здавалося йому таким, ніби його накрила завіса
unendlich fern, unendlich weit weg, unendlich bedeutungslos
нескінченно далекий, нескінченно далекий, нескінченно безглуздий
Er wusste nur, dass sein früheres Leben aufgegeben worden war
Він знав тільки, що його попереднє життя було покинуте
Dieses vergangene Leben erschien ihm wie eine sehr alte, frühere Inkarnation
Це минуле життя здавалася йому дуже старим, попереднім втіленням
Dieses vergangene Leben fühlte sich an wie eine Vorgeburt seines gegenwärtigen Selbst
Це минуле життя здавалося переднародженням його теперішнього «я»

Voller Ekel und Elend hatte er sich vorgenommen, sein Leben wegzuwerfen
Сповнений огиди й убогості, він мав намір викинути своє життя
Er war an einem Fluss, unter einem Kokosnussbaum, zur Besinnung gekommen
Він схаменувся біля річки, під кокосовою пальмою
das heilige Wort "Om" lag auf seinen Lippen
святе слово «Ом» було на його вустах
Er war eingeschlafen und nun aufgewacht
Він заснув і зараз прокинувся
Er betrachtete die Welt als einen neuen Menschen
Він дивився на світ як на нову людину
Leise sprach er das Wort "Om" zu sich selbst
Тихо він промовив собі слово «Ом»
das "Om", das er sprach, als er eingeschlafen war
"Ом" він говорив, коли заснув
sein Schlaf fühlte sich an wie nichts anderes als eine lange, meditative Rezitation von "Om"
його сон був схожий ні на що інше, як на довгу медитативну декламацію «Ом»
sein ganzer Schlaf war ein Gedanke an "Om" gewesen
весь його сон був думкою про "Ом"
ein Eintauchen und vollständiges Eintreten in "Om"
занурення і повне входження в "Ом"
ein Hineingehen in das Vervollkommnete und Vollendete
перехід до досконалого і завершеного
Was für ein wunderbarer Schlaf das gewesen war!
Який це був чудовий сон!
Nie zuvor war er durch den Schlaf so erfrischt worden
Ніколи раніше він не був так освіжений сном
Vielleicht war er wirklich gestorben
Можливо, він дійсно помер
Vielleicht war er ertrunken und in einem neuen Körper wiedergeboren worden?
Може, він потонув і переродився в новому тілі?
Aber nein, er kannte sich selbst und wer er war

Але ні, він знав себе і хто він
Er kannte seine Hände und seine Füße
Він знав свої руки і ноги
Er kannte den Ort, an dem er lag
Він знав місце, де лежав
Er kannte dieses Selbst in seiner Brust
Він знав це в грудях
Siddhartha, der Exzentriker, der Seltsame
Сіддхартха дивак, дивний
aber dieser Siddhartha wurde dennoch verwandelt
але ця Сіддхартха все-таки перетворилася
Er war merkwürdig ausgeruht und wach
Він дивно добре відпочив і прокинувся
und er war fröhlich und neugierig
І він був радісним і цікавим

Siddhartha richtete sich auf und sah sich um
Сіддхартха випростався і озирнувся
Dann sah er eine Person ihm gegenüber sitzen
Потім він побачив людину, що сиділа навпроти нього
Ein Mönch in einer gelben Robe mit kahlgeschorenem Kopf
чернець у жовтому вбранні з голеною головою
Er saß in der Position des Grübelns
Він сидів у позі роздумів
Er beobachtete den Mann, der weder Haare auf dem Kopf noch einen Bart trug
Він побачив чоловіка, у якого не було ні волосся на голові, ні бороди
Er hatte ihn noch nicht lange beobachtet, als er diesen Mönch erkannte
Він недовго спостерігав за ним, коли впізнав цього ченця
es war Govinda, der Freund seiner Jugend
це був Говінда, друг його юності
Govinda, der seine Zuflucht bei dem erhabenen Buddha gesucht hatte
Говінда, який знайшов притулок у піднесеного Будди
Wie Siddhartha war auch Govinda gealtert

Як і Сіддхартха, Говінда також постарів
aber sein Gesicht trug immer noch die gleichen Züge
Але його обличчя все одно мало ті ж риси
Sein Gesicht drückte immer noch Eifer und Treue aus
На його обличчі все ще виражалися завзяття і вірність
Man konnte sehen, dass er immer noch suchte, aber schüchtern
Ви могли бачити, що він все ще шукав, але боязко
Govinda spürte seinen Blick, öffnete die Augen und sah ihn an
Говінда відчув його погляд, розплющив очі і подивився на нього
Siddhartha sah, dass Govinda ihn nicht erkannte
Сіддхартха побачив, що Говінда не впізнав його
Govinda war froh, ihn wach zu finden
Говінда був радий, що знайшов його прокинутим
Anscheinend saß er schon lange hier
Мабуть, він сидів тут давно
Er hatte darauf gewartet, dass er aufwachte
Він чекав, коли він прокинеться
Er wartete, obwohl er ihn nicht kannte
Він чекав, хоча і не знав його
»Ich habe geschlafen,« sagte Siddhartha
"Я спав", - сказав Сіддхартха
"Wie bist du hierher gekommen?"
- Але ти потрапив сюди?
»Du hast geschlafen«, antwortete Govinda
— Ти спав, — відповіла Говінда
"Es ist nicht gut, an solchen Orten zu schlafen"
«Недобре спати в таких місцях»
"Schlangen und die Tiere des Waldes haben hier ihre Wege"
«Змії і лісові звірі мають тут свої стежки»
"Ich, oh Herr, bin ein Anhänger des erhabenen Gotama"
"Я, о, послідовник піднесеної Готами"
"Ich war auf einer Pilgerreise auf diesem Weg"
"Я був у паломництві на цьому шляху"
"Ich habe dich an einem Ort liegen und schlafen sehen, wo

es gefährlich ist zu schlafen"
«Я бачив, як ти лежиш і спиш в місці, де спати небезпечно»
"Deshalb habe ich versucht, dich aufzuwecken"
«Тому я прагнув розбудити тебе»
"Aber ich habe gesehen, dass dein Schlaf sehr tief war"
«Але я побачив, що твій сон був дуже глибоким»
"Also blieb ich von meiner Gruppe zurück"
"Тому я залишився позаду своєї групи"
"Und ich saß bei dir, bis du aufwachtest"
"І я сидів з тобою, поки ти не прокинувся"
"Und dann, so scheint es, bin ich selbst eingeschlafen"
«А потім, здається, я сам заснув»
"Ich, der ich deinen Schlaf behüten wollte, schlief ein"
«Я, хто хотів охороняти твій сон, заснув»
"Schlecht, ich habe dir gedient"
"Погано, я служив тобі"
"Die Müdigkeit hatte mich überwältigt"
"Втома переповнила мене"
"Aber da du wach bist, lass mich gehen, um meine Brüder einzuholen."
"Але оскільки ти не спиш, дозволь мені піти наздогнати моїх братів"
»Ich danke dir, Samana, daß du über meinen Schlaf wachst,« sprach Siddhartha
"Я дякую тобі, Самана, за те, що ти стежиш за моїм сном", - сказав Сіддхартха
"Ihr seid freundlich, ihr Anhänger des Erhabenen"
"Ви доброзичливі, ви послідовники піднесеного"
"Jetzt kannst du zu ihnen gehen"
"Тепер ти можеш піти до них"
"Ich gehe, Sir. Mögest du immer bei guter Gesundheit sein."
— Я йду,. Нехай у тебе завжди буде міцне здоров'я"
"Ich danke dir, Samana"
"Я дякую тобі, Самана"
Govinda machte die Geste einer Begrüßung und sagte
"Lebewohl"

Говінда зробив жест привітання і сказав «Прощавай»
»Leb wohl, Govinda,« sagte Siddhartha
— Прощай, Говінда, — сказав Сіддхартха
Der Mönch blieb stehen, als ob er vom Blitz getroffen worden wäre
Преподобний зупинився, немов в нього вдарила блискавка
»Erlauben Sie mir zu fragen, mein Herr, woher Sie meinen Namen kennen?«
— Дозвольте мені запитати,, звідки ви знаєте моє ім'я?
Siddhartha lächelte: »Ich kenne dich, o Govinda, aus der Hütte deines Vaters.«
Сіддхартха посміхнувся: "Я знаю тебе, о Говінда, з хатини твого батька"
"**Und ich kenne dich aus der Schule der Brahmanen**"
«І я знаю вас зі школи брахманів»
"**Und ich kenne dich von den Opfern**"
"І я знаю тебе з приношень"
"**und ich kenne dich von unserem Marsch zu den Samanas**"
"І я знаю вас з нашої прогулянки до Саман"
"**Und ich kenne dich von der Zeit an, als du bei dem Erhabenen Zuflucht nahmst**"
"І я знаю вас з того часу, коли ви знайшли притулок у піднесеного"
»Du bist Siddhartha,« rief Govinda laut, »jetzt erkenne ich dich.«
«Ти Сіддхартха, — голосно вигукнув Говінда, — тепер я впізнаю тебе»
"**Ich verstehe nicht, wie ich dich nicht sofort erkennen konnte**"
"Я не розумію, як я не міг тебе відразу впізнати"
"**Siddhartha, meine Freude ist groß, dich wiederzusehen**"
"Сіддхартха, моя радість бачити тебе знову"
»Es macht mir auch Freude, dich wiederzusehen,« sprach Siddhartha
"Це також приносить мені радість, бачити вас знову", - сказав Сіддхартха
"**Du warst der Wächter meines Schlafes**"

"Ти був охоронцем мого сну"
"Nochmals, ich danke Ihnen dafür"
"Ще раз дякую вам за це"
"aber ich hätte keine Wache gebraucht"
"Але я б не потребував ніякого охоронця"
"Wohin gehst du, oh Freund?"
"Куди ти йдеш, о друже?"
»Ich gehe nirgendwohin«, antwortete Govinda
— Я йду в нікуди, — відповіла Говінда
"Wir Mönche sind immer auf Reisen"
«Ми, монахи, завжди подорожуємо»
"Wenn nicht gerade Regenzeit ist, ziehen wir von einem Ort zum anderen"
"Всякий раз, коли не сезон дощів, ми переїжджаємо з одного місця в інше"
"Wir leben nach den Regeln der uns überlieferten Lehren"
"Ми живемо за правилами переданого нам вчення"
"Wir nehmen Almosen an, und dann ziehen wir weiter"
«Ми приймаємо милостиню, а потім рухаємося далі»
"Es ist immer so"
"Це завжди так"
»Aber du, Siddhartha, wohin gehst du?«
- Але ти, Сіддхартха, куди ти збираєшся?
"Bei mir ist es so, wie es bei dir ist"
"Для мене це так, як є з тобою"
"Ich gehe nirgendwohin; Ich bin nur auf Reisen"
"Я йду в нікуди; Я просто подорожую"
"Ich bin auch auf einer Pilgerreise"
"Я також у паломництві"
Govinda sprach: "Du sagst, dass du auf einer Pilgerreise bist, und ich glaube dir."
Говінда сказав: «Ти кажеш, що ти в паломництві, і я тобі вірю»
"Aber, verzeih mir, o Siddhartha, du siehst nicht aus wie ein Pilger!"
"Але, вибачте мене, о Сіддхартха, ти не схожий на паломника"

"Du trägst die Kleider eines reichen Mannes"
"Ти одягнений в одяг багатого чоловіка"
"Du trägst die Schuhe eines vornehmen Herrn"
"Ти одягнений у взуття видатного джентльмена"
"Und dein Haar mit dem Duft von Parfüm ist kein Pilgerhaar"
«І твоє волосся, з ароматом парфумів, не волосся пілігрима»
"Du hast nicht das Haar eines Samana"
"У тебе немає волосся Самани"
"Du hast recht, meine Liebe"
"Ти маєш рацію, мій дорогий"
"Du hast die Dinge gut beobachtet"
"Ви добре спостерігали за речами"
"Deine scharfen Augen sehen alles"
«Твої пильні очі все бачать»
"Aber ich habe dir nicht gesagt, dass ich ein Samana bin."
"Але я не сказав вам, що я самана"
"Ich habe gesagt, dass ich auf einer Pilgerreise bin"
"Я сказав, що перебуваю в паломництві"
"Und so ist es, ich bin auf einer Pilgerreise"
"І так воно і є, я в паломництві"
»Du bist auf einer Pilgerreise«, sagte Govinda
"Ви в паломництві", - сказав Говінда
"Aber nur wenige würden in solchen Kleidern auf eine Pilgerreise gehen"
«Але мало хто відправиться в паломництво в такому одязі»
"Nur wenige würden in solchen Schuhen pilgern"
«Мало хто провалиться в такому взутті»
"Und nur wenige Pilger haben solche Haare"
«І мало хто з паломників має таке волосся»
"Ich habe noch nie einen solchen Pilger getroffen"
«Я ніколи не зустрічав такого паломника»
"und ich bin seit vielen Jahren ein Pilger"
"і я був паломником протягом багатьох років"
"Ich glaube dir, mein lieber Govinda"

"Я вірю тобі, мій дорогий Говінда"
"Aber jetzt, heute, hast du einen Pilger getroffen, der genau so ist"
"Але тепер, сьогодні, ви зустріли паломника саме так"
"Ein Pilger, der diese Art von Schuhen und Kleidungsstücken trägt"
"Паломник у такому взутті та одязі"
"Denke daran, meine Liebe, die Welt der Erscheinungen ist nicht ewig"
"Пам'ятай, мій дорогий, світ зовнішності не вічний"
"Unsere Schuhe und Kleidungsstücke sind alles andere als ewig"
"Наше взуття та одяг зовсім не вічні"
"Auch unsere Haare und Körper sind nicht ewig"
"Наше волосся і тіло також не вічні"
Ich trage die Kleider eines reichen Mannes."
Я в одязі багатія"
"Du hast ganz richtig gesehen"
"Ви бачили це цілком правильно"
"Ich trage sie, weil ich ein reicher Mann war"
"Я ношу їх, тому що я був багатою людиною"
"und ich trage mein Haar wie die weltlichen und lüsternen Menschen"
"і я ношу волосся, як мирські та хтиві люди"
"weil ich einer von ihnen war"
"тому що я був одним з них"
»Und was bist du nun, Siddhartha?« fragte Govinda
— А що ти тепер, Сіддхартха? — запитав Говінда
"Ich weiß es nicht, genau wie du"
"Я цього не знаю, як і ти"
"Ich war ein reicher Mann, und jetzt bin ich kein reicher Mann mehr"
"Я був багатою людиною, а тепер я більше не багата людина"
"und was ich morgen sein werde, weiß ich nicht"
"А що я буду завтра, я не знаю"
»Du hast deine Reichtümer verloren?« fragte Govinda

"Ти втратив свої багатства?" - запитав Говінда
"Ich habe meinen Reichtum verloren, oder sie haben mich verloren"
"Я втратив своє багатство, або вони втратили мене"
"Mein Reichtum ist mir irgendwie entglitten"
"Моє багатство якимось чином вислизнуло від мене"
"Das Rad der physischen Manifestationen dreht sich schnell, Govinda"
«Колесо фізичних проявів швидко крутиться, Говінда»
"Wo ist Siddhartha, der Brahmane?"
"Де Сіддхартха-брахман?"
"Wo ist Siddhartha, der Samana?"
"Де Самана Сіддхартха?"
»Wo ist Siddhartha, der Reiche?«
"Де багатий Сіддхартха?"
"Nicht-ewige Dinge ändern sich schnell, Govinda, du weißt es"
"Невічні речі швидко змінюються, Говінда, ти це знаєш"
Govinda sah den Freund seiner Jugend lange an
Говінда довго дивився на друга своєї юності
Er sah ihn mit zweifelnden Augen an
Він дивився на нього з сумнівом в очах
Danach gab er ihm die Anrede, die man bei einem Gentleman gebrauchen würde
Після цього він привітав його, яким можна було б скористатися на джентльмена
und er ging weiter und setzte seine Pilgerfahrt fort
І він пішов своєю дорогою, і продовжив своє паломництво
Mit lächelndem Gesicht sah Siddhartha ihm nach, wie er sich entfernte
З усміхненим обличчям Сіддхартха дивився, як він іде
Er liebte ihn immer noch, diesen treuen, ängstlichen Mann
Він любив його досі, цього вірного, страшного чоловіка
Wie hätte er in diesem Augenblick nicht alles und jeden lieben können?
Як він міг не любити всіх і все в цю мить?
in der glorreichen Stunde nach seinem wunderbaren Schlaf,

erfüllt von Om!
у славну годину після його чудового сну, наповненого Ом!
Der Zauber, der sich im Schlaf in ihm abgespielt hatte
Чари, які відбувалися всередині нього уві сні
Dieser Zauber war alles, was er liebte
Цим зачаруванням було все, що він любив
Er war voll freudiger Liebe zu allem, was er sah
Він був сповнений радісної любові до всього, що бачив
Genau das war vorher seine Krankheit gewesen
Саме такою була його хвороба раніше
Er war nicht in der Lage gewesen, irgendjemanden und irgendetwas zu lieben
Він не міг любити нікого і нічого
Mit lächelndem Gesicht beobachtete Siddhartha den scheidenden Mönch
З усміхненим обличчям Сіддхартха спостерігав за ченцем, що йде

Der Schlaf hatte ihn sehr gestärkt
Сон дуже зміцнив його
aber der Hunger bereitete ihm große Schmerzen
Але голод завдав йому великого болю
Inzwischen hatte er seit zwei Tagen nichts mehr gegessen
До цього часу він не їв два дні
Die Zeiten, in denen er diesem Hunger widerstehen konnte, waren lange vorbei
Давно минули часи, коли він міг протистояти такому голоду
Mit Traurigkeit und doch auch mit einem Lächeln dachte er an diese Zeit
З сумом, але й з посмішкою він думав про той час
In jenen Tagen, so erinnerte er sich, hatte er Kamala gegenüber mit drei Dingen geprahlt
У ті дні, як він пам'ятав, він хвалився Камалою трьома речами
Er hatte drei edle und unbesiegbare Heldentaten vollbringen können

Він зміг зробити три благородних і непереможних подвигу
Er konnte fasten, warten und nachdenken
Він міг поститися, чекати і думати
Das waren seine Besitztümer gewesen; seine Macht und Stärke
Це були його володіння; Його міць і сила
In den arbeitsreichen, arbeitsreichen Jahren seiner Jugend hatte er diese drei Kunststücke erlernt
У напружені, трудомісткі роки своєї юності він пізнав ці три подвиги
Und nun hatten ihn seine Heldentaten im Stich gelassen
І ось, його подвиги покинули його
Keine seiner Heldentaten gehörte mehr ihm
Жоден з його подвигів більше не був його
weder fasten, noch warten, noch nachdenken
ні посту, ні очікування, ні мислення
Er hatte sie für die elendesten Dinge aufgegeben
Він віддав їх заради найжалюгідніших речей
Was verblasst am schnellsten?
Що це таке, що в'яне найшвидше?
sinnliche Lust, das gute Leben und Reichtum!
Чуттєва пожадливість, добре життя і багатство!
Sein Leben war in der Tat seltsam gewesen
Його життя дійсно було дивним
Und nun, so schien es, war er wirklich ein kindlicher Mensch geworden
І ось, так здавалося, він дійсно став дитячою людиною
Siddhartha dachte über seine Lage nach
Сіддхартха подумав про своє становище
Das Denken fiel ihm jetzt schwer
Думати йому тепер було важко
Er hatte nicht wirklich Lust zu denken
Йому не дуже хотілося думати
aber er zwang sich zum Nachdenken
Але він змусив себе задуматися
"All diese Dinge, die am leichtesten vergehen, sind mir

entglitten"
"Все це найлегше гине від мене"
"Schon wieder, jetzt stehe ich hier unter der Sonne"
«Знову ж таки, тепер я стою тут під сонцем»
"Ich stehe hier wie ein kleines Kind"
«Я стою тут так само, як маленька дитина»
"Nichts gehört mir, ich habe keine Fähigkeiten"
«Ніщо не моє, у мене немає здібностей»
"Es gibt nichts, was ich bewirken könnte"
"Я нічого не міг би принести"
"Ich habe nichts aus meinem Leben gelernt"
"Я нічого не навчився зі свого життя"
"Wie wunderbar das alles ist!"
"Як все це дивовижно!"
"Es ist ein Wunder, dass ich nicht mehr jung bin"
"Дивно, що я вже не молодий"
"Meine Haare sind schon halb grau und meine Kräfte schwinden"
«Моє волосся вже наполовину сиве і сили згасають»
"Und jetzt fange ich wieder von vorne an, als Kind!"
«І тепер я починаю все спочатку, як дитина!»

Wieder musste er in sich hineinschmunzeln
Знову йому довелося посміхнутися сам собі
Ja, sein Schicksal war seltsam gewesen!
Так, його доля була дивною!
Mit ihm ging es bergab
З ним справи йшли під укіс
Und nun stand er wieder nackt und dumm vor der Welt
І ось він знову зіткнувся зі світом голим і дурним
Aber er konnte darüber nicht traurig sein
Але сумувати з цього приводу він не міг
Nein, er verspürte sogar einen großen Drang zu lachen
Ні, він навіть відчував велике бажання сміятися
Er verspürte den Drang, über sich selbst zu lachen
Він відчув бажання посміятися над собою
Er verspürte den Drang, über diese seltsame, törichte Welt zu lachen

Він відчув бажання посміятися над цим дивним, дурним світом
"Mit dir geht es bergab!" sagte er zu sich selbst
"Справи йдуть з тобою під укіс!" - сказав він сам собі
und er lachte über seine Situation
І він сміявся над своєю ситуацією
Während er das sagte, warf er zufällig einen Blick auf den Fluss
Говорячи це, він випадково глянув на річку
und er sah auch, wie der Fluss bergab ging
і він також бачив, як річка спускається вниз
Es war Singen und sich über alles freuen
Співати і радіти всьому
Das gefiel ihm, und freundlich lächelte er dem Fluss zu
Йому це сподобалося, і він люб'язно посміхнувся річці
War das nicht der Fluss, in dem er sich ertränken wollte?
Хіба це не та річка, в якій він мав намір потонути?
in früheren Zeiten, vor hundert Jahren
в минулі часи, сто років тому
Oder hatte er das geträumt?
Або йому це снилося?
"Wahrhaftig wunderbar war mein Leben", dachte er
"Дивовижним справді було моє життя", — подумав він
"Mein Leben hat wundersame Umwege genommen"
"Моє життя пішло дивовижними обхідними шляхами"
"Als Junge habe ich mich nur mit Göttern und Opfergaben beschäftigt"
"Хлопчиком я мав справу лише з богами та підношеннями"
"Als Jugendlicher habe ich mich nur mit Askese beschäftigt"
«В юності я займався тільки аскетизмом»
"Ich verbrachte meine Zeit mit Nachdenken und Meditation"
«Я витратив свій час на роздуми і медитацію»
"Ich war auf der Suche nach Brahman"
«Я шукав Брахмана
"Und ich betete das Ewige im Atman an"

"і я поклонявся вічному в Атмані"
"Aber als junger Mann folgte ich den Büßern"
"Але, будучи юнаком, я пішов за тими, хто кається"
"Ich lebte im Wald und litt unter Hitze und Frost"
«Я жив у лісі і терпів спеку і мороз»
"Dort habe ich gelernt, den Hunger zu besiegen"
«Там я навчився долати голод»
"und ich lehrte meinen Körper, tot zu werden"
"і я навчив своє тіло стати мертвим"
"Wunderbarerweise kam bald darauf die Einsicht auf mich zu"
"Чудово, невдовзі після цього до мене прийшло прозріння"
"Einsicht in Form der Lehren des großen Buddha"
"прозріння у вигляді вчення великого Будди"
"Ich fühlte das Wissen um die Einheit der Welt"
"Я відчув знання про єдність світу"
"Ich spürte, wie es in mir kreiste wie mein eigenes Blut"
«Я відчував, як воно кружляє в мені, як моя власна кров»
"Aber ich musste auch Buddha und das große Wissen verlassen"
«Але мені також довелося залишити Будду і великі знання»
"Ich bin hingegangen und habe mit Kamala die Kunst der Liebe gelernt"
«Я пішов і навчився мистецтву кохання з Камалою»
"Ich habe Handel und Geschäft mit Kamaswami gelernt"
"Я навчився торгівлі та бізнесу з Камасвамі"
"Ich habe Geld angehäuft und es wieder verschwendet"
«Я накопичив гроші і знову витратив їх даремно»
"Ich habe gelernt, meinen Bauch zu lieben und meine Sinne zu erfreuen"
«Я навчився любити свій шлунок і радувати свої почуття»
"Ich musste viele Jahre damit verbringen, meinen Geist zu verlieren"
«Мені довелося витратити багато років, втрачаючи дух»
"Und ich musste das Denken wieder verlernen"

"і мені довелося знову відучитися думати"
"Da hatte ich die Einheit vergessen"
"Там я забув про єдність"
"Ist es nicht so, als hätte ich mich langsam von einem Mann in ein Kind verwandelt"?
"Хіба це не так, ніби я повільно перетворився з чоловіка на дитину"?
"Vom Denker zum kindlichen Menschen"
«З мислителя в дитячу особистість»
"Und doch war dieser Weg sehr gut"
«І все ж, цей шлях був дуже хорошим»
"Und doch ist der Vogel in meiner Brust nicht gestorben"
«І все ж, птах у мене в грудях не померла»
"Was war das für ein Weg!"
"Який це був шлях!"
"Ich musste so viel Dummheit durchmachen"
«Мені довелося пройти через стільки дурості»
"Ich musste so viel Laster durchmachen"
«Мені довелося пройти через стільки пороку»
"Ich musste so viele Fehler machen"
«Мені довелося зробити стільки помилок»
"Ich musste so viel Ekel und Enttäuschung empfinden"
«Мені довелося відчувати стільки відрази і розчарування»
"Ich musste das alles tun, um wieder ein Kind zu werden"
«Мені довелося все це зробити, щоб знову стати дитиною»
"Und dann könnte ich wieder von vorne anfangen"
"І тоді я міг би почати спочатку"
"Aber es war der richtige Weg"
«Але це був правильний шлях»
"Mein Herz sagt Ja dazu und meine Augen lächeln dazu"
"Моє серце каже "так", і мої очі посміхаються йому"
"Ich musste verzweifeln"
"Мені довелося випробувати відчай"
"Ich musste auf den dümmsten aller Gedanken herabsinken"
"Мені довелося опуститися до найбезглуздіших з усіх думок"

"Ich musste an Selbstmordgedanken denken"
"Мені довелося думати про думки про самогубство"
"Nur dann würde ich die göttliche Gnade erfahren können"
"тільки тоді я зможу випробувати божественну благодать"
"Erst dann konnte ich Om wieder hören"
"тільки тоді я знову зможу почути Ом"
"Nur dann könnte ich richtig schlafen und wieder wach werden"
"тільки тоді я зможу нормально спати і знову прокинутися"
"Ich musste ein Narr werden, um Atman in mir wiederzufinden"
«Мені довелося стати дурнем, щоб знову знайти в собі Атмана»
"Ich musste sündigen, um wieder leben zu können"
"Я повинен був грішити, щоб мати можливість жити знову"
"Wohin könnte mich mein Weg sonst führen?"
"Куди ще може привести мене мій шлях?"
"Es ist töricht, dieser Weg, er bewegt sich in Schleifen"
«Нерозумно, цей шлях, він рухається петлями»
"Vielleicht dreht es sich im Kreis"
«Можливо, він ходить по колу»
"Lasst diesen Weg gehen, wohin er will"
«Нехай цей шлях іде туди, куди йому заманеться»
"Wo auch immer dieser Weg hingeht, ich will ihn gehen"
"Куди б цей шлях не пішов, я хочу йти ним"
Er fühlte, wie die Freude wie Wellen in seiner Brust rollte
Він відчував, як радість котиться, як хвилі в грудях
Er fragte sein Herz: "Woher hast du dieses Glück?"
Він запитав своє серце: "Звідки ти взяв це щастя?"
"Kommt es vielleicht von diesem langen, guten Schlaf?"
"Можливо, це пов'язано з таким довгим, хорошим сном?"
"Der Schlaf, der mir so gut getan hat"
"Сон, який зробив мені стільки добра"
"Oder kommt es von dem Wort Om, das ich gesagt habe?"
"Або це походить від слова Ом, яке я сказав?"

"Oder kommt es daher, dass ich entkommen bin?"
- Або це пов'язано з тим, що я втік?
"Kommt dieses Glück, wenn man wie ein Kind unter dem Himmel steht?"
"Чи приходить це щастя від того, що ви стоїте, як дитина під небом?"
"Oh, wie gut ist es, geflohen zu sein"
"О, як добре втекти"
"Es ist toll, frei geworden zu sein!"
"Чудово стати вільним!"
"Wie sauber und schön die Luft hier ist"
«Яке тут чисте і красиве повітря»
"Die Luft ist gut zum Atmen"
«Повітрям добре дихати»
"wo ich weggelaufen bin, alles roch nach Salben"
«де я втік від усього, що пахло мазями»
"Gewürze, Wein, Exzess, Faultier"
"спеції, вино, надлишок, лінивець"
"Wie ich diese Welt der Reichen hasste"
"Як я ненавидів цей світ багатих"
"Ich hasste diejenigen, die in gutem Essen schwelgen, und die Spieler!"
"Я ненавидів тих, хто насолоджується чудовою їжею, і азартних гравців!"
"Ich habe mich selbst dafür gehasst, dass ich so lange in dieser schrecklichen Welt geblieben bin!
«Я ненавидів себе за те, що так довго залишався в цьому жахливому світі!
"Ich habe mich selbst beraubt, vergiftet und gefoltert"
«Я себе обділив, отруїв і катував»
"Ich habe mich alt und böse gemacht!"
"Я зробив себе старим і злим!"
"Nein, ich werde nie wieder die Dinge tun, die ich so gerne gemacht habe"
"Ні, я більше ніколи не буду робити те, що мені так подобалося"
"Ich will mich nicht der Illusion hingeben, Siddhartha sei

weise gewesen!"
«Я не буду обманювати себе, думаючи, що Сіддхартха був мудрим!»
"Aber diese eine Sache habe ich gut gemacht"
"Але це одна річ я зробив добре"
"Das gefällt mir, das muss ich loben"
"це мені подобається, це я повинен похвалити"
"Ich finde es gut, dass dieser Hass gegen mich jetzt ein Ende hat"
«Мені подобається, що тепер цій ненависті до себе покладено край»
"Dieses törichte und trostlose Leben hat ein Ende!"
"Цьому безглуздому і тужливому життю кінець!"
"Ich preise dich, Siddhartha, nach so vielen Jahren der Torheit"
"Я хвалю тебе, Сіддхартха, після стількох років дурості"
"Du hattest mal wieder eine Idee"
«У вас знову виникла ідея»
"Du hast den Vogel in deiner Brust singen hören"
«Ти чув, як співає птах у грудях»
"Und du bist dem Gesang des Vogels gefolgt!"
«А ти пішов за піснею птаха!»
Mit diesen Gedanken lobte er sich selbst
Цими думками він вихваляв себе
Er hatte wieder Freude an sich selbst gefunden
Він знову знайшов радість у собі
Neugierig lauschte er seinem vor Hunger knurrenden Magen
Він з цікавістю слухав, як його живіт бурчав від голоду
Er hatte ein Stück Leid und Elend gekostet und ausgespuckt
Він скуштував і виплюнув шматочок страждань і страждань
In diesen letzten Zeiten und Tagen fühlte er sich so
У ці недавні часи і дні саме це він відчував
Er hatte es bis zur Verzweiflung und zum Tod verschlungen
Він поглинув його до відчаю і смерті
Wie alles geschehen war, war gut

Як все сталося, було добре
er hätte noch viel länger bei Kamaswami bleiben können
він міг би залишитися з Камасвамі набагато довше
Er hätte mehr Geld verdienen und es dann verschwenden können
Він міг би заробити більше грошей, а потім витратити їх даремно
Er hätte sich den Magen vollstopfen und seine Seele verdursten lassen können
Він міг би наповнити свій шлунок і дозволити своїй душі померти від спраги
Er hätte noch viel länger in dieser weich gepolsterten Hölle leben können
Він міг би прожити в цьому м'якому оббитому пеклі набагато довше
Wenn dies nicht geschehen wäre, hätte er dieses Leben fortgesetzt
Якби цього не сталося, він би продовжив це життя
Der Moment der völligen Hoffnungslosigkeit und Verzweiflung
Момент повної безвиході і відчаю
Der extremste Moment, als er über dem rauschenden Wasser hing
самий екстремальний момент, коли він завис над бурхливими водами
in dem Moment, in dem er bereit war, sich selbst zu zerstören
У той момент, коли він був готовий знищити себе
in dem Augenblick, als er diese Verzweiflung und diesen tiefen Ekel gespürt hatte
У ту мить, коли він відчув цей відчай і глибоку огиду
er war ihr nicht erlegen
Він не піддався їй
Der Vogel lebte doch noch
Птах все-таки була жива
Deshalb fühlte er Freude und lachte
Ось чому він відчував радість і сміявся

Deshalb lächelte sein Gesicht hell unter seinem Haar
Ось чому його обличчя яскраво посміхалося під волоссям
sein Haar, das nun grau geworden war
його волосся, яке тепер посивіло
"Es ist gut", dachte er, "alles selbst zu kosten."
"Добре, - думав він, - спробувати все на собі"
"Alles, was man wissen muss"
"Все, що потрібно знати"
"Weltgier und Reichtum gehören nicht zu den guten Dingen"
"Жага світу і багатства не належать до добрих"
"Das habe ich schon als Kind gelernt"
«Я вже навчився цьому в дитинстві»
"Ich weiß es schon lange"
«Я знаю це давно»
"aber ich hatte es bis jetzt noch nicht erlebt"
"Але я не відчував цього досі"
"Und jetzt, wo ich es erlebt habe, weiß ich es"
"І тепер, коли я пережив це, я це знаю"
"Ich weiß es nicht nur in meinem Gedächtnis, sondern auch in meinen Augen, meinem Herzen und meinem Bauch"
«Я знаю це не тільки в пам'яті, але і в очах, серці і животі»
"Es ist gut für mich, das zu wissen!"
"Мені добре це знати!"

Lange dachte er über seine Verwandlung nach
Довгий час він обмірковував своє перетворення
Er lauschte dem Vogel, wie er vor Freude sang
Він слухав пташку, як вона співала від радості
War dieser Vogel nicht in ihm gestorben?
Хіба цей птах не загинула в ньому?
Hatte er nicht den Tod dieses Vogels gespürt?
Хіба він не відчув смерті цього птаха?
Nein, etwas anderes aus seinem Inneren war gestorben
Ні, щось інше зсередини померло
etwas, das sich nach dem Tod sehnte, war gestorben
Те, що прагнуло померти, померло

War es nicht das, was er zu töten beabsichtigte?
Чи не це він мав намір убити?
War es nicht sein kleines, verängstigtes und stolzes Ich, das gestorben war?
Хіба не його маленьке, перелякане і горде «я» померло?
Er hatte so viele Jahre mit sich selbst gerungen
Він стільки років боровся зі своїм «я»
das Ich, das ihn immer wieder besiegt hatte
«я», яке перемагало його знову і знову
das Selbst, das nach jedem Töten wieder da war
себе, яке поверталося знову після кожного вбивства
das Selbst, das Freude verbot und Angst fühlte?
Самість, яка забороняла радість і відчувала страх?
War es nicht dieses Ich, das heute endlich in den Tod gekommen war?
Хіба це не «я» сьогодні нарешті прийшло до своєї смерті?
hier im Wald, an diesem schönen Fluss
Тут, у лісі, біля цієї прекрасної річки
War es nicht durch diesen Tod, dass er nun wie ein Kind war?
Хіба не через цю смерть він тепер був як дитина?
so voller Vertrauen und Freude, ohne Angst
Такий сповнений довіри і радості, без страху
Nun bekam Siddhartha auch eine Ahnung, warum er vergeblich gegen dieses Selbst gekämpft hatte
Тепер Сіддхартха також отримав деяке уявлення про те, чому він марно боровся з цим «я»
er wußte, warum er sich als Brahmane nicht selbst bekämpfen konnte
він знав, чому не може боротися зі своїм «я» як брахман
Zu viel Wissen hatte ihn zurückgehalten
Занадто багато знань стримувало його
Zu viele heilige Verse, Opferregeln und Selbstkasteiung
Занадто багато святих віршів, жертовних правил і самозасудження
All diese Dinge hielten ihn zurück
Все це стримувало його

So viel zu tun und zu streben für dieses Ziel!
Так багато робити і прагнути до цієї мети!
Er war voller Arroganz gewesen
Він був сповнений зарозумілості
Er war immer der Klügste
Він завжди був найрозумнішим
Er hat immer am meisten gearbeitet
Він завжди працював найбільше
Er war allen anderen immer einen Schritt voraus gewesen
Він завжди був на крок попереду всіх інших
Er war immer der Wissende und Geistige
Він завжди був знаючим і духовним
Er galt immer als Priester oder Weiser
Його завжди вважали священиком або мудрим
Sein Ich hatte sich in Priestertum, Arroganz und Spiritualität zurückgezogen
Його «я» перетворилося на священика, зарозумілість і духовність
Dort saß es fest und wuchs die ganze Zeit
Там вона міцно сиділа і росла весь цей час
und er hatte geglaubt, er könne es durch Fasten töten
і він думав, що може вбити його постом
Jetzt sah er sein Leben, wie es geworden war
Тепер він бачив своє життя таким, яким воно стало
Er sah, dass die geheime Stimme Recht gehabt hatte
Він побачив, що таємний голос був правий
Kein Lehrer wäre jemals in der Lage gewesen, seine Erlösung herbeizuführen
Жоден учитель ніколи не зміг би здійснити своє спасіння
Deshalb musste er in die Welt hinausgehen
Тому йому довелося вийти в світ
Er musste sich der Lust und der Macht hingeben
Йому довелося втратити себе заради похоті і влади
Er musste sich an Frauen und Geld verlieren
Йому довелося втратити себе заради жінок і грошей
Er musste ein Kaufmann werden, ein Würfelspieler, ein Trinker

Він повинен був стати торговцем, гравцем в кості, питущим
und er musste ein habgieriger Mensch werden
І він повинен був стати жадібною людиною
er musste dies tun, bis der Priester und Samana in ihm tot waren
він повинен був це робити, поки священик і Самана в ньому не померли
Deshalb musste er diese hässlichen Jahre weiter ertragen
Тому йому довелося продовжувати терпіти ці потворні роки
Er musste den Ekel und die Lehren ertragen
Він повинен був нести огиду і вчення
Er musste die Sinnlosigkeit eines trostlosen und vergeudeten Lebens ertragen
Йому довелося нести безглуздість тужливого і змарнованого життя
Er musste es bis zu seinem bitteren Ende abschließen
Він повинен був завершити її до гіркого кінця
er musste dies tun, bis auch Siddhartha, der Lüsterne, sterben konnte
він повинен був робити це, поки Сіддхартха хтивий також не міг померти
Er war gestorben und ein neuer Siddhartha war aus dem Schlaf erwacht
Він помер, і новий Сіддхартха прокинувся від сну
dieser neue Siddhartha würde auch alt werden
ця нова Сіддхартха також постаріє
Er würde auch irgendwann sterben müssen
Йому також доведеться врешті-решт померти
Siddhartha war noch sterblich, wie jede physische Form
Сіддхартха все ще був смертним, як і будь-яка фізична форма
Aber heute war er jung und ein Kind und voller Freude
Але сьогодні він був молодий і дитина, сповнений радості
Diese Gedanken dachte er bei sich
Він думав ці думки про себе

Er lauschte mit einem Lächeln in seinem Magen
Він слухав з посмішкою живіт
Dankbar lauschte er einer summenden Biene
Він вдячно слухав дзижчання бджоли
Fröhlich blickte er in den rauschenden Fluss
Бадьоро він дивився в бурхливу річку
Er hatte noch nie ein Wasser so sehr gemocht wie dieses
Він ніколи раніше не любив воду так сильно, як ця
Nie zuvor hatte er die Stimme so stark wahrgenommen
Він ніколи раніше не сприймав голос так сильніше
Nie hatte er das Gleichnis vom bewegten Wasser so stark verstanden
Він ніколи так сильно не розумів притчі про рухому воду
Er hatte noch nie bemerkt, wie schön sich der Fluss bewegte
Він ніколи раніше не помічав, як красиво рухається річка
Es schien ihm, als ob der Fluss ihm etwas Besonderes zu sagen hätte
Йому здавалося, ніби річка має щось особливе, щоб сказати йому
etwas, das er noch nicht kannte, das ihn noch erwartete
Чогось він ще не знав, що все ще чекало на нього
In diesem Fluß hatte sich Siddhartha ertränken wollen
У цій річці Сіддхартха мав намір потонути
in diesem Fluß war heute der alte, müde, verzweifelte Siddhartha ertrunken
в цій річці сьогодні потонув старий, втомлений, відчайдушний Сіддхартха
Aber der neue Siddhartha empfand eine tiefe Liebe zu diesem rauschenden Wasser
Але новий Сіддхартха відчув глибоку любов до цієї бурхливої води
Und er beschloß für sich, es nicht so schnell zu verlassen
І вирішив для себе, не залишати її дуже скоро

Der Fährmann
Поромник

"An diesem Flusse will ich bleiben!" dachte Siddhartha
"Біля цієї річки я хочу залишитися", - подумав Сіддхартха
"Es ist derselbe Fluss, den ich vor langer Zeit überquert habe"
«Це та сама річка, яку я перетнув давним-давно»
"Ich war auf dem Weg zu den kindlichen Menschen"
«Я був на шляху до дітей»
"Ein freundlicher Fährmann hatte mich über den Fluss geführt"
"Доброзичливий паромщик провів мене через річку"
"Er ist derjenige, zu dem ich gehen will"
"Він той, до кого я хочу піти"
"Ausgehend von seiner Hütte führte mich mein Weg in ein neues Leben"
«Почавши з його хатини, мій шлях привів мене до нового життя»
"Ein Weg, der alt geworden war und nun tot ist"
"Шлях, який постарів і тепер мертвий"
"Dort soll auch mein jetziger Weg seinen Anfang nehmen!"
"Мій теперішній шлях також почнеться там!"
Zärtlich blickte er in das rauschende Wasser
Ніжно він дивився в бурхливу воду
Er blickte in die durchsichtigen grünen Linien, die das Wasser zeichnete
Він дивився в прозорі зелені лінії, які малювала вода
Die kristallenen Wasserlinien waren reich an Geheimnissen
Кришталеві лінії води були багаті таємницями
Er sah leuchtende Perlen aus der Tiefe aufsteigen
Він побачив яскраві перлини, що підіймалися з глибини
leise Luftblasen, die auf der reflektierenden Oberfläche schweben
тихі бульбашки повітря, плаваючі на відбиваючої поверхні,
das Blau des Himmels, dargestellt in den Blasen

Блакить неба, зображена в бульбашках
Der Fluss sah ihn mit tausend Augen an
Річка подивилася на нього тисячею очей
Der Fluss hatte grüne und weiße Augen
Річка мала зелені очі і білі очі
Der Fluss hatte Kristallaugen und himmelblaue Augen
Річка мала кришталеві очі і небесно-блакитні очі
Er liebte dieses Wasser sehr, es entzückte ihn
Він дуже любив цю воду, вона його захоплювала
Er war dem Wasser dankbar
Він був вдячний воді
In seinem Herzen hörte er die Stimme sprechen
У своєму серці він почув голос, який говорив
"Ich liebe dieses Wasser! Bleiben Sie in der Nähe!"
"Любіть цю воду! Залишайся поруч!»
"Lerne aus dem Wasser!", befahl ihm seine Stimme
«Навчіться з води!» — звелів йому голос
Oh ja, er wollte daraus lernen
О так, він хотів навчитися на цьому
Er wollte dem Wasser lauschen
Він хотів слухати воду
Wer die Geheimnisse dieses Wassers verstehen will,
Той, хто зрозуміє таємниці цієї води
Er würde auch viele andere Dinge verstehen
Він також зрозуміє багато інших речей
So kam es ihm vor
Саме так йому здалося
Aber von allen Geheimnissen des Flusses sah er heute nur eines
Але з усіх таємниць річки сьогодні він бачив тільки одну
Dieses Geheimnis berührte seine Seele
Ця таємниця торкнулася його душі
Dieses Wasser lief und lief unaufhörlich
Ця вода бігла і бігла, без упину
Das Wasser floss, aber trotzdem war es immer da
Вода бігла, але тим не менше вона була завжди
Das Wasser war immer und zu jeder Zeit gleich

Вода завжди, в усі часи, була однаковою
und gleichzeitig war es in jedem Moment neu
І в той же час вона була новою в кожній миті
Wer das begreifen könnte, wäre groß
Той, хто міг би це зрозуміти, був би чудовим
aber er verstand und begriff es nicht
Але він цього не розумів і не розумів
Er fühlte nur, wie sich eine Ahnung davon regte
Він лише відчував, як це ворушиться
Es war wie eine ferne Erinnerung, eine göttliche Stimme
Це було як далекий спогад, божественний голос

Siddhartha erhob sich, als der Hunger in seinem Körper unerträglich wurde
Сіддхартха піднявся, коли голод у його тілі став нестерпним
Benommen entfernte er sich weiter von der Stadt
У заціпенінні він пішов далі від міста
Er ging den Fluss hinauf auf dem Pfad am Ufer
Він ішов вгору по річці стежкою біля берега
Er lauschte auf die Strömung des Wassers
Він слухав течію води
Er lauschte dem grollenden Hunger in seinem Körper
Він прислухався до бурчання голоду в своєму тілі
Als er die Fähre erreichte, kam das Boot gerade an
Коли він дійшов до порома, човен якраз прибув
derselbe Fährmann, der einst den jungen Samana über den Fluss gebracht hatte
той самий перевізник, який колись перевозив молоду Саману через річку
er stand im Boot und Siddhartha erkannte ihn
він стояв у човні, і Сіддхартха впізнав його
Er war auch sehr gealtert
Він також дуже постарів
Der Fährmann war erstaunt, einen so eleganten Mann zu Fuß gehen zu sehen
Перевізник був здивований, побачивши такого

елегантного чоловіка, що йде пішки
"Möchtest du mich hinüberbringen?", fragte er
"Чи не хотіли б ви переправити мене?" - запитав він
Er nahm ihn in sein Boot und stieß es vom Ufer
Він узяв його в свій човен і відштовхнув від берега
"Es ist ein schönes Leben, das du dir ausgesucht hast", sprach der Passagier
«Це прекрасне життя, яке ви вибрали для себе», - заговорив пасажир
"Es muss schön sein, jeden Tag an diesem Wasser zu leben"
«Жити біля цієї води кожен день має бути красиво»
"Und es muss schön sein, damit auf dem Fluss zu fahren"
«І круїз по ньому по річці повинен бути красивим»
Mit einem Lächeln bewegte sich der Mann am Ruder von einer Seite zur anderen
З посмішкою чоловік на веслі рухався з боку в бік
"Es ist so schön, wie Sie sagen, Sir"
- Це так прекрасно, як ви кажете,
"Aber ist nicht jedes Leben und jede Arbeit schön?"
- Але хіба не кожне життя і всі роботи прекрасні?
»Das mag wahr sein,« erwiderte Siddhartha
— Це може бути правдою, — відповів Сіддхартха
"Aber ich beneide dich um dein Leben"
«Але я заздрю тобі за твоє життя»
"Ah, du würdest bald aufhören, es zu genießen"
"Ах, ти скоро перестанеш насолоджуватися цим"
"Das ist keine Arbeit für Leute, die feine Kleider tragen"
«Це не робота для людей у гарному одязі»
Siddhartha lachte über diese Beobachtung
Сіддхартха засміявся з цього спостереження
"Früher wurde ich wegen meiner Kleidung angeschaut"
"Колись на мене дивилися сьогодні через мій одяг"
"Man hat mich mit Misstrauen betrachtet"
«На мене дивилися з недовірою»
"Sie sind ein Ärgernis für mich"
"Вони мені неприємність"
"Möchtest du nicht, Fährmann, diese Kleider annehmen?"

"Чи не хотів би ти, перевізник, прийняти цей одяг"
"Weil du wissen musst, dass ich kein Geld habe, um deinen Fahrpreis zu bezahlen"
"Тому що ви повинні знати, у мене немає грошей, щоб оплатити ваш проїзд"
»Sie machen Witze, Sir«, lachte der Fährmann
— Ви жартуєте,, — засміявся перевізник
"Ich mache keine Witze, Freund"
"Я не жартую, друже"
"Du hast mich schon einmal in deinem Boot über dieses Wasser gebracht"
"Одного разу ти переправив мене через цю воду на своєму човні"
"Du hast es für den immateriellen Lohn einer guten Tat getan"
«Ти зробив це заради нематеріальної винагороди за добру справу»
"Bringen Sie mich über den Fluss und nehmen Sie meine Kleider dafür an"
"Переправте мене через річку і прийміть за це мій одяг"
»Und haben Sie, mein Herr, die Absicht, ohne Kleider weiterzureisen?«
— А ви,, маєте намір продовжувати подорожувати без одягу?
"Ah, am liebsten würde ich gar nicht mehr weiterreisen wollen"
"Ах, найбільше я б взагалі не хотів продовжувати подорожувати"
"Mir wäre es lieber, du würdest mir einen alten Lendenschurz geben"
"Я б хотів, щоб ти подарував мені стару пов'язку на стегнах"
"Ich fände es gut, wenn du mich als Assistenten bei dir hättest"
«Мені б дуже хотілося, щоб ти залишив мене при собі в якості свого помічника»
"Oder besser gesagt, ich würde mich freuen, wenn Sie mich

als Ihren Praktikanten aufnehmen würden"
«точніше, я хотів би, щоб ви прийняли мене в якості свого стажиста»
"Denn erst muss ich lernen, mit dem Boot umzugehen"
«тому що спочатку мені доведеться навчитися поводитися з човном»
Lange sah der Fährmann den Fremden an
Довго паромщик дивився на незнайомця
Er suchte in seinem Gedächtnis nach diesem seltsamen Mann
Він шукав у своїй пам'яті цю дивну людину
»Jetzt erkenne ich dich«, sagte er schließlich
"Тепер я впізнаю тебе",— нарешті сказав він
"Du hast einmal in meiner Hütte geschlafen"
«Свого часу ти спав у моїй хаті»
"Das ist lange her, vielleicht mehr als zwanzig Jahre"
«Це було давно, можливо, більше двадцяти років»
"Und du wurdest von mir über den Fluss gebracht"
"І я переправив тебе через річку"
"An diesem Tag trennten wir uns wie gute Freunde"
"Того дня ми розлучилися, як хороші друзі"
"Warst du nicht ein Samana?"
"Хіба ти не був саманою?"
"Mir fällt dein Name nicht mehr ein"
"Я більше не можу придумати твоє ім'я"
"Mein Name ist Siddhartha, und ich war ein Samana"
"Мене звуть Сіддхартха, і я був саманою"
"Ich war noch ein Samana, als du mich das letzte Mal gesehen hast"
"Я все ще був саманою, коли ти востаннє бачив мене"
"Sei also willkommen, Siddhartha! Mein Name ist Vasudeva."
— Тож ласкаво просимо, Сіддхартха. Мене звуть Васудева"
"Du wirst, so hoffe ich, auch heute mein Gast sein"
"Ти будеш, тому я сподіваюся, що і сьогодні будеш моїм гостем"
"Und du darfst in meiner Hütte schlafen"

"І ти можеш спати в моїй хаті"
"Und du darfst mir sagen, woher du kommst"
"І ти можеш сказати мені, звідки ти йдеш"
"Und du kannst mir sagen, warum dir diese schönen Kleider so lästig sind"
"І ти можеш сказати мені, чому цей прекрасний одяг такий неприємний для тебе"
Sie hatten die Mitte des Flusses erreicht
Вони дійшли до середини річки
Vasudeva drückte das Ruder mit mehr Kraft
Васудева штовхнула весло з більшою силою
um die Strömung zu überwinden
з метою подолання течії
Er arbeitete ruhig, mit kräftigen Armen
Працював спокійно, з хоробрими руками
Seine Augen waren auf die Vorderseite des Bootes gerichtet
Його погляд був зосереджений на передній частині човна
Siddhartha saß da und sah ihm zu
Сіддхартха сидів і спостерігав за ним
er erinnerte sich an seine Zeit als Samana
він пам'ятав свій час як Самана
Er erinnerte sich, wie sich die Liebe zu diesem Mann in seinem Herzen geregt hatte
Він згадав, як любов до цієї людини заворушилася в його серці
Dankbar nahm er Vasudevas Einladung an
На щастя, він прийняв запрошення Васудева
Als sie das Ufer erreicht hatten, half er ihm, das Boot an den Pfählen festzumachen
Коли вони дійшли до берега, він допоміг йому прив'язати човен до кілків
Darauf bat ihn der Fährmann, in die Hütte einzutreten
Після цього паромщик попросив його увійти в хатину
er bot ihm Brot und Wasser an, und Siddhartha aß mit eifrigem Vergnügen
він запропонував йому хліб і воду, і Сіддхартха їв з нетерплячою насолодою

und er aß auch mit eifrigem Vergnügen von den Mangofrüchten, die Vasudeva ihm anbot
і він також їв з нетерплячою насолодою плоди манго, які йому пропонувала Васудева

Danach war es fast die Zeit des Sonnenuntergangs
Після цього настав майже час заходу сонця
Sie saßen auf einem Baumstamm neben der Bank
Вони сиділи на колоді біля банку
Siddhartha erzählte dem Fährmann, woher er ursprünglich kam
Сіддхартха розповів перевізнику про те, звідки він родом
Er erzählte ihm von seinem Leben, wie er es heute gesehen hatte
Він розповів йому про своє життя таким, яким він його бачив сьогодні
so wie er es in jener Stunde der Verzweiflung gesehen hatte
таким, яким він бачив це в ту годину відчаю;
Die Geschichte seines Lebens dauerte bis spät in die Nacht
Розповідь про його життя тривала до пізньої ночі
Vasudeva hörte mit großer Aufmerksamkeit zu
Васудева слухала з великою увагою
Er hörte aufmerksam zu und ließ alles in seinen Geist eindringen
Уважно слухаючи, він пускав все в свою свідомість
Geburtsort und Kindheit, all das Lernen
Місце народження і дитинство, все це навчання
all das Suchen, all die Freude, alle Bedrängnis
Все це шукає, вся радість, все горе
Dies war eine der größten Tugenden des Fährmanns
Це було одним з найбільших чеснот паромщика
Wie nur wenige wusste er zuzuhören
Як і лише деякі з них, він умів слухати
Er brauchte kein Wort zu sprechen
Йому не потрібно було говорити ні слова
aber der Sprecher spürte, wie Vasudeva seine Worte in seinen Geist eindringen ließ

але оратор відчув, як Васудева дозволила своїм словам увійти в його розум
Sein Geist war ruhig, offen und wartend
Його розум був тихим, відкритим і чекав
Er verlor kein einziges Wort
Він не втратив жодного слова
Er wartete kein einziges Wort mit Ungeduld ab
Він не чекав жодного слова з нетерпінням
Er fügte weder sein Lob noch seine Zurechtweisung hinzu
Він не додав своєї похвали чи докору
Er hörte nur zu und sonst nichts
Він просто слухав, і більше нічого
Siddhartha fühlte, was für ein glückliches Glück es ist, einem solchen Zuhörer zu gestehen
Сіддхартха відчув, яке це щасливе щастя зізнатися такому слухачеві
Er hatte das Glück, sein eigenes Leben in seinem Herzen zu begraben
Йому пощастило поховати у своєму серці власне життя
Er begrub sein eigenes Suchen und Leiden
Він поховав власні пошуки і страждання
er erzählte die Geschichte von Siddharthas Leben
він розповів історію життя Сіддхартхи
als er von dem Baum am Fluss sprach
коли він говорив про дерево біля річки
als er von seinem tiefen Fall sprach
коли він говорив про своє глибоке падіння
als er vom heiligen Om sprach
коли він говорив про святого Ома
als er davon sprach, wie sehr er eine solche Liebe zum Fluss empfunden hatte
коли він говорив про те, що відчував таку любов до річки
Der Fährmann hörte diesen Dingen mit doppelter Aufmerksamkeit zu
Перевізник слухав ці речі з удвічі більшою увагою
Er war ganz und gar davon absorbiert
Він був цілком і повністю поглинений нею

Er lauschte mit geschlossenen Augen
Він слухав із заплющеними очима
als Siddhartha verstummte, trat ein langes Schweigen ein
коли Сіддхартха замовк, настала довга тиша
dann sprach Vasudeva: "Es ist so, wie ich dachte."
тоді Васудева заговорила: «Це так, як я думала»
"Der Fluss hat zu dir gesprochen"
"Річка заговорила з тобою"
"Der Fluss ist auch dein Freund"
"Річка - твій друг"
"Der Fluss spricht auch zu dir"
«Річка говорить і з тобою»
"Das ist gut, das ist sehr gut"
"Це добре, це дуже добре"
"Bleib bei mir, Siddhartha, mein Freund"
"Залишайся зі мною, Сіддхартха, мій друг"
"Früher hatte ich eine Frau"
"Раніше у мене була дружина"
"Ihr Bett war neben meinem"
"Її ліжко було поруч з моїм"
"Aber sie ist schon lange gestorben"
«Але вона давно померла»
"Lange Zeit habe ich allein gelebt"
«Довгий час я жив один»
"Jetzt sollst du bei mir wohnen"
"Тепер ти будеш жити зі мною"
"Es gibt genug Platz und Essen für uns beide"
«Місця і їжі вистачить нам обом»
»Ich danke dir,« sagte Siddhartha
— Я дякую тобі, — сказав Сіддхартха
"Ich danke Ihnen und akzeptiere"
"Я дякую вам і приймаю"
"Und ich danke dir auch dafür, Vasudeva"
- І я також дякую тобі за це, Васудева
"Ich danke Ihnen, dass Sie mir so gut zugehört haben"
"Я дякую вам за те, що ви мене так добре слухаєте"
"Menschen, die zuhören können, sind selten"

«Люди, які вміють слухати, зустрічаються рідко»
"Ich habe keinen einzigen Menschen getroffen, der es so gut wusste wie du"
«Я не зустрічав жодної людини, яка знала б це так добре, як ти»
"Auch in dieser Hinsicht werde ich von Ihnen lernen"
"Я також буду вчитися в цьому відношенні у вас"
»Du wirst es lernen«, sprach Vasudeva
— Ти навчишся цьому, — заговорила Васудева
"Aber du wirst es nicht von mir lernen"
"Але ти не навчишся цього від Мене"
"Der Fluss hat mich das Zuhören gelehrt"
«Річка навчила мене слухати»
"Du wirst lernen, auch vom Fluss aus zu hören"
«Ти навчишся слухати і з річки»
"Er weiß alles, der Fluss"
«Вона знає все, річка»
"Vom Fluss kann man alles lernen"
«Всьому можна навчитися з річки»
"Siehst du, das hast du auch schon vom Wasser gelernt"
«Бачиш, ти вже навчився цьому з води»
"Du hast gelernt, dass es gut ist, nach unten zu streben"
"Ви дізналися, що добре прагнути вниз"
"Du hast gelernt zu versinken und die Tiefe zu suchen"
"Ви навчилися тонути і шукати глибину"
"Der reiche und elegante Siddhartha wird zum Diener des Ruderers"
«Багатий і елегантний Сіддхартха стає слугою весляра»
"der gelehrte Brahmane Siddhartha wird Fährmann"
«вчений брахман Сіддхартха стає поромщиком»
"Das hat dir auch der Fluss gesagt"
"Це вам також сказала річка"
"Du wirst auch das andere daraus lernen"
"Ви також навчитеся з цього іншого"
Siddhartha sprach nach einer langen Pause
Сіддхартха заговорив після довгої паузи
"Was werde ich sonst noch lernen, Vasudeva?"

— Чого ще я навчуся, Васудева?
Vasudeva erhob sich. »Es ist spät«, sagte er
Троянда Васудева. "Вже пізно", — сказав він
und Vasudeva schlug vor, schlafen zu gehen
і Васудева запропонувала лягти спати
"Das andere kann ich dir nicht sagen, oh Freund"
"Я не можу сказати тобі цього іншого, о друже"
"Du wirst das andere lernen, oder vielleicht weißt du es schon"
"Ти навчишся іншому, або, можливо, ти це вже знаєш"
"Siehst du, ich bin kein gelehrter Mann"
"Бачиш, я не вчена людина"
"Ich habe keine besondere Fähigkeit zu sprechen"
«У мене немає особливих навичок говорити»
"Ich habe auch keine besondere Denkfähigkeit"
«У мене теж немає особливих навичок мислення»
"Alles, was ich tun kann, ist zuzuhören und gottesfürchtig zu sein"
"Все, що я можу робити, це слухати і бути благочестивим"
"Ich habe nichts anderes gelernt"
"Я більше нічому не навчився"
"Wenn ich es sagen und lehren könnte, wäre ich vielleicht ein weiser Mann"
"Якби я міг сказати і навчити цьому, я міг би бути мудрою людиною"
"Aber so bin ich nur ein Fährmann"
«Але ось так я тільки паромщик»
"Und es ist meine Aufgabe, Menschen über den Fluss zu bringen"
«І це моє завдання переправляти людей через річку»
"Ich habe viele tausend Menschen transportiert"
«Я перевіз багато тисяч людей»
"Und für sie alle war mein Fluss nichts als ein Hindernis"
"І для всіх них моя річка була нічим іншим, як перешкодою"
"Es war etwas, das ihren Reisen im Weg stand"
"Це було щось, що заважало їхнім подорожам"

"Sie reisten, um Geld und Geschäfte zu suchen"
«Вони подорожували в пошуках грошей і бізнесу»
"Sie reisten zu Hochzeiten und Wallfahrten"
"Вони їздили на весілля та паломництва"
"Und der Fluss versperrte ihnen den Weg"
"і річка перегороджувала їм шлях"
"Die Aufgabe des Fährmanns war es, sie schnell über dieses Hindernis zu bringen"
«Робота перевізника полягала в тому, щоб швидко переправити їх через цю перешкоду»
"Aber für einige von Tausenden, für einige wenige ist der Fluss kein Hindernis mehr"
«Але для деяких серед тисяч, небагатьох, річка перестала бути перешкодою»
"Sie haben seine Stimme gehört und sie haben auf sie gehört"
"Вони почули його голос і вони прислухалися до нього"
"Und der Fluss ist ihnen heilig geworden"
"і річка стала священною для них"
"Es ist ihnen heilig geworden, wie es mir heilig geworden ist"
"Вона стала священною для них, як стала священною для Мене"
"Ruhen wir uns jetzt aus, Siddhartha"
"Поки що відпочинемо, Сіддхартха"

Siddhartha blieb bei dem Fährmann und lernte das Boot zu bedienen
Сіддхартха залишився з поромщиком і навчився керувати човном
wenn es auf der Fähre nichts zu tun gab, arbeitete er mit Vasudeva im Reisfeld
коли на поромі не було чим зайнятися, він працював з Васудевою на рисовому полі
Er sammelte Holz und pflückte die Früchte von den Bananenstauden
Він збирав дрова і зривав плоди з бананових дерев

Er lernte, wie man ein Ruder baut und wie man das Boot repariert
Він навчився будувати весло і лагодити човен
Er lernte, wie man Körbe flechtet, und zahlte es der Hütte zurück
Він навчився плести кошики і відплатив хаті
und er freute sich über alles, was er lernte
І він радів завдяки всьому, чого навчився
Die Tage und Monate vergingen wie im Flug
Дні і місяці проходили швидко
Aber mehr als Vasudeva ihn lehren konnte, lehrte ihn der Fluss
Але більше, ніж могла навчити його Васудева, його навчила річка
Unaufhörlich lernte er vom Fluss
Невпинно він вчився у річки
Vor allem aber lernte er zuzuhören
Найбільше він навчився слухати
Er lernte, mit ruhigem Herzen aufmerksam zu sein
Він навчився приділяти пильну увагу спокійним серцем
Er lernte, eine wartende, offene Seele zu bewahren
Він навчився зберігати вичікувальну, відкриту душу
Er lernte, ohne Leidenschaft zuzuhören
Він навчився слухати без пристрасті
Er lernte, ohne Wünsche zuzuhören
Він навчився слухати без бажання
Er lernte, zuzuhören, ohne zu urteilen
Він навчився слухати без осуду
Er lernte, ohne Meinung zuzuhören
Він навчився слухати без думки

Freundschaftlich lebte er Seite an Seite mit Vasudeva
У дружній манері він жив пліч-о-пліч з Васудевою
Gelegentlich wechselten sie ein paar Worte
Час від часу вони обмінювалися деякими словами
Endlich dachten sie über die Worte nach
Потім, довго, вони довго думали над словами

Vasudeva war kein Freund von Worten
Васудева не була другом слів
Siddhartha gelang es nur selten, ihn zum Reden zu überreden
Сіддхартха рідко вдавалося переконати його висловитися
"Hast auch du dieses Geheimnis vom Fluss erfahren?"
— Ти теж дізнався цю таємницю з річки?
"Das Geheimnis, dass es keine Zeit gibt?"
"Секрет, що немає часу?"
Vasudevas Gesicht war von einem strahlenden Lächeln erfüllt
Обличчя Васудева було наповнене яскравою посмішкою
»Ja, Siddhartha,« sprach er
"Так, Сіддхартха",—сказав він
"Ich habe gelernt, dass der Fluss überall gleichzeitig ist"
«Я дізнався, що річка скрізь і відразу»
"Es ist an der Quelle und an der Mündung des Flusses"
«Це біля витоку і в гирлі річки»
"Es ist am Wasserfall und an der Fähre"
«Це біля водоспаду і на поромі»
"Es ist an den Stromschnellen und im Meer"
"Це біля порогів і в морі"
"Es ist in den Bergen und überall zugleich"
"Це в горах і скрізь відразу"
"Und ich habe gelernt, dass es nur die Gegenwart für den Fluss gibt"
"і я дізнався, що є тільки теперішній час для річки"
"Es hat nicht den Schatten der Vergangenheit"
«У ньому немає тіні минулого»
"Und es hat nicht den Schatten der Zukunft"
«І в ньому немає тіні майбутнього»
"Ist es das, was du meinst?", fragte er
"Це те, що ви маєте на увазі?" - запитав він
»Das ist es, was ich meinte«, sagte Siddhartha
"Ось що я мав на увазі", - сказав Сіддхартха
"Und als ich es gelernt hatte, schaute ich auf mein Leben"
"І коли я дізнався про це, я подивився на своє життя"

"Und mein Leben war auch ein Fluss"
"І моє життя також було рікою"
"Der Knabe Siddhartha war nur durch einen Schatten von dem Menschen Siddhartha getrennt"
«хлопчик Сіддхартха був відділений від чоловіка Сіддхартхи лише тінню»
"Und ein Schatten trennte den Mann Siddhartha von dem alten Mann Siddhartha"
"і тінь відділила чоловіка Сіддхартху від старого Сіддхартхи"
"Die Dinge sind durch einen Schatten getrennt, nicht durch etwas Reales"
«Речі розділені тінню, а не чимось реальним»
"Auch Siddharthas frühere Geburten lagen nicht in der Vergangenheit"
«Крім того, попередні народження Сіддхартхи не були в минулому»
"und sein Tod und seine Rückkehr zu Brahma liegen nicht in der Zukunft"
«і його смерть і його повернення до Брахми не в майбутньому»
"Nichts war, nichts wird sein, aber alles ist"
«Нічого не було, нічого не буде, але все є»
"Alles hat Existenz und ist präsent"
«Все існує і присутнє»
Siddhartha sprach mit Ekstase
Сіддхартха говорив з екстазом
Diese Erleuchtung hatte ihn zutiefst erfreut
Це просвітлення глибоко захопило його
"War nicht alles Leiden Zeit?"
"Чи не всі страждали час?"
"Waren nicht alle Formen, sich selbst zu quälen, eine Form von Zeit?"
"Хіба не всі форми мук себе не були формою часу?"
"War nicht alles hart und feindselig wegen der Zeit?"
"Чи не все було важко і вороже через час?"
"Ist nicht alles Böse überwunden, wenn man die Zeit

überwindet?"
"Хіба не все зло долається, коли людина долає час?"
"Sobald die Zeit den Geist verlässt, verschwindet dann auch das Leiden?"
«Як тільки час покидає розум, страждання теж йдуть?»
Siddhartha hatte in ekstatischem Entzücken gesprochen
Сіддхартха говорив в екстатичному захваті
aber Vasudeva lächelte ihn strahlend an und nickte bestätigend
але Васудева яскраво посміхнулася йому і кивнула на підтвердження
Schweigend nickte er und strich mit der Hand über Siddharthas Schulter
він мовчки кивнув і провів рукою по плечу Сіддхартхи
Und dann wandte er sich wieder seiner Arbeit zu
А потім повернувся до своєї роботи

Und Siddhartha fragte Vasudeva noch einmal ein andermal
І Сіддхартха знову запитав Васудеву іншим разом
Der Fluss hatte gerade in der Regenzeit seinen Durchfluss erhöht
Річка щойно збільшила свій стік у сезон дощів
und es machte einen mächtigen Lärm
І це зчинило потужний шум
"Ist es nicht so, oh Freund, der Fluss hat viele Stimmen?"
- Хіба це не так, о друже, річка має багато голосів?
"Ist es nicht die Stimme eines Königs und eines Kriegers?"
"Хіба це не голос царя і воїна?"
"Ist es nicht die Stimme eines Stieres und eines Vogels der Nacht?"
— Хіба це не голос бика і нічного птаха?
"Ist es nicht die Stimme einer gebärenden Frau und eines seufzenden Mannes?"
"Хіба це не голос жінки, яка народжує, і зітхаючого чоловіка?"
»Und hat sie nicht auch tausend andere Stimmen?«
- І хіба в ньому також немає тисячі інших голосів?

"Es ist so, wie du sagst", nickte Vasudeva
— Це так, як ви кажете, — кивнула Васудева
"Alle Stimmen der Kreaturen sind in seiner Stimme"
"Всі голоси істот в його голосі"
"Und weißt du..." Siddhartha fuhr fort
"І чи знаєш ти..." Сіддхартха продовжував
"Welches Wort spricht es, wenn es dir gelingt, alle Stimmen auf einmal zu hören?"
"Яке слово він говорить, коли вам вдається почути всі голоси одночасно?"
Glücklicherweise lächelte Vasudevas Gesicht
На щастя, обличчя Васудева посміхалося
er beugte sich zu Siddhartha hinüber und sprach ihm das heilige Om ins Ohr
він нахилився до Сіддхартхи і промовив йому на вухо святого Ома
Und das war es gewesen, was auch Siddhartha gehört hatte
І це було саме те, що також чув Сіддхартха

Immer wieder ähnelte sein Lächeln dem des Fährmanns
Раз по раз його посмішка ставала все більш схожою на посмішку перевізника
Sein Lächeln wurde fast so hell wie das des Fährmanns
Його посмішка стала майже такою ж яскравою, як у паромщика
Es glühte fast genauso gründlich vor Glückseligkeit
Він майже так само ретельно світився блаженством
Leuchten aus tausend kleinen Fältchen
сяйво з тисячі дрібних зморшок
wie das Lächeln eines Kindes
Так само, як посмішка дитини
wie das Lächeln eines alten Mannes
Так само, як посмішка старого
Viele Reisende, die die beiden Fährleute sahen, hielten sie für Brüder
Багато мандрівників, побачивши двох паромщиків, думали, що вони брати

Oft saßen sie abends zusammen an der Bank
Часто вони сиділи вечорами разом біля банку
Sie sagten nichts und lauschten beide auf das Wasser
Вони нічого не сказали і обидва слухали воду
das Wasser, das für sie kein Wasser war
вода, яка не була водою для них
Es war kein Wasser, sondern die Stimme des Lebens
Це була не вода, а голос життя
die Stimme dessen, was existiert und was ewig Gestalt annimmt
голос того, що існує і що вічно формується
Es kam von Zeit zu Zeit vor, dass beide an dasselbe dachten
Час від часу траплялося, що обидва думали про одне й те саме
Sie dachten an ein Gespräch vom Vortag
Вони думали про розмову напередодні
Sie dachten an einen ihrer Reisenden
Вони думали про одного зі своїх мандрівників
Sie dachten an den Tod und ihre Kindheit
Вони думали про смерть і своє дитинство
Sie hörten, wie der Fluss ihnen dasselbe sagte
Вони чули, як річка говорила їм те саме
Beide freuten sich über die gleiche Antwort auf die gleiche Frage
Обидва в захваті від однієї і тієї ж відповіді на одне і те ж питання
Es gab etwas an den beiden Fährleuten, das auf andere übertragen wurde
У двох перевізниках було щось, що було передано іншим
Es war etwas, das viele der Reisenden spürten
Це було те, що відчували багато мандрівників
Gelegentlich schauten die Reisenden in die Gesichter der Fährleute
Мандрівники час від часу дивилися на обличчя перевізників
Und dann erzählten sie die Geschichte ihres Lebens
А потім розповіли історію свого життя

Sie haben allerlei Böses gebeichtet
Вони зізнавалися у всяких злих речах
und sie baten um Trost und Rat
І вони просили розради та поради
Gelegentlich bat jemand um Erlaubnis, eine Nacht bleiben zu dürfen
Зрідка хтось просив дозволу залишитися на нічліг
Sie wollten auch dem Fluss lauschen
Вони також хотіли послухати річку
Es kam auch vor, dass Neugierige kamen
Траплялося і так, що приходили цікаві люди
Man hatte ihnen gesagt, es gäbe zwei weise Männer
Їм було сказано, що є два мудреці
oder man hatte ihnen gesagt, es gäbe zwei Zauberer
або їм сказали, що є два чаклуни
Die Neugierigen stellten viele Fragen
Допитливі люди задавали багато питань
Aber sie bekamen keine Antworten auf ihre Fragen
Але вони не отримали відповідей на свої запитання
Sie fanden weder Zauberer noch Weise
Вони не знайшли ні чаклунів, ні мудреців
Sie fanden nur zwei freundliche kleine alte Männer, die stumm zu sein schienen
Вони знайшли лише двох доброзичливих маленьких дідусиків, які, здавалося, були німими
Sie schienen im Wald von selbst etwas seltsam geworden zu sein
Здавалося, вони самі по собі стали трохи дивними в лісі
Und die Neugierigen lachten über das, was sie gehört hatten
А допитливі люди сміялися з почутого
Sie sagten, einfache Leute würden törichterweise leere Gerüchte verbreiten
Вони говорили, що прості люди нерозумно поширюють порожні чутки

Die Jahre vergingen, und niemand zählte sie
Йшли роки, а їх ніхто не рахував
Einmal kamen Mönche auf einer Pilgerreise vorbei
Потім, свого часу, на паломництво приїхали ченці
sie waren Anhänger von Gotama, dem Buddha
вони були послідовниками Готами, Будди
Sie baten darum, über den Fluss gebracht zu werden
Вони попросили, щоб їх переправили через річку
Sie sagten ihnen, dass sie es eilig hätten, zu ihrem weisen Lehrer zurückzukehren
Вони сказали їм, що поспішають повернутися до свого мудрого вчителя
Die Nachricht hatte sich verbreitet, dass der Erhabene todkrank war
Поширилася звістка, що піднесений був смертельно хворий
Er würde bald seinen letzten menschlichen Tod sterben
Незабаром він помре своєю останньою людською смертю
um eins zu werden mit dem Heil
для того, щоб стати єдиним цілим зі спасінням
Es dauerte nicht lange, bis eine neue Herde von Mönchen kam
Невдовзі з'явилася нова паства ченців
auch sie waren auf der Pilgerreise
Вони також були в своєму паломництві
die meisten Reisenden sprachen von nichts anderem als von Gotama
більшість мандрівників не говорили ні про що інше, як про Готаму
Sein bevorstehender Tod war alles, woran sie dachten
Його неминуча смерть була всім, про що вони думали
Wenn es Krieg gegeben hätte, würden genauso viele reisen
Якби була війна, стільки ж подорожували б
Genauso viele würden zur Krönung eines Königs kommen
Так само, як багато хто прийде на коронацію короля
sie versammelten sich wie Ameisen in Scharen
Вони збиралися, як мурахи, натовпами

sie strömten in Scharen, wie von einem Zauberspruch vorwärts gezogen
Вони стікалися, немов їх тягло вперед магічне заклинання
sie gingen dorthin, wo der große Buddha auf seinen Tod wartete
вони пішли туди, де чекав своєї смерті великий Будда
Der Vervollkommnete einer Epoche sollte eins werden mit der Herrlichkeit
Досконала епоха мала стати єдиним цілим зі славою
Oft dachte Siddhartha in jenen Tagen an den sterbenden Weisen
Часто Сіддхартха думав в ті часи про вмираючого мудреця
der große Lehrer, dessen Stimme die Völker ermahnt hatte
Великий учитель, чий голос наставляв народи
Derjenige, der Hunderttausende geweckt hatte
Той, хто прокинувся сотнями тисяч
ein Mann, dessen Stimme er auch einmal gehört hatte
Чоловік, голос якого він теж колись чув
ein Lehrer, dessen heiliges Antlitz er auch einmal mit Ehrfurcht gesehen hatte
Учитель, чиє святе обличчя він теж колись бачив з повагою
Freundlich dachte er an ihn
Люб'язно, він подумав про нього
Er sah seinen Weg zur Vollkommenheit vor seinen Augen
Він бачив перед очима свій шлях до досконалості
und er erinnerte sich mit einem Lächeln an die Worte, die er zu ihm gesagt hatte
і він з посмішкою згадав ті слова, які сказав йому
als er ein junger Mann war und mit dem Erhabenen sprach
коли він був юнаком і говорив з піднесеним;
Es waren, so schien es ihm, stolze und kostbare Worte gewesen
Це були, як йому здавалося, горді й дорогоцінні слова
Mit einem Lächeln erinnerte er sich an die Worte
З посмішкою він запам'ятав слова
er wußte, daß nichts mehr zwischen Gotama und ihm stand
він знав, що між Готамою і ним більше нічого немає

Das wusste er schon lange
Він знав це вже давно
obwohl er immer noch nicht in der Lage war, seine Lehren zu akzeptieren
хоча він все ще не міг прийняти його вчення
Es gab keine Belehrung eines wirklich suchenden Menschen
Не було навчання по-справжньому шукаючої людини
Jemand, der wirklich finden wollte, konnte
Той, хто дійсно хотів знайти, міг прийняти
Aber wer die Antwort gefunden hatte, konnte jede Lehre gutheißen
Але той, хто знайшов відповідь, міг схвалити будь-яке вчення
Jeder Weg, jedes Ziel, sie waren alle gleich
Кожен шлях, кожна мета, всі вони були однаковими
Es stand nichts mehr zwischen ihm und all den anderen Tausenden
Між ним і всіма іншими тисячами більше нічого не стояло
die Tausenden, die in dem lebten, was ewig ist
тисячі тих, хто жив у тому, що є вічним
die Tausende, die das Göttliche atmeten
Тисячі, які дихали тим, що є божественним

An einem dieser Tage ging auch Kamala zu ihm
В один з таких днів до нього пішла і Камала
Früher war sie die schönste Kurtisane
Раніше вона була найкрасивішою з куртизанок
Vor langer Zeit hatte sie sich aus ihrem früheren Leben zurückgezogen
Давним-давно вона пішла з попереднього життя
sie hatte ihren Garten den Mönchen von Gotama geschenkt
вона подарувала свій сад ченцям Готами
Sie hatte ihre Zuflucht in den Lehren genommen
Вона знайшла свій притулок у вченнях
Sie gehörte zu den Freunden und Wohltätern der Pilger
Вона була серед друзів і благодійників паломників
sie war zusammen mit Siddhartha, dem Knaben

вона була разом з Сіддхартхою, хлопчиком
Siddhartha, der Knabe, war ihr Sohn
Хлопчик Сіддхартха був її сином
sie hatte sich aufgrund der Nachricht vom nahen Tode Gotama's auf den Weg gemacht
вона вирушила в дорогу через звістку про близьку смерть Готами
Sie war in einfacher Kleidung und zu Fuß unterwegs
Вона була в простому одязі і пішки
und sie war mit ihrem kleinen Sohn
і вона була зі своїм маленьким сином
Sie reiste am Fluss entlang
Вона їхала річкою
aber der Knabe war bald müde geworden
Але хлопчик незабаром втомився
Er wollte nach Hause
Він хотів повернутися додому
Er wünschte, sich auszuruhen und zu essen
Йому хотілося відпочити і поїсти
Er wurde ungehorsam und fing an zu jammern
Він став неслухняним і почав скиглити
Kamala musste sich oft mit ihm ausruhen
Камалі часто доводилося відпочивати з ним
Er war es gewohnt, zu bekommen, was er wollte
Він звик отримувати бажане
Sie musste ihn füttern und trösten
Вона повинна була годувати його і втішати
Sie musste ihn für sein Verhalten ausschimpfen
Їй довелося лаяти його за поведінку
Er verstand nicht, warum er auf diese anstrengende Pilgerreise gehen musste
Він не розумів, навіщо йому довелося відправитися в це виснажливе паломництво
Er wusste nicht, warum er an einen unbekannten Ort gehen musste
Він не знав, навіщо йому довелося їхати в невідоме місце
Er wußte, warum er einen heiligen, sterbenden Fremden

sehen mußte
Він знав, чому мав бачити святого вмираючого незнайомця
"Und was wäre, wenn er sterben würde?", klagte er
"А що, якщо він помре?" - поскаржився він
Warum sollte ihn das beunruhigen?
Чому це має його стосуватися?
Die Pilger näherten sich Vasudevas Fähre
Паломники наближалися до порома Васудева
Der kleine Siddhartha zwang die Mutter abermals zur Ruhe
маленький Сіддхартха в черговий раз змусив матір відпочити
Auch Kamala war müde geworden
Камала також втомилася
Während der Junge eine Banane kaute, kaute sie sich auf den Boden
Поки хлопчик жував банан, вона присіла на землю
Sie schloss ein wenig die Augen und ruhte sich aus
Вона трохи заплющила очі і відпочила
Doch plötzlich stieß sie einen heulenden Schrei aus
Але раптом вона вимовила плач крику
Der Junge sah sie ängstlich an
Хлопчик злякано подивився на неї
Er sah, dass ihr Gesicht vor Entsetzen bleich geworden war
Він побачив, що її обличчя зблідло від жаху
und unter ihrem Kleid entfloh eine kleine, schwarze Schlange
А з-під сукні втекла маленька чорна змія
eine Schlange, von der Kamala gebissen worden war
змія, яку вкусила Камала
Eilig rannten sie beide den Weg entlang, um die Leute zu erreichen
Поспішно вони обидва побігли по стежці, щоб дістатися до людей
Sie näherten sich der Fähre und Kamala brach zusammen
вони наблизилися до порома, і Камала впала
Sie war nicht in der Lage, weiter zu gehen

Далі вона йти не змогла
Der Junge fing jämmerlich an zu weinen
Хлопчик почав жалюгідно плакати
Seine Schreie wurden nur unterbrochen, als er seine Mutter küsste
Його крики перервалися лише тоді, коли він поцілував матір
Sie stimmte auch in seine lauten Hilferufe ein
Вона також приєдналася до його гучних криків про допомогу
sie schrie, bis das Geräusch Vasudevas Ohren erreichte
вона кричала, поки звук не дійшов до вух Васудева
Vasudeva kam schnell und nahm die Frau auf seine Arme
Васудева швидко підійшов і взяв жінку на руки
Er trug sie in das Boot und der Junge lief mit
Він заніс її в човен, і хлопчик побіг разом
bald erreichten sie die Hütte, wo Siddhartha am Ofen stand
незабаром вони дійшли до хатини, де біля печі стояв Сіддхартха
Er hat nur das Feuer angezündet
Він просто запалював вогонь
Er blickte auf und sah zuerst das Gesicht des Jungen
Він підвів очі і вперше побачив обличчя хлопчика
Es erinnerte ihn auf wundersame Weise an etwas
Це дивовижно нагадало йому про щось
wie eine Warnung, sich an etwas zu erinnern, das er vergessen hatte
як попередження згадати те, що він забув
Dann sah er Kamala, die er sofort erkannte
Потім він побачив Камалу, яку миттєво впізнав
Sie lag bewußtlos in den Armen des Fährmanns
Вона лежала без свідомості в обіймах паромщика
Jetzt wusste er, dass es sein eigener Sohn war
Тепер він знав, що це його рідний син
sein Sohn, dessen Gesicht ihm eine so warnende Erinnerung gewesen war
його син, чиє обличчя було таким застережливим

нагадуванням для нього
und das Herz regte sich in seiner Brust
і серце заворушилося в грудях
Kamalas Wunde war gewaschen, aber bereits schwarz geworden
Рана Камали була промита, але вже почорніла
und ihr Körper war geschwollen
і тіло її опухло
Sie wurde gezwungen, einen Heiltrank zu trinken
Її змусили пити цілюще зілля
Ihr Bewußtsein kehrte zurück und sie lag auf Siddharthas Bett
Її свідомість повернулася, і вона лягла на ліжко Сіддхартхи
Siddhartha stand über Kamala, die er früher so sehr geliebt hatte
Сіддхартха стояв над Камалою, яку він так любив
Es kam ihr wie ein Traum vor
Їй це здавалося мрією
Mit einem Lächeln blickte sie in das Gesicht ihrer Freundin
З посмішкою вона подивилася на обличчя своєї подруги
Langsam erkannte sie ihre Situation
Повільно вона усвідомила своє становище
Sie erinnerte sich, dass sie gebissen worden war
Вона згадала, що її вкусили
und sie rief schüchtern nach ihrem Sohn
І вона боязко покликала сина
»Er ist bei dir, mach dir keine Sorgen«, sagte Siddhartha
"Він з тобою, не хвилюйся", - сказав Сіддхартха
Kamala sah ihm in die Augen
Камала подивилася йому в очі
Sie sprach mit schwerer Zunge, gelähmt durch das Gift
Вона говорила важким язиком, паралізована отрутою
"Du bist alt geworden, meine Liebe", sagte sie
"Ти постарів, моя люба",—сказала вона
"Du bist grau geworden", fügte sie hinzu
"Ти став сивим", - додала вона
"Aber du bist wie der junge Samana, der ohne Kleider kam"

"Але ти схожий на молоду Саману, яка прийшла без одягу"
"Du bist wie die Samana, die mit staubigen Füßen in meinen Garten kam"
"Ти схожий на Саману, яка прийшла в мій сад з запорошеними ногами"
"Du bist ihm viel ähnlicher, als du es warst, als du mich verlassen hast"
"Ти набагато більше схожий на нього, ніж був, коли покинув мене"
"In den Augen bist du wie er, Siddhartha"
"В очах ти схожий на нього, Сіддхартха"
"Ach, ich bin auch alt geworden"
«На жаль, я теж постарів»
"Kannst du mich noch erkennen?"
"Ти все ще не міг би мене впізнати?"
Siddhartha lächelte: "Augenblicklich erkannte ich dich, Kamala, meine Liebe."
Сіддхартха посміхнувся: "Миттєво я впізнав тебе, Камала, моя люба"
Kamala deutete auf ihren Jungen
Камала вказала на свого хлопчика
»Hast du ihn auch erkannt?«
— Ти теж упізнав його?
"Er ist dein Sohn", bestätigte sie
"Він твій син", — підтвердила вона
Ihre Augen wurden verwirrt und fielen zu
Її очі розгубилися і заплющилися
Der Knabe weinte, und Siddhartha nahm ihn auf die Knie
Хлопчик заплакав, а Сіддхартха взяла його на коліна
Er ließ ihn weinen und streichelte sein Haar
Він дозволив йому плакати і погладив його волосся
beim Anblick des Gesichtes des Kindes kam ihm ein Brahman-Gebet in den Sinn
побачивши обличчя дитини, йому на думку спала брахманська молитва
ein Gebet, das er schon vor langer Zeit gelernt hatte

молитва, яку він давно вивчив
eine Zeit, in der er selbst ein kleiner Junge gewesen war
час, коли він сам був маленьким хлопчиком
Langsam, mit singender Stimme, begann er zu sprechen
Повільно, співочим голосом він почав говорити
Aus seiner Vergangenheit und Kindheit flossen ihm die Worte zu
З минулого і дитинства до нього лилися слова
Und mit diesem Lied wurde der Junge ruhig
І з тією піснею хлопчик заспокоївся
Er schluchzte nur ab und zu
Він тільки раз у раз вимовляв ридання
und endlich schlief er ein
І нарешті він заснув
Siddhartha legte ihn auf Vasudevas Bett
Сіддхартха поклав його на ліжко Васудева
Vasudeva stand am Herd und kochte Reis
Васудева стояла біля плити і варила рис
Siddhartha warf ihm einen Blick zu, den er lächelnd erwiderte
Сіддхартха кинув на нього погляд, який він повернув з посмішкою
»Sie wird sterben,« sagte Siddhartha leise
— Вона помре, — тихо сказав Сіддхартха
Vasudeva wusste, dass es wahr war, und nickte
Васудева зрозуміла, що це правда, і кивнула
Über sein freundliches Gesicht lief das Licht des Ofenfeuers
По його привітному обличчю пробігло світло вогню печі
Kamala kam wieder zu Bewusstsein
Камала знову прийшла до тями
Der Schmerz des Giftes verzerrte ihr Gesicht
Біль від отрути спотворила її обличчя
Siddharthas Augen lasen das Leid in ihrem Mund
Очі Сіддхартхи читали страждання на її устах
An ihren bleichen Wangen konnte er sehen, dass sie litt
З її блідих щік він бачив, що вона страждає
Leise las er den Schmerz in ihren Augen

Тихо він прочитав біль в її очах
Aufmerksam, wartend, wird sein Geist eins mit ihrem Leiden
Уважно, чекаючи, його розум стає єдиним цілим з її стражданнями
Kamala fühlte es und ihr Blick suchte seine Augen
Камала відчула це, і її погляд шукав його очі
Sie sah ihn an und sprach
Дивлячись на нього, вона говорила
"Jetzt sehe ich, dass sich auch deine Augen verändert haben"
«Тепер я бачу, що змінилися і твої очі»
"Sie sind ganz anders geworden"
«Вони стали зовсім іншими»
"Was erkenne ich noch an dir, das Siddhartha ist?
"Що я все ще впізнаю у вас, що це Сіддхартха?
"Du bist es, und du bist es nicht"
"Це ти, і це не ти"
Siddhartha schwieg, seine Augen blickten ruhig auf die ihren
Сіддхартха нічого не сказала, тихо його очі дивилися на неї
"Du hast es geschafft?", fragte sie
"Ви досягли цього?" - запитала вона
"Du hast Frieden gefunden?"
"Ти знайшов спокій?"
Er lächelte und legte seine Hand auf ihre
Він посміхнувся і поклав руку на неї
"Ich sehe es", sagte sie
"Я бачу це",—сказала вона
"Auch ich werde Frieden finden"
"Я теж знайду спокій"
»Du hast es gefunden,« flüsterte Siddhartha
— Ти знайшов його, — пошепки промовив Сіддхартха
Kamala hörte nie auf, ihm in die Augen zu schauen
Камала ніколи не переставала дивитися йому в очі
Sie dachte an ihre Pilgerreise nach Gotama
Вона подумала про своє паломництво до Готами
die Pilgerreise, die sie unternehmen wollte

Паломництво, яке вона хотіла здійснити
um das Antlitz des Vervollkommneten zu sehen
для того, щоб побачити обличчя досконалого
um seinen Frieden zu atmen
для того, щоб дихати його спокоєм
Aber sie hatte es jetzt an einem anderen Ort gefunden
але тепер вона знайшла його в іншому місці
Und das fand sie auch gut
І це вона подумала, що теж добре
Es war gerade so gut, als hätte sie den anderen gesehen
Це було так само добре, ніби вона бачила іншого
Das wollte sie ihm sagen
Вона хотіла сказати йому це
aber ihre Zunge gehorchte ihrem Willen nicht mehr
Але її язик більше не підкорявся її волі
Ohne zu sprechen, sah sie ihn an
Не розмовляючи, вона подивилася на нього
Er sah, wie das Leben aus ihren Augen wich
Він бачив, як життя згасає з її очей
Der letzte Schmerz erfüllte ihre Augen und ließ sie trübe werden
Останній біль наповнив її очі і змусив їх потьмяніти
Der letzte Schauer lief durch ihre Glieder
Останнє тремтіння пробігло по її кінцівках
Sein Finger schloss ihre Augenlider
Його палець зімкнув повіки

Lange saß er da und betrachtete ihr friedlich totes Gesicht
Довго він сидів і дивився на її мирно мертве обличчя
Lange Zeit beobachtete er ihren Mund
Довгий час він спостерігав за її ротом
ihr alter, müder Mund mit jenen Lippen, die dünn geworden waren
її старий, стомлений рот, з тими губами, які стали тонкими
Er erinnerte sich, dass er diesen Mund mit einer frisch geknackten Feige verglichen hatte

Він згадав, що звик порівнювати цей рот зі свіжопотріскaним інжиром
Das war im Frühjahr seiner Jahre
Це було навесні його років
Lange saß er da und las in dem bleichen Gesicht
Довгий час він сидів і читав бліде обличчя
Er las die müden Falten
Він читав «Втомлені зморшки»
Er erfüllte sich mit diesem Anblick
Він наповнив себе цим видовищем
Er sah sein eigenes Gesicht auf die gleiche Weise
Він бачив своє власне обличчя таким же чином
Er sah, dass sein Gesicht genauso weiß war
Він побачив, що його обличчя таке ж біле
Er sah, dass sein Gesicht ebenso erloschen war
Він побачив, що його обличчя так само згасло
Gleichzeitig sah er, dass sein und ihr Gesicht jung waren
У той же час він побачив своє обличчя і її молодість
ihre Gesichter mit roten Lippen und feurigen Augen
їх обличчя з червоними губами і вогненними очима
das Gefühl, dass beides gleichzeitig real ist
відчуття того, що обидва реальні одночасно
Das Gefühl der Ewigkeit erfüllte jeden Aspekt seines Wesens vollständig
Відчуття вічності повністю заповнило кожен аспект Його істоти
In dieser Stunde fühlte er tiefer als je zuvor
У цю годину він відчув глибше, ніж будь-коли раніше
Er fühlte die Unzerstörbarkeit jedes Lebens
Він відчував незнищенність кожного життя
Er fühlte die Ewigkeit eines jeden Augenblicks
Він відчував вічність кожної миті
Als er sich erhob, hatte Vasudeva Reis für ihn vorbereitet
Коли він піднявся, Васудева приготувала для нього рис
Aber Siddhartha aß in dieser Nacht nicht
Але Сіддхартха не їв тієї ночі
Im Stall stand ihre Ziege

У стайні їх коза стояла
Die beiden alten Männer bereiteten sich Strohbetten
Двоє старих приготували собі грядки соломи
Vasudeva legte sich schlafen
Васудева лягла спати
Siddhartha aber ging hinaus und setzte sich vor die Hütte
Але Сіддхартха вийшов на вулицю і сів перед хатою
Er lauschte dem Fluss, umgeben von der Vergangenheit
Він слухав річку, оточену минулим
Er wurde von allen Zeiten seines Lebens gleichzeitig berührt und umzingelt
Він був зворушений і оточений усіма часами свого життя одночасно
Von Zeit zu Zeit erhob er sich und trat an die Tür der Hütte
Час від часу він піднімався і ступав до дверей хатини
Er horchte, ob der Junge schlief
Він слухав, чи спить хлопчик

ehe die Sonne zu sehen war, kam Vasudeva aus dem Stall
перш ніж було видно сонце, Васудева вийшла зі стайні
Er ging zu seinem Freund hinüber
Він підійшов до свого друга
"Du hast nicht geschlafen", sagte er
"Ти не спав", — сказав він
"Nein, Vasudeva. Ich saß hier"
- Ні, Васудева. Я сидів тут"
"Ich lauschte dem Fluss"
«Я слухав річку»
"Der Fluss hat mir viel erzählt"
«Річка багато про що мені розповіла»
"Es hat mich zutiefst mit dem heilenden Gedanken des Einsseins erfüllt"
"Це глибоко наповнило мене цілющою думкою про єдність"
"Du hast Leid erfahren, Siddhartha"
"Ти зазнав страждань, Сіддхартха"
"Aber ich sehe, dass keine Traurigkeit in dein Herz

eingedrungen ist"
"але я бачу, що смуток не увійшов у твоє серце"
"Nein, meine Liebe, wie sollte ich traurig sein?"
- Ні, моя люба, як мені сумувати?
"Ich, der ich reich und glücklich gewesen bin"
"Я, багатий і щасливий"
"Ich bin jetzt noch reicher und glücklicher geworden"
«Тепер я став ще багатшим і щасливішим»
"Mein Sohn ist mir geschenkt"
"Мені дано сина мого"
"Dein Sohn soll mir auch willkommen sein"
"Твій син буде прийнятий і мені"
"Aber nun, Siddhartha, machen wir uns an die Arbeit"
- Але тепер, Сіддхартха, приступаймо до роботи»
"Es gibt noch viel zu tun"
"Попереду ще багато роботи"
"Kamala ist auf demselben Bett gestorben, auf dem meine Frau gestorben ist"
«Камала померла на тому ж ліжку, на якому померла моя дружина»
"Lasst uns Kamalas Begräbnishaufen auf dem Hügel bauen"
«Побудуймо похоронну купу Камали на пагорбі»
"der Hügel, auf dem der Begräbnishaufen meiner Frau liegt"
"пагорб, на якому знаходиться похоронна купа моєї дружини"
Während der Junge noch schlief, bauten sie den Leichenhaufen
Поки хлопчик ще спав, вони побудували похоронну купу

Der Sohn
Син

Schüchtern und weinend hatte der Junge an der Beerdigung seiner Mutter teilgenommen
Боязкий і заплаканий, хлопчик був присутній на похороні матері
düster und schüchtern hatte er Siddhartha zugehört
похмурий і сором'язливий, він слухав Сіддхартху
Siddhartha begrüßte ihn als seinen Sohn
Сіддхартха привітав його як свого сина
er empfing ihn an seinem Platz in Vasudevas Hütte
він зустрів його у себе в хаті Васудева
Bleich saß er viele Tage am Hügel der Toten
Блідий, він багато днів сидів біля пагорба мертвих
Er wollte nicht essen
Він не хотів їсти
Er sah niemanden an
Він ні на кого не дивився
Er öffnete sein Herz nicht
Він не відкрив свого серця
Er begegnete seinem Schicksal mit Widerstand und Verleugnung
Свою долю він зустрів опором і запереченням
Siddhartha sparte es, ihm Unterricht zu erteilen
Сіддхартха щадив, даючи йому уроки
und er ließ ihn tun, was er wollte
і він дозволив йому робити те, що йому заманеться
Siddhartha ehrte die Trauer seines Sohnes
Сіддхартха вшанував траур свого сина
Er verstand, dass sein Sohn ihn nicht kannte
Він розумів, що син його не знає
Er verstand, dass er ihn nicht wie einen Vater lieben konnte
Він розумів, що не може любити його, як батька
Langsam begriff er auch, dass der Elfjährige ein verwöhnter Junge war
Повільно він також зрозумів, що одинадцятирічний

хлопчик був розпещеним хлопчиком
Er sah, dass er ein Muttersöhnchen war
Він побачив, що він хлопчик матері
Er sah, dass er in den Gewohnheiten reicher Leute aufgewachsen war
Він бачив, що виріс у звичках багатих людей
Er war an feineres Essen und ein weiches Bett gewöhnt
Він звик до більш тонкої їжі і м'якої постільної білизни
Er war es gewohnt, Dienern Befehle zu erteilen
Він звик віддавати накази слугам
Das trauernde Kind konnte sich nicht plötzlich mit einem Leben unter Fremden begnügen
Траурна дитина не міг раптом задовольнятися життям серед чужих людей
Siddhartha verstand, dass das verhätschelte Kind nicht freiwillig in Armut sein würde
Сіддхартха розумів, що розпещена дитина не охоче опиниться в бідності
Er zwang ihn nicht, diese Dinge zu tun
Він не примушував його робити ці речі
Siddhartha erledigte viele Arbeiten für den Knaben
Сіддхартха виконував багато домашніх справ для хлопчика
Er hob sich immer das beste Stück des Essens für ihn auf
Він завжди зберігав для нього найкращий шматок трапези
Langsam hoffte er, ihn durch freundliche Geduld für sich gewinnen zu können
Поступово він сподівався завоювати його дружнім терпінням
Reich und glücklich hatte er sich genannt, als der Knabe zu ihm gekommen war
Багатий і щасливий, він назвав себе, коли хлопчик прийшов до нього
Seitdem war einige Zeit vergangen
З тих пір минув деякий час
aber der Knabe blieb ein Fremder und in düsterem Gemüt
Але хлопчик залишився чужим і в похмурій вдачі
Er zeigte ein stolzes und hartnäckig ungehorsames Herz

Він виявляв горде і вперто неслухняне серце
Er wollte keine Arbeit verrichten
Він не хотів робити ніякої роботи
Er zollte den alten Männern nicht seinen Respekt
Він не віддав своєї поваги старим
er stahl von Vasudevas Obstbäumen
він вкрав з фруктових дерев Васудеви
Sein Sohn hatte ihm weder Glück noch Frieden gebracht
Син не приніс йому щастя і спокою
Der Junge hatte ihm Leid und Sorgen gebracht
Хлопчик приніс йому страждання і занепокоєння
langsam begann Siddhartha dies zu begreifen
поволі Сіддхартха почав розуміти це
Aber er liebte ihn, ungeachtet des Leids, das er ihm brachte
Але він любив його, незважаючи на страждання, які він йому приніс
Er zog das Leid und die Sorgen der Liebe dem Glück und der Freude ohne den Jungen vor
Він вважав за краще страждання і турботи любові, а не щастя і радість без хлопчика
von da an, als der junge Siddhartha in der Hütte war, hatten die Alten die Arbeit geteilt
з того часу, коли молодий Сіддхартха був у хатині, старі люди розділили роботу
Vasudeva hatte wieder die Stelle des Fährmanns übernommen
Васудева знову взявся за роботу перевізника
und Siddhartha, um bei seinem Sohn zu sein, tat die Arbeit in der Hütte und auf dem Felde
а Сіддхартха, щоб бути зі своїм сином, виконував роботу в хаті і полі

lange Monate wartete Siddhartha darauf, daß sein Sohn ihn verstehe
довгі місяці Сіддхартха чекав, поки син зрозуміє його
Er wartete darauf, dass er seine Liebe annahm
Він чекав, поки він прийме свою любов

und er wartete darauf, dass sein Sohn seine Liebe vielleicht erwidern würde
і він чекав, поки його син, можливо, відповість взаємністю на його любов
Monatelang wartete Vasudeva und beobachtete
Довгі місяці Васудева чекала, спостерігаючи
Er wartete und sagte nichts
Він чекав і нічого не сказав
Eines Tages quälte der junge Siddhartha seinen Vater sehr
Одного разу юний Сіддхартха дуже мучив батька
Er hatte seine beiden Reisschüsseln zerbrochen
Він розбив обидві свої рисові миски
Vasudeva nahm seinen Freund beiseite und sprach mit ihm
Васудева відвела свого друга вбік і поговорила з ним
»Verzeihen Sie,« sagte er zu Siddhartha
"Вибачте мене", — сказав він Сіддхартхі
"Von freundlichem Herzen spreche ich zu dir"
"Від щирого серця я розмовляю з тобою"
"Ich sehe, dass du dich quälst"
«Я бачу, що ти мучиш себе»
"Ich sehe, dass du in Trauer bist"
"Я бачу, що ти в горі"
"Dein Sohn, meine Liebe, macht dir Sorgen"
"Твій син, мій дорогий, турбує тебе"
"Und er macht mir auch Sorgen"
"І він також турбує мене"
"Dieser junge Vogel ist an ein anderes Leben gewöhnt"
«Та молода пташка звикла до іншого життя»
"Er ist es gewohnt, in einem anderen Nest zu leben"
«Він звик жити в іншому гнізді»
"Er ist nicht, wie du, vor dem Reichtum und der Stadt davongelaufen"
«Він, як і ти, не втік від багатств і міста»
"Er war nicht angewidert und hatte das Leben in Sansara satt"
"він не відчував огиди і набрид життям у Сансарі"
"Er musste all diese Dinge gegen seinen Willen tun"

"Він повинен був робити все це проти своєї волі"
"Er musste das alles hinter sich lassen"
«Він повинен був залишити все це позаду»
"Ich habe den Fluss gefragt, oh Freund"
"Я запитав річку, о друже"
"Viele Male habe ich den Fluss gefragt"
"Багато разів я питав ріку"
"Aber der Fluss lacht über all das"
«Але річка сміється над усім цим»
"Es lacht mich aus und es lacht dich aus"
«Він сміється над мною і сміється над тобою»
"Der Fluss bebt vor Lachen über unsere Torheit"
«Річка трясеться від сміху над нашою дурістю»
"Wasser will sich mit Wasser verbinden, wie die Jugend mit der Jugend zusammenkommen will"
«Вода хоче приєднатися до води, як молодь хоче приєднатися до молоді»
"Dein Sohn ist nicht an dem Ort, an dem es ihm gut gehen kann"
"Ваш син не там, де він може процвітати"
"Auch du solltest den Fluss fragen"
"Ви теж повинні запитати річку"
"Auch du solltest es dir anhören!"
"Ви теж повинні прислухатися до цього!"
Beunruhigt blickte Siddhartha in sein freundliches Gesicht
Стурбований, Сіддхартха подивився в його доброзичливе обличчя
Er betrachtete die vielen Falten, in denen unaufhörliche Heiterkeit lag
Він дивився на безліч зморшок, в яких була безперервна бадьорість
»Wie könnte ich mich von ihm trennen?« sagte er leise und beschämt
"Як я міг розлучитися з ним?" сказав він тихо, соромлячись
"Gib mir noch etwas Zeit, meine Liebe"
"Дайте мені ще трохи часу, мої дорогі"
"Siehst du, ich kämpfe für ihn"

«Бачиш, я борюся за нього»
"Ich versuche, sein Herz zu gewinnen"
«Я прагну завоювати його серце»
"mit Liebe und mit freundlicher Geduld beabsichtige ich, es einzufangen"
"З любов'ю і дружнім терпінням я маю намір захопити це"
"Eines Tages wird der Fluss auch mit ihm sprechen"
"Одного дня річка також заговорить з ним"
"Auch er ist angerufen"
"Він також покликаний"
Vasudevas Lächeln blühte wärmer auf
Усмішка Васудева розквітла тепліше
"Oh ja, auch er ist gefragt"
"О так, він теж покликаний"
"Auch er ist vom ewigen Leben"
"Він також від вічного життя"
"Aber wissen wir, du und ich, wozu er berufen ist?"
"Але чи знаємо ми, ви і я, що Він покликаний робити?"
"Wir wissen, welchen Weg wir einschlagen und welche Maßnahmen wir ergreifen müssen"
«Ми знаємо, який шлях обрати і які дії виконати»
"Wir wissen, welchen Schmerz wir ertragen müssen"
«Ми знаємо, який біль нам доведеться терпіти»
»Aber weiß er diese Dinge?«
"Але чи знає він це?"
"Nicht klein, sein Schmerz wird sein"
«Не маленький, його біль буде»
"Schließlich ist sein Herz stolz und hart"
«Адже серце його горде і тверде»
"Solche Menschen müssen viel leiden und irren"
«Таким людям доводиться багато страждати і помилятися»
"Sie müssen viel Unrecht tun"
«Вони повинні зробити багато несправедливості»
"Und sie haben sich mit viel Sünde belastet"
"і вони обтяжують себе багатьма гріхами"
»Sag es mir, meine Liebe,« bat er Siddhartha

"Скажи мені, моя люба", — попросив він про Сіддхартху
"Du übernimmst nicht die Kontrolle über die Erziehung deines Sohnes?"
«Ти не береш під контроль виховання сина?»
"Du zwingst ihn nicht, schlägst ihn nicht und bestrafst ihn nicht?"
"Ви не змушуєте його, не б'єте і не караєте?"
"Nein, Vasudeva, ich tue nichts von alledem"
"Ні, Васудева, я нічого з цього не роблю"
"Ich wusste es. Du zwingst ihn nicht"
"Я це знав. Ти його не змушуєш"
"Du schlägst ihn nicht und gibst ihm keine Befehle"
«Ти його не б'єш і не віддаєш йому наказів»
"Weil du weißt, dass weich stärker ist als hart"
«Тому що ти знаєш, що м'який сильніший за твердий»
"Du weißt, dass Wasser stärker ist als Steine"
"Ви знаєте, що вода сильніша за скелі"
"Und du weißt, dass Liebe stärker ist als Gewalt"
«І ти знаєш, що любов сильніша за силу»
"Sehr gut, ich lobe dich dafür"
«Дуже добре, я хвалю тебе за це»
»Aber irren Sie sich nicht in gewisser Weise?«
- Але хіба ти в чомусь не помиляєшся?
"Glaubst du nicht, dass du ihn zwingst?"
- Хіба ти не думаєш, що змушуєш його?
"Bestrafst du ihn nicht vielleicht anders?"
— Хіба ти не караєш його по-іншому?
"Fesselst du ihn nicht mit deiner Liebe?"
- Хіба ти не сковує його своєю любов'ю?
"Gibst du ihm nicht jeden Tag das Gefühl, minderwertig zu sein?"
"Хіба ти не змушуєш його відчувати себе неповноцінним з кожним днем?"
"Macht es ihm deine Güte und Geduld nicht noch schwerer?"
— Хіба твоя доброта й терпіння не ускладнюють йому життя?

"Zwingst du ihn nicht, in einer Hütte mit zwei alten Bananenfressern zu leben?"
- Хіба ти не змушуєш його жити в хатині з двома старими бананоїдами?
"Alte Männer, für die sogar Reis eine Delikatesse ist"
«Старики, для яких навіть рис є делікатесом»
"Alte Männer, deren Gedanken nicht die seinen sein können"
"Старі, чиї думки не можуть бути його"
"Alte Männer, deren Herzen alt und still sind"
"Старі люди, чиї серця старі й тихі"
"Alte Männer, deren Herz in einem anderen Rhythmus schlägt als seines"
"Старики, чиї серця б'ються в іншому темпі, ніж у нього"
"Wird er nicht durch all das gezwungen und bestraft?"
«Хіба він не змушений і не покараний усім цим?»
Beunruhigt blickte Siddhartha zu Boden
Стривожений, Сіддхартха подивився на землю
Leise fragte er: "Was soll ich Ihrer Meinung nach tun?"
Тихо він запитав: "Як ви думаєте, що мені робити?"
Vasudeva sprach: "Bringt ihn in die Stadt."
Васудева сказала: "Приведіть його в місто"
"Bringt ihn in das Haus seiner Mutter"
«Приведи його в будинок матері»
"Es werden immer noch Diener da sein, gebt ihn ihnen"
«Навколо ще будуть слуги, віддайте їм його»
"Und wenn keine Diener da sind, bringt ihn zu einem Lehrer"
«А якщо слуг немає, приведи його до вчителя»
"Aber bringen Sie ihn nicht um der Lehre willen zu einem Lehrer"
«Але не приводьте його до вчителя заради вчення»
"Bringt ihn zu einem Lehrer, damit er unter anderen Kindern ist"
«Приведіть його до вчителя, щоб він був серед інших дітей»
"und bringe ihn in die Welt, die ihm gehört"

"і приведи Його у світ, який є Його власним"
"Hast du noch nie daran gedacht?"
- Ти ніколи не думав про це?
»Du siehst mir ins Herz,« sprach Siddhartha traurig
— Ти бачиш у моє серце, — сумно промовив Сіддхартха
"Oft habe ich daran gedacht"
"Часто я думав про це"
"Aber wie kann ich ihn in diese Welt setzen?"
- Але як я можу ввести його в цей світ?
»Wird er nicht überschwänglich werden?«
"Хіба він не стане буйним?"
"Wird er sich nicht dem Vergnügen und der Macht hingeben?"
"Чи не втратить він себе заради задоволення та сили?"
"Wird er nicht alle Fehler seines Vaters wiederholen?"
"Чи не повторить він усіх помилок свого батька?"
"Wird er sich nicht vielleicht ganz in Sansara verirren?"
- Хіба він, можливо, зовсім не загубиться в Сансарі?
Hell leuchtete das Lächeln des Fährmanns auf
Яскраво засвітилася посмішка паромщика
sanft berührte er Siddharthas Arm
м'яко він торкнувся руки Сіддхартхи
"Frag den Fluss danach, mein Freund!"
"Запитай про це річку, друже!"
"Hör den Fluss darüber lachen!"
«Чуєш, як сміється річка!»
"Würdest du wirklich glauben, dass du deine törichten Taten begangen hast?
"Чи справді ви повірите, що вчинили свої дурні вчинки?
"Um Ihrem Sohn zu ersparen, sie auch zu begehen"
«Щоб позбавити вашого сина від їх вчинення»
"Und könntest du deinen Sohn in irgendeiner Weise vor Sansara schützen?"
- І чи могли б ви якимось чином захистити свого сина від Сансари?
"Wie konntest du ihn vor Sansara beschützen?"
- Як ти міг захистити його від Сансари?

"**Durch Lehren, Gebete, Ermahnungen?**"
"За допомогою вчень, молитви, напучування?"
"**Meine Liebe, hast du diese Geschichte ganz vergessen?**"
- Любий мій, ти зовсім забув цю історію?
"**Die Geschichte, die so viele Lektionen enthält**"
"Історія, що містить так багато уроків"
"**die Geschichte von Siddhartha, dem Sohn eines Brahmanen**"
«Історія про Сіддхартху, сина брахмана»
"**Die Geschichte, die du mir einst hier an dieser Stelle erzählt hast?**"
— Історію, яку ви колись розповіли мені тут, саме на цьому місці?
"**Wer hat die Samana Siddhartha vor Sansara beschützt?**"
"Хто захистив Саману Сіддхартху від Сансари?"
"**Wer hat ihn vor Sünde, Habgier und Torheit bewahrt?**"
"Хто втримав його від гріха, жадібності та глупоти?"
"**War die religiöse Hingabe seines Vaters in der Lage, ihn zu beschützen?**
"Чи змогла релігійна відданість батька захистити його?"
"**Waren die Warnungen seines Lehrers in der Lage, ihn zu schützen?**"
"Чи могли попередження вчителя захистити його?"
"**Könnte sein eigenes Wissen ihn beschützen?**"
"Чи можуть його власні знання захистити його?"
"**War seine eigene Suche in der Lage, ihn in Sicherheit zu bringen?**"
"Чи зміг його власний пошук убезпечити його?"
"**Welcher Vater hat seinen Sohn beschützen können?**"
"Який батько зміг захистити свого сина?"
"**Welcher Vater könnte seinen Sohn davon abhalten, sein Leben für sich selbst zu leben?**"
"Який батько міг утримати сина від того, щоб він прожив своє життя для себе?"
"**Welcher Lehrer hat es geschafft, seinen Schüler zu beschützen?**"
"Який учитель зміг захистити свого учня?"

"Welcher Lehrer kann seinen Schüler davon abhalten, sich mit Leben zu beschmutzen?"
"Який учитель може перешкодити своєму учневі забруднити себе життям?"
"Wer könnte ihn davon abhalten, sich selbst mit Schuldgefühlen zu belasten?"
"Хто міг перешкодити йому обтяжувати себе почуттям провини?"
"Wer könnte ihn davon abhalten, das bittere Getränk für sich selbst zu trinken?"
"Хто міг перешкодити йому випити гіркий напій для себе?"
"Wer könnte ihn davon abhalten, seinen Weg für sich selbst zu finden?"
"Хто міг перешкодити йому знайти свій шлях для себе?"
"Dachtest du, dass irgendjemand davon verschont werden könnte, diesen Weg zu gehen?"
"Ви думали, що когось можна врятувати від того, щоб піти цим шляхом?"
"Dachtest du, dass dein kleiner Sohn vielleicht verschont bleiben würde?"
"Ти думав, що, можливо, твого маленького сина врятують?"
"Hast du gedacht, dass deine Liebe das alles kann?"
"Ти думав, що твоя любов може все це зробити?"
"Dachtest du, deine Liebe könnte ihn vor dem Leiden bewahren?"
"Ти думав, що твоя любов може утримати його від страждань"
"Dachtest du, deine Liebe könnte ihn vor Schmerz und Enttäuschung schützen?
"Ти думав, що твоя любов може захистити його від болю та розчарування?
"Du könntest zehnmal für ihn sterben"
"Ти міг би померти десять разів за нього"
"Aber du konntest keinen Teil seines Schicksals auf dich nehmen"

"Але ви не могли взяти на себе жодної частини Його долі"
Nie zuvor hatte Vasudeva so viele Worte gesprochen
Ніколи раніше Васудева не вимовляла стільки слів
Siddhartha dankte ihm freundlich
Люб'язно, Сіддхартха подякував йому
Er ging beunruhigt in die Hütte
Він занепокоєний пішов у хатину

Er konnte lange nicht schlafen
Він довго не міг заснути
Vasudeva hatte ihm nichts gesagt, was er nicht schon gedacht und gewusst hatte
Васудева не сказала йому нічого, про що він ще не думав і не знав
Aber das war ein Wissen, nach dem er nicht handeln konnte
Але це було знання, на яке він не міг діяти
Stärker als das Wissen war seine Liebe zu dem Jungen
Сильнішою за знання була його любов до хлопчика
Stärker als das Wissen war seine Zärtlichkeit
Сильнішою за знання була його ніжність
Stärker als das Wissen war seine Angst, ihn zu verlieren
Сильнішим за знання був його страх втратити його
Hatte er jemals sein Herz so sehr an etwas verloren?
Хіба він коли-небудь так сильно втрачав серце через щось?
Hatte er je einen Menschen so blind geliebt?
Чи любив він коли-небудь когось так сліпо?
Hatte er jemals so erfolglos für jemanden gelitten?
Чи страждав він коли-небудь за когось так безуспішно?
Hatte er jemals für irgendjemanden solche Opfer gebracht und war doch so unglücklich gewesen?
Чи приносив він коли-небудь такі жертви заради когось і все ж був таким нещасним?
Siddhartha konnte den Rat seines Freundes nicht befolgen
Сіддхартха не міг прислухатися до поради свого друга
Er konnte den Jungen nicht aufgeben
Він не міг відмовитися від хлопчика
Er ließ sich von dem Jungen Befehle geben

Він дозволив хлопчикові віддати йому накази
Er ließ sich von ihm ignorieren
Він дозволив йому знехтувати ним
Er sagte nichts und wartete
Він нічого не сказав і чекав
Täglich versuchte er den Kampf der Freundlichkeit
Щодня він робив спроби боротьби дружелюбності
Er leitete den stillen Krieg der Geduld ein
Він ініціював мовчазну війну терпіння
Auch Vasudeva sagte nichts und wartete
Васудева теж нічого не сказала і чекала
Beide waren Meister der Geduld
Вони обидва були майстрами терпіння

Einmal erinnerte ihn das Gesicht des Jungen sehr an Kamala
одного разу обличчя хлопчика дуже нагадало йому Камалу
Siddhartha musste plötzlich an etwas denken, was Kamala einmal gesagt hatte
Сіддхартха раптом довелося подумати про те, що одного разу сказала Камала
"Du kannst nicht lieben", hatte sie zu ihm gesagt
"Ти не можеш любити", — сказала вона йому
und er hatte ihr zugestimmt
і він погодився з нею
und er hatte sich mit einem Stern verglichen
І він порівнював себе із зіркою
und er hatte die kindlichen Menschen mit fallenden Blättern verglichen
і він порівняв дітей, схожих на людей, з падаючим листям
Trotzdem habe er auch einen Vorwurf in dieser Richtung gespürt
Але, тим не менш, він також відчув звинувачення в цьому рядку
Ja, er hatte nie lieben können
Дійсно, він ніколи не вмів любити
Er war nie in der Lage gewesen, sich ganz einem anderen

Menschen hinzugeben
Він ніколи не міг повністю присвятити себе іншій людині
Er hatte sich selbst nie vergessen können
Він ніколи не міг забути себе
Er war nie in der Lage gewesen, aus Liebe zu einem anderen Menschen törichte Taten zu begehen
Він ніколи не міг робити дурних вчинків заради любові до іншої людини
Damals schien es ihn von den kindlichen Menschen zu unterscheiden
У той час це ніби відрізняло його від дітей, подібних до людей
Aber seit sein Sohn hier ist, ist auch Siddhartha ein kindlicher Mensch geworden
Але з тих пір, як його син був тут, Сіддхартха також став дитячою людиною
Er litt um eines anderen willen
Він страждав заради іншої людини
Er liebte eine andere Person
Він любив іншу людину
Er verlor sich an die Liebe zu jemand anderem
Він був втрачений через любов до когось іншого
Er war aus Liebe zum Narren geworden
Він став дурнем через любов
Nun empfand auch er die stärkste und seltsamste aller Leidenschaften
Тепер він теж відчував найсильнішу і найдивнішу з усіх пристрастей
Er litt elend unter dieser Leidenschaft
Він з тріском страждав від цієї пристрасті
und er war dennoch in Glückseligkeit
І він, тим не менш, був у блаженстві
In einer Hinsicht wurde er dennoch erneuert
Проте він був оновлений в одному відношенні
Er wurde durch diese eine Sache bereichert
Він збагатився цим одним
Er spürte sehr wohl, dass diese blinde Liebe zu seinem Sohn

eine Leidenschaft war
Він дуже добре відчував, що ця сліпа любов до сина була пристрастю
Er wusste, dass es etwas sehr Menschliches war
Він знав, що це щось дуже людське
er wußte, daß es Sansara war
він знав, що це Сансара
Er wusste, dass es eine trübe Quelle war, dunkles Wasser
Він знав, що це каламутне джерело, темні води
aber er fühlte, dass es nicht wertlos, sondern notwendig war
Але він відчував, що це не марно, а необхідно
Es kam aus der Essenz seines eigenen Wesens
воно виходило з сутності його власного буття
Auch dieses Vergnügen musste gesühnt werden
Це задоволення також потрібно було спокутувати
Auch dieser Schmerz musste ertragen werden
Цей біль теж довелося пережити
Auch diese törichten Taten mussten begangen werden
Ці безглузді вчинки також повинні були бути здійснені
Bei alledem ließ der Sohn ihn seine törichten Taten begehen
Через все це син дозволив йому зробити свої дурні вчинки
Er ließ ihn um seine Zuneigung werben
Він дозволив йому залицятися за свою прихильність
Er ließ ihn jeden Tag sich erniedrigen
Він дозволяв йому принижувати себе щодня
Er gab sich den Launen seines Sohnes hin
Він має в настроях свого сина
Sein Vater hatte nichts, was ihn hätte entzücken können
У батька не було нічого, що могло б його порадувати
und er nichts, was der Knabe fürchtete
І він нічого такого, чого боявся хлопчик
Er war ein guter Mann, dieser Vater
Він був хорошою людиною, цей батько
Er war ein guter, freundlicher, weicher Mann
Він був хорошим, добрим, м'яким чоловіком
Vielleicht war er ein sehr frommer Mann
Можливо, він був дуже побожною людиною

Vielleicht war er ein Heiliger, dachte der Junge
Можливо, він святий, подумав хлопчик
Doch all diese Eigenschaften konnten den Jungen nicht für sich gewinnen
Але всі ці атрибути не змогли завоювати хлопчика
Er langweilte sich von diesem Vater, der ihn gefangen hielt
Йому нудьгував цей батько, який тримав його у в'язниці
ein Gefangener in seiner elenden Hütte
в'язень у цій його жалюгідній хаті
Er langweilte sich davon, dass er jede Ungezogenheit mit einem Lächeln beantwortete
Йому було нудно, коли він відповідав посмішкою на кожну пустоту
Er schätzte es nicht, wenn auf Beleidigungen mit Freundlichkeit reagiert wurde
Він не цінував образ, на які відповідала дружелюбність
Er mochte es nicht, wenn Bösartigkeit in Güte erwidert wurde
Йому не подобалася порочність, повернута добротою
Genau das war der verhasste Trick dieser alten Schleicherei
Саме це було ненависним трюком цього старого підлабузника
Viel mehr hätte es dem Jungen gefallen, wenn er von ihm bedroht worden wäre
Набагато більше хлопчикові сподобалося б, якби йому погрожували
Er wollte von ihm missbraucht werden
Він хотів, щоб він ображав його

Es kam der Tag, an dem der junge Siddhartha genug hatte
Настав день, коли юному Сіддхартхі набридло
Was ihm durch den Kopf ging, brach hervor
Те, що було в нього на думці, вибухнуло
und er wandte sich offen gegen seinen Vater
І він відкрито повстав проти батька
Siddhartha hatte ihm eine Aufgabe gegeben
Сіддхартха дав йому завдання

Er hatte ihm gesagt, er solle Reisig sammeln
Він сказав йому збирати хмиз
Aber der Junge verließ die Hütte nicht
Але хлопчик не вийшов з хатини
In hartnäckigem Ungehorsam und Wut blieb er, wo er war
У впертому непослуху і люті він залишився там, де був
Er stampfte mit den Füßen auf den Boden
Він кинувся ногами об землю
Er ballte die Fäuste und schrie in einem gewaltigen Ausbruch
Він стиснув кулаки і закричав у потужному пориві
Er schrie seinem Vater seinen Hass und seine Verachtung ins Gesicht
Він вигукнув свою ненависть і презирство в обличчя батька
"Hol dir das Reisig!", rief er und schäumte vor dem Mund
«Придбайте хмиз собі!» — кричав він, пінячись у роті
"Ich bin nicht dein Diener"
"Я не твій слуга"
"Ich weiß, dass du mich nicht schlagen wirst, du würdest es nicht wagen"
«Я знаю, що ти мене не вдариш, ти не наважишся»
"Ich weiß, dass du mich ständig bestrafen willst"
«Я знаю, що ти постійно хочеш мене покарати»
"Du willst mich mit deiner religiösen Hingabe und deiner Nachsicht niedermachen"
"Ти хочеш придушити мене своєю релігійною відданістю і своєю поблажливістю"
"Du willst, dass ich so werde wie du"
"Ти хочеш, щоб я став схожим на тебе"
"Du willst, dass ich genauso fromm, weich und weise bin wie du"
"Ти хочеш, щоб я був таким же побожним, м'яким і мудрим, як ти"
"Aber ich werde es nicht tun, nur um dich leiden zu lassen"
«Але я не буду цього робити, тільки для того, щоб змусити тебе страждати»
"Ich möchte lieber ein Straßenräuber werden, als so weich

zu sein wie du"
«Я волів би стати грабіжником шосе, ніж бути таким же м'яким, як ти»
"Ich wäre lieber ein Mörder, als so weise zu sein wie du"
"Я волів би бути вбивцею, ніж бути таким же мудрим, як ти"
"Ich würde lieber in die Hölle kommen, als so zu werden wie du!"
«Я волів би піти в пекло, ніж стати таким, як ти!»
"Ich hasse dich, du bist nicht mein Vater
"Я ненавиджу тебе, ти не мій батько
"Auch wenn du zehnmal mit meiner Mutter geschlafen hast, bist du nicht mein Vater!"
«Навіть якщо ти спав з моєю матір'ю десять разів, ти не мій батько!»
Wut und Trauer kochten in ihm über
У ньому закипіла лють і горе
Er schäumte seinen Vater in hundert wilden und bösen Worten an
Він пінився на батька сотнею диких і злих слів
Da lief der Knabe in den Wald
Тоді хлопчик втік у ліс
Es war spät in der Nacht, als der Junge zurückkehrte
Було пізно ввечері, коли хлопчик повернувся
Doch am nächsten Morgen war er verschwunden
Але наступного ранку він зник
Was auch verschwunden war, war ein kleiner Korb
Те, що також зникло, було маленьким кошиком
der Korb, in dem die Fährleute die Kupfer- und Silbermünzen aufbewahrten
кошик, в якому перевізники зберігали ті мідні та срібні монети
die Münzen, die sie als Fahrgeld erhielten
монети, які вони отримували як проїзд
Auch das Boot war verschwunden
Човен також зник
Siddhartha sah das Boot am gegenüberliegenden Ufer liegen

Сіддхартха побачив човен, що лежав на протилежному
березі
Siddhartha hatte vor Kummer gezittert
Сіддхартха тремтів від горя
**Die schimpfenden Reden, die der Junge gehalten hatte,
berührten ihn**
Просторікуючі промови, які виголошував хлопчик,
зворушили його
»Ich muß ihm folgen,« sagte Siddhartha
"Я повинен піти за ним", - сказав Сіддхартха
**"Ein Kind kann nicht alleine durch den Wald gehen, es wird
zugrunde gehen"**
«Дитина не може йти лісом сама, вона загине»
**"Wir müssen ein Floß bauen, Vasudeva, um über das Wasser
zu kommen"**
«Ми повинні побудувати пліт, Васудева, щоб перебратися
над водою»
"Wir werden ein Floß bauen", sagte Vasudeva
"Ми побудуємо пліт", - сказала Васудева
"Wir werden es bauen, um unser Boot zurückzubekommen"
"Ми побудуємо його, щоб повернути наш човен"
**"Aber du sollst deinem Kinde nicht nachlaufen, mein
Freund"**
«Але не бігай за дитиною своєю, друже мій»
"Er ist kein Kind mehr"
"Він більше не дитина"
"Er weiß, wie man sich fortbewegt"
«Він вміє обходити»
"Er sucht den Weg in die Stadt"
«Він шукає шлях до міста»
"Und er hat recht, vergiss das nicht"
"І він правий, не забувайте про це"
"Er tut das, was du selbst nicht geschafft hast"
«Він робить те, що ти не зміг зробити сам»
"Er kümmert sich um sich selbst"
"Він піклується про себе"
"Er geht seinen Lauf für sich"

"Він бере свій курс для себе"
"Ach, Siddhartha, ich sehe dich leiden"
"На жаль, Сіддхартха, я бачу, як ти страждаєш"
"Aber du leidest an einem Schmerz, über den man lachen möchte"
"Але ти страждаєш від болю, над яким хотілося б сміятися"
"Du leidest unter einem Schmerz, über den du bald selbst lachen wirst"
"Ти страждаєш від болю, над яким скоро будеш сміятися сам"
Siddhartha antwortete seinem Freund nicht
Сіддхартха не відповів своєму другові
Er hielt die Axt bereits in den Händen
Він уже тримав сокиру в руках
und er fing an, ein Floß aus Bambus zu machen
І він почав робити пліт з бамбука
Vasudeva half ihm, die Stöcke mit Grasseilen zusammenzubinden
Васудева допомогла йому зв'язати тростини мотузками з трави
Als sie den Fluss überquerten, trieben sie weit von ihrem Kurs ab
Коли вони перетнули річку, вони далеко відійшли від свого курсу
Sie zogen das Floß am gegenüberliegenden Ufer flussaufwärts
Вони витягли пліт вгору по річці на протилежному березі
»Warum hast du die Axt mitgenommen?« fragte Siddhartha
«Чому ти взяв сокиру з собою?» — запитав Сіддхартха
"Es wäre möglich gewesen, dass das Ruder unseres Bootes verloren gegangen ist"
"Можливо, весло нашого човна загубилося"
Aber Siddhartha wußte, was sein Freund dachte
Але Сіддхартха знав, про що думає його друг
Er dachte, der Junge hätte das Ruder weggeworfen
Він думав, хлопчик викине весло

um sich zu rächen
для того, щоб помститися
und um sie davon abzuhalten, ihm zu folgen
і для того, щоб вони не йшли за Ним
Und tatsächlich, es war kein Ruder mehr im Boot
І насправді весла в човні не залишилося
Vasudeva deutete auf den Boden des Bootes
Васудева вказала на дно човна
und er sah seinen Freund mit einem Lächeln an
І він подивився на свого друга з посмішкою
Er lächelte, als wolle er etwas sagen
Він посміхнувся, ніби хотів щось сказати
"Verstehst du nicht, was dein Sohn dir sagen will?"
- Хіба ти не бачиш, що намагається тобі сказати син?
"Siehst du nicht, dass er nicht verfolgt werden will?"
- Хіба ти не бачиш, що він не хоче, щоб за ним стежили?
Aber er hat das nicht mit Worten gesagt
«Але він не сказав цього словами»
Er fing an, ein neues Ruder zu bauen
«Він почав робити нове весло»
Siddhartha aber nahm Abschied, um den Entlaufenen zu suchen
«Але Сіддхартха попрощався, щоб шукати втікача»
Vasudeva hat ihn nicht davon abgehalten, nach seinem Kind zu suchen
«Васудева не завадила йому шукати свою дитину»

Siddhartha war schon lange durch den Wald gewandert
Сіддхартха довго гуляв лісом
Ihm kam der Gedanke, dass seine Suche nutzlos war
Йому прийшла в голову думка, що його пошуки марні
Entweder war der Junge weit voraus und hatte die Stadt bereits erreicht
Або хлопчик був далеко попереду і вже дістався до міста
oder er würde sich vor ihm verbergen
або він би сховався від нього
Er dachte weiter an seinen Sohn

Він продовжував думати про свого сина
Er stellte fest, dass er sich keine Sorgen um seinen Sohn machte
Він виявив, що не хвилюється за свого сина
Tief in seinem Inneren wusste er, dass er nicht umgekommen war
Він знав глибоко всередині, що не загинув
auch war er im Wald nicht in Gefahr
і йому не загрожувала небезпека в лісі
Trotzdem rannte er ohne anzuhalten
Проте біг він без зупинки
Er rannte nicht, um ihn zu retten
Він не біг, щоб врятувати його
Er rannte, um sein Verlangen zu befriedigen
Він біг, щоб задовольнити своє бажання
Er wollte ihn vielleicht noch einmal sehen
Він хотів, можливо, побачити його ще раз
Und er rannte bis kurz vor die Stadt
І він підбіг до самого міста
Als er in der Nähe der Stadt eine breite Straße erreichte
Коли недалеко від міста він дійшов до широкої дороги
Er blieb am Eingang des schönen Lustgartens stehen
Він зупинився біля входу в прекрасний прогулянковий сад
der Garten, der früher Kamala gehörte
сад, який раніше належав Камалі
den Garten, in dem er sie zum ersten Mal gesehen hatte
сад, де він побачив її вперше
als sie in ihrer Sänfte saß
коли вона сиділа у своєму кріслі седана
Die Vergangenheit stieg in seiner Seele auf
Минуле піднялося в його душі
Wieder sah er sich dort stehen
Він знову побачив, що стоїть там
eine junge, bärtige, nackte Samana
молода, бородата, гола Самана
sein Haar und sein Haar war voller Staub
Його волосся було повне пилу

Lange stand Siddhartha da
Довгий час Сіддхартха стояв там
Er blickte durch das offene Tor in den Garten
Він заглянув крізь відчинені ворота в сад
Er sah Mönche in gelben Gewändern zwischen den schönen Bäumen wandeln
Він побачив ченців у жовтих шатах, які йшли серед прекрасних дерев
Lange stand er da und dachte nach
Довгий час він стояв там, розмірковуючи
Er sah Bilder und lauschte der Geschichte seines Lebens
Він бачив образи і слухав історію свого життя
Lange stand er da und schaute die Mönche an
Довгий час він стояв там, дивлячись на ченців
er sah den jungen Siddhartha an ihrer Stelle
він побачив на їхньому місці молодого Сіддхартху
Er sah die junge Kamala zwischen den hohen Bäumen spazieren gehen
він побачив юну Камалу, яка йшла серед високих дерев
Offensichtlich sah er, wie er von Kamala mit Essen und Trinken versorgt wurde
Очевидно, він бачив, як Камала подає йому їжу та напої
Er sah, wie er seinen ersten Kuss von ihr erhielt
Він побачив, що отримує від неї свій перший поцілунок
er sah sich stolz und verächtlich auf sein Leben als Brahmane zurückblicken
він бачив, як гордо і зневажливо дивиться назад на своє життя брахмана
Er sah sich selbst sein weltliches Leben beginnen, stolz und voller Sehnsucht
Він бачив, як починає своє мирське життя, гордий і сповнений бажань
Er sah Kamaswami, die Diener, die Orgien
Він бачив Камасвамі, слуг, оргії
Er sah die Spieler mit den Würfeln
Він побачив азартних гравців з кістками
er sah Kamalas Singvogel im Käfig

він побачив співочу пташку Камали в клітці
Er hat das alles noch einmal durchlebt
Він пережив все це знову
er atmete Sansara und war wieder alt und müde
він зітхнув Сансарою і знову став старим і втомленим
Er fühlte den Ekel und den Wunsch, sich noch einmal zu vernichten
Він відчував огиду і бажання знову знищити себе
und er wurde abermals geheilt durch das heilige Om
і він знову був зцілений святим Ом
lange hatte Siddhartha am Tor gestanden
довгий час Сіддхартха стояв біля воріт
Er erkannte, dass sein Verlangen töricht war
Він зрозумів, що його бажання було дурним
Er erkannte, dass es Torheit war, die ihn an diesen Ort hatte gehen lassen
Він зрозумів, що це була дурість, яка змусила його піднятися на це місце
Er erkannte, dass er seinem Sohn nicht helfen konnte
Він зрозумів, що не може допомогти своєму синові
und er erkannte, dass er sich nicht an ihn klammern durfte
І він зрозумів, що йому не дано чіплятися за нього
Er fühlte die Liebe zu dem Ausreißer tief in seinem Herzen
Він глибоко відчував любов до втікача у своєму серці
Die Liebe zu seinem Sohn fühlte sich an wie eine Wunde
Любов до сина відчувалася як рана
aber diese Wunde war ihm nicht gegeben worden, um das Messer darin zu drehen
Але ця рана була дана йому не для того, щоб повернути в ній ніж
Die Wunde musste zu einer Blüte werden
Рана повинна була стати квіткою
und seine Wunde musste glänzen
і рана його повинна була сяяти
Dass diese Wunde noch nicht aufblühte oder glänzte, machte ihn traurig
Те, що ця рана ще не розцвіла і не блищала, засмутило

його
Statt des ersehnten Ziels herrschte Leere
Замість бажаної мети була порожнеча
Die Leere hatte ihn hierher gezogen, und traurig setzte er sich
Порожнеча притягнула його сюди, і, на жаль, він сів
Er fühlte, wie etwas in seinem Herzen starb
Він відчував, як щось вмирає в його серці
Er erlebte Leere und sah keine Freude mehr
Він відчував порожнечу і більше не бачив радості
Es gab kein Ziel, das man anstreben konnte
Не було мети, до якої можна було б прагнути
Er saß in Gedanken versunken da und wartete
Він сидів, загублений у думках, і чекав
Das hatte er am Fluss gelernt
Про це він дізнався біля річки
Warten, Geduld haben, aufmerksam zuhören
чекати, набратися терпіння, уважно слухати
Und er saß und lauschte im Staub des Weges
І він сидів і слухав, у пороху дороги
Er hörte auf sein Herz, das müde und traurig schlug
Він слухав своє серце, б'ючись втомлено і сумно
und er wartete auf eine Stimme
І він чекав голосу
Viele Stunden kauerte er und lauschte
Багато годин він присідав, прислухаючись
Er sah keine Bilder mehr
Він більше не бачив зображень
Er fiel ins Leere und ließ sich fallen
Він впав у порожнечу і дозволив собі впасти
Er konnte keinen Weg vor sich sehen
Він не бачив стежки перед собою
Und als er fühlte, wie die Wunde brannte, sprach er leise das Om
І коли він відчув, що рана горить, він мовчки промовив Ом
er füllte sich mit Om
він наповнився Ом

Die Mönche im Garten sahen ihn
Ченці в саду побачили його
Staub sammelte sich auf seinem grauen Haar
На його сивому волоссі збирався пил
Da er viele Stunden in der Hocke lag, legte einer der Mönche zwei Bananen vor ihn
Оскільки він присів багато годин, один з ченців поставив перед ним два банани
Der alte Mann sah ihn nicht
Старий його не бачив

Aus diesem versteinerten Zustand wurde er durch eine Hand geweckt, die seine Schulter berührte
Від цього скам'янілого стану його розбудила рука, що торкнулася його плеча
Sofort erkannte er diese zärtliche, schüchterne Berührung
Миттєво він упізнав цей ніжний сором'язливий дотик
Vasudeva war ihm gefolgt und hatte gewartet
Васудева пішла за ним і чекала
er kam wieder zur Besinnung und erhob sich, um Vasudeva zu begrüßen
він прийшов до тями і піднявся, щоб привітати Васудеву
Er blickte in Vasudevas freundliches Gesicht
він подивився в доброзичливе обличчя Васудева
Er schaute in die kleinen Fältchen
Він заглянув у дрібні зморшки
Seine Falten waren, als wären sie mit nichts als seinem Lächeln gefüllt
Його зморшки були такі, ніби вони були наповнені нічим, крім його посмішки
Er blickte in die glücklichen Augen, und dann lächelte auch er
Він подивився в щасливі очі, а потім теж посміхнувся
Nun sah er die Bananen vor sich liegen
Тепер він побачив банани, що лежали перед ним
Er hob die Bananen auf und gab sie dem Fährmann
Він підняв банани і віддав один перевізнику

Nachdem sie die Bananen gegessen hatten, gingen sie schweigend zurück in den Wald
З'ївши банани, вони мовчки пішли назад у ліс
Sie kehrten nach Hause zur Fähre zurück
Вони повернулися додому на поромі
Keiner von beiden sprach darüber, was an diesem Tag geschehen war
Ніхто не говорив про те, що сталося того дня
Keiner von beiden erwähnte den Namen des Jungen
Ніхто не згадав ім'я хлопчика
Keiner sprach davon, dass er weggelaufen war
Ніхто не говорив про те, що він втік
Keiner von beiden sprach über die Wunde
Ніхто не говорив про рану
In der Hütte legte sich Siddhartha auf sein Bett
У хатині Сіддхартха ліг на ліжко
nach einer Weile kam Vasudeva zu ihm
через деякий час до нього прийшла Васудева
Er bot ihm eine Schüssel Kokosmilch an
Він запропонував йому миску кокосового молока
aber er schlief schon
Але він уже спав

Om
Ом

Lange brannte die Wunde weiter
Довгий час рана продовжувала горіти
Siddhartha musste viele Reisende über den Fluss bringen
Сіддхартха довелося переправляти через річку багатьох мандрівників
Viele der Reisenden wurden von einem Sohn oder einer Tochter begleitet
Багатьох мандрівників супроводжували син або дочка
und er sah keinen von ihnen, ohne sie zu beneiden
І він не бачив нікого з них, не заздрячи їм
Er konnte sie nicht sehen, ohne an seinen verlorenen Sohn zu denken
Він не міг бачити їх, не думаючи про свого втраченого сина
"So viele Tausende besitzen das süßeste aller Glücke"
"Так багато тисяч володіють найсолодшою з удач"
"Warum besitze ich dieses Glück nicht auch?"
"Чому я також не маю цієї удачі?"
"Auch Diebe und Räuber haben Kinder und lieben sie"
«Навіть злодії і грабіжники мають дітей і люблять їх»
"Und sie werden von ihren Kindern geliebt"
"І їх люблять їхні діти"
"Alle werden von ihren Kindern geliebt, nur ich nicht"
"Усіх люблять їхні діти, крім мене"
Er dachte jetzt wie die kindlichen Menschen, ohne Vernunft
Тепер він думав, як по-дитячому народ, без підстав
Er war einer der kindlichen Menschen geworden
Він став одним з дітей, схожих на дітей
Er sah die Menschen anders als zuvor
Він дивився на людей інакше, ніж раніше
Er war weniger klug und weniger stolz auf sich
Він був менш розумним і менше пишався собою
Stattdessen war er wärmer und neugieriger
Але замість цього він був теплішим і цікавішим
Wenn er Reisende beförderte, war er mehr involviert als

zuvor
Коли він переправляв мандрівників, він брав більше участі, ніж раніше
kindliche Menschen, Geschäftsleute, Krieger, Frauen
Дитячі люди, бізнесмени, воїни, жінки
Diese Menschen schienen ihm nicht fremd zu sein, wie sie es früher taten
Ці люди не здавалися йому чужими, як звикли
Er verstand sie und teilte ihr Leben
Він розумів їх і ділився їхнім життям
ein Leben, das nicht von Gedanken und Einsichten geleitet war
життя, яке не керувалося думками і проникливістю
sondern ein Leben, das nur von Trieben und Wünschen geleitet wird
але життя, керована виключно спонуканнями і побажаннями
Er fühlte sich wie das kindliche Volk
Він відчував себе дитячим народом
Er trug seine letzte Wunde
Він ніс свою останню рану
Er näherte sich der Vollkommenheit
Він наближався до досконалості
aber die kindlichen Menschen schienen immer noch seine Brüder zu sein
Але по-дитячому люди все одно здавалися його братами
Ihre Eitelkeiten, ihr Besitzverlangen waren ihm nicht mehr lächerlich
Їх марнота, бажання володіння вже не були для нього смішними
Sie wurden verständlich und liebenswert
Вони стали зрозумілими і привабливими
sie wurden ihm sogar würdig, verehrt zu werden
Вони навіть стали гідними його шанування
Die blinde Liebe einer Mutter zu ihrem Kind
Сліпа любов матері до своєї дитини
der dumme, blinde Stolz eines eingebildeten Vaters auf

seinen einzigen Sohn
дурна, сліпа гордість зарозумілого батька за єдиного сина
das blinde, wilde Verlangen einer jungen, eitlen Frau nach Schmuck
Сліпе, дике бажання молодої, марнославної жінки до прикрас
ihr Wunsch nach bewundernden Blicken von Männern
її бажання захоплених поглядів чоловіків
All diese einfachen Triebe waren keine kindischen Vorstellungen
Всі ці прості спонукання не були дитячими поняттями
aber sie waren ungeheuer starke, lebendige und vorherrschende Triebe
але вони були надзвичайно сильними, живими і переважаючими спонуканнями
Er sah Menschen, die um ihrer Triebe willen lebten
Він бачив людей, що живуть заради своїх спонукань
Er sah, wie Menschen für ihre Triebe seltene Dinge erreichten
Він бачив, як люди досягають рідкісних речей для своїх спонукань
Reisen, Kriege führen, Leiden
подорожі, ведення воєн, страждання
sie ertrugen unendlich viel Leid
Вони несли нескінченну кількість страждань
und er konnte sie dafür lieben, weil er das Leben sah
І він міг любити їх за це, тому що бачив життя
dass das, was lebendig ist, in jeder ihrer Leidenschaften war
що те, що живе, було в кожній їхній пристрасті
dass das, was unzerstörbar ist, in ihren Trieben lag, dem Brahman
що те, що є незнищенним, було в їхніх спонуканнях, Брахман
Diese Menschen verdienten Liebe und Bewunderung
Ці люди були гідні любові і захоплення
Sie verdienten es für ihre blinde Treue und blinde Stärke
Вони заслужили це за свою сліпу вірність і сліпу силу

Es gab nichts, was ihnen fehlte
Не було нічого, чого їм не вистачало
Siddhartha besaß nichts, was ihn über die anderen erheben konnte, außer einer Sache
Сіддхартха не мав нічого, що могло б поставити його вище за інших, крім одного
Es gab immer noch eine Kleinigkeit, die er hatte, die sie nicht hatten
У нього все ще була маленька річ, якої вони не мали
Er hatte den bewussten Gedanken an die Einheit allen Lebens
У нього була свідома думка про єдність усього життя
aber Siddhartha zweifelte sogar, ob dieses Wissen so hoch geschätzt werden sollte
але Сіддхартха навіть сумнівався, чи варто цінувати ці знання так високо
Es könnte auch eine kindische Vorstellung der denkenden Menschen sein
Це також може бути дитячою ідеєю мислячих людей
Das weltliche Volk war den Weisen gleichgestellt
Світські люди були рівними за рангом мудрецям
Auch Tiere können in manchen Momenten dem Menschen überlegen erscheinen
Тварини теж можуть в деякі моменти здаватися перевершують людей
Sie sind überlegen in ihrer harten, unerbittlichen Ausführung dessen, was notwendig ist
Вони перевершують у своєму жорсткому, невблаганному виконанні необхідного
eine Idee blühte langsam in Siddhartha auf
ідея повільно розквітла в Сіддхартхі
und die Idee reifte langsam in ihm
І ідея потихеньку визрівала в ньому
Er begann zu erkennen, was Weisheit eigentlich ist
Він почав бачити, що таке мудрість насправді
Er erkannte, was das Ziel seiner langen Suche war
Він бачив, яка мета його довгих пошуків

Seine Suche war nichts anderes als eine Bereitschaft der Seele
Його пошуки були нічим іншим, як готовністю душі
eine geheime Kunst, jeden Moment zu denken, während er sein Leben lebt
Таємне мистецтво думати кожну мить, проживаючи при цьому своє життя
Es war der Gedanke des Einsseins
Це була думка про єдність
in der Lage zu sein, das Einssein zu fühlen und einzuatmen
вміти відчувати і вдихати єдність
Langsam blühte dieses Bewußtsein in ihm auf
Поволі це усвідомлення розквітло в ньому
es strahlte ihm aus Vasudevas altem, kindlichem Gesicht entgegen
воно сяяло йому зі старого, дитячого обличчя Васудева
Harmonie und Wissen um die ewige Vollkommenheit der Welt
гармонія і пізнання вічної досконалості світу
Lächeln und Teil des Einsseins sein
посміхатися і бути частиною єдності
Aber die Wunde brannte immer noch
Але рана все одно обпеклася
sehnsüchtig und bitter dachte Siddhartha an seinen Sohn
з тугою і гіркотою Сіддхартха думав про свого сина
Er nährte seine Liebe und Zärtlichkeit in seinem Herzen
Він плекав свою любов і ніжність у своєму серці
Er ließ zu, dass der Schmerz an ihm nagte
Він дозволив болю гризти його
Er beging alle törichten Taten der Liebe
Він здійснював усі безглузді вчинки любові
Diese Flamme würde nicht von selbst erlöschen
Це полум'я не згасне саме по собі

Eines Tages brannte die Wunde heftig
Одного разу рана сильно обпеклася
von einer Sehnsucht getrieben, überquerte Siddhartha den

Fluss
Спонукуваний тугою Сіддхартха перетнув річку
Er stieg aus dem Boot und war bereit, in die Stadt zu fahren
Він зійшов з човна і був готовий відправитися в місто
Er wollte seinen Sohn noch einmal suchen
Він хотів знову шукати сина
Der Fluss floss sanft und leise dahin
Річка текла м'яко і тихо
Es war Trockenzeit, aber seine Stimme klang seltsam
Це був сухий сезон, але його голос звучав дивно
Es war deutlich zu hören, dass der Fluss lachte
Було видно, що річка засміялася
Er lachte hell und deutlich über den alten Fährmann
Він яскраво і ясно сміявся над старим паромщиком
Er beugte sich über das Wasser, um noch besser hören zu können
Він нахилився над водою, щоб чути ще краще
und er sah sein Antlitz in den ruhig fließenden Wassern gespiegelt
і він побачив своє обличчя, що відбивалося в тихо рухомих водах
In diesem gespiegelten Gesicht lag etwas
У цьому відбитому обличчі було щось
etwas, das ihn daran erinnerte, aber er hatte es vergessen
щось, що нагадувало йому, але він забув
Als er darüber nachdachte, fand er es
Коли він думав про це, він знайшов це
Dieses Gesicht glich einem anderen Gesicht, das er kannte und liebte
Це обличчя нагадувало інше обличчя, яке він знав і любив
Aber er fürchtete sich auch vor diesem Gesicht
Але він також боявся цього обличчя
Es glich dem Gesicht seines Vaters, des Brahmanen
Воно нагадувало обличчя його батька, брахмана
Er erinnerte sich daran, wie er seinen Vater gezwungen hatte, ihn gehen zu lassen
Він згадав, як змусив батька відпустити його

Er erinnerte sich, wie er sich von ihm verabschiedet hatte
Він згадав, як попрощався з ним
Er erinnerte sich, wie er gegangen war und nie wieder zurückgekommen war
Він пам'ятав, як пішов і більше ніколи не повернувся
Hatte nicht auch sein Vater den gleichen Schmerz für ihn erlitten?
Хіба його батько також не зазнав такого ж болю за нього?
War der Schmerz seines Vaters nicht der Schmerz, den Siddhartha jetzt erleidet?
Хіба біль батька не був болем, від якого зараз страждає Сіддхартха?
War sein Vater nicht schon lange gestorben?
Невже невдовзі помер його батько?
War er gestorben, ohne seinen Sohn wiedergesehen zu haben?
Хіба він помер, так і не побачивши знову свого сина?
Musste er nicht das gleiche Schicksal für sich selbst erwarten?
Хіба йому не доводилося чекати такої ж долі для себе?
War es nicht eine Komödie in einem schicksalhaften Kreis?
Чи не була це комедія в доленосному колі?
Der Fluss lachte über all das
Річка сміялася з усього цього
alles kam zurück, was nicht erlitten worden war
Повернулося все, що не постраждало
Alles kam zurück, was nicht gelöst worden war
Повернулося все, що не було вирішено
Der gleiche Schmerz wurde immer und immer wieder erlitten
Один і той же біль страждав знову і знову
Siddhartha stieg wieder in das Boot
Сіддхартха повернувся в човен
und er kehrte in die Hütte zurück
і повернувся назад до хатини
Er dachte an seinen Vater und an seinen Sohn
Він думав про свого батька і про свого сина

Er dachte daran, vom Fluss ausgelacht worden zu sein
Він подумав, що над ним сміялися біля річки
Er war mit sich selbst zerstritten und neigte zur Verzweiflung
Він ворогував із собою і прагнув до відчаю
Aber er war auch versucht zu lachen
Але у нього також була спокуса сміятися
Er konnte über sich selbst und die ganze Welt lachen
Він міг сміятися над собою і над усім світом
Leider blühte die Wunde noch nicht auf
На жаль, рана ще не розцвіла
sein Herz kämpfte immer noch gegen sein Schicksal
Його серце все ще боролося з його долею
Heiterkeit und Sieg leuchteten noch nicht aus seinem Leiden
Бадьорість і перемога ще не світили від його страждань
Trotzdem fühlte er neben der Verzweiflung auch Hoffnung
Проте він відчував надію разом з відчаєм
Als er in die Hütte zurückkehrte, verspürte er ein unbesiegbares Verlangen, sich Vasudeva zu öffnen
повернувшись до хатини, він відчув непереможне бажання відкритися Васудеві
Er wollte ihm alles zeigen
Він хотів показати йому все
Er wollte dem Meister des Zuhörens alles sagen
Він хотів сказати все майстру слухання

Vasudeva saß in der Hütte und flechtete einen Korb
Васудева сиділа в хаті, плела кошик
Er benutzte die Fähre nicht mehr
Він більше не користувався поромом-човном
Seine Augen fingen an, schwach zu werden
Його очі починали слабшати
Auch seine Arme und Hände wurden schwach
Його руки і руки також слабшали
nur die Freude und das heitere Wohlwollen seines Antlitzes waren unveränderlich

Незмінною була тільки радість і весела доброзичливість його обличчя
Siddhartha setzte sich neben den Alten
Сіддхартха сів поруч зі старим
Langsam fing er an, über das zu sprechen, worüber sie noch nie gesprochen hatten
Повільно він почав говорити про те, про що вони ніколи не говорили
Er erzählte ihm von seinem Spaziergang in die Stadt
Він розповів йому про свою прогулянку до міста
Er erzählte ihm von der brennenden Wunde
Він розповів йому про палаючу рану
Er erzählte ihm von dem Neid, glückliche Väter zu sehen
Він розповів йому про заздрість бачити щасливих батьків
sein Wissen um die Torheit solcher Wünsche
Його знання про безглуздість таких бажань
sein vergeblicher Kampf gegen seinen Willen
його марна боротьба проти його бажань
Er war in der Lage, alles zu sagen, selbst die peinlichsten Stellen
Він вмів сказати все, навіть найнезручніші частини
Er erzählte ihm alles, was er ihm sagen konnte
Він розповів йому все, що міг йому сказати
Er zeigte ihm alles, was er ihm zeigen konnte
Він показав йому все, що міг йому показати
Er präsentierte ihm seine Wunde
Він представив йому свою рану
Er erzählte ihm auch, wie er heute geflohen war
Він також розповів йому, як сьогодні втік
Er erzählte ihm, wie er über das Wasser fuhr
Він розповів йому, як переправлявся по воді
ein kindlicher Ausreißer, der bereit ist, zu Fuß in die Stadt zu gehen
Дитяча втеча, готова дійти пішки до міста
und er erzählte ihm, wie der Fluss gelacht hatte
І він розповів йому, як річка сміялася
Er sprach lange

Він говорив довго
Vasudeva hörte mit ruhigem Gesicht zu
Васудева слухала з тихим обличчям
Vasudevas Zuhören gab Siddhartha eine stärkere Empfindung als je zuvor
Прослуховування Васудева дало Сіддхартхі сильніше, ніж будь-коли раніше
Er spürte, wie sein Schmerz und seine Ängste auf ihn überströmten
Він відчув, як його біль і страхи перетекли до нього
Er spürte, wie seine geheime Hoffnung ihn überkam
Він відчув, як його таємна надія текла над ним
Diesem Zuhörer seine Wunde zu zeigen, war dasselbe, wie sie im Fluss zu baden
Показати свою рану цьому слухачеві було все одно, що викупати його в річці
der Fluß hätte Siddharthas Wunde gekühlt
річка охолодила б рану Сіддхартхи
das stille Lauschen kühlte Siddharthas Wunde
тихе прослуховування охолодило рану Сіддхартхи;
Es kühlte ihn ab, bis er eins mit dem Fluss wurde
Це охолоджувало його, поки він не став єдиним цілим з річкою
Während er noch sprach, immer noch zugab und beichtete
Поки він ще говорив, все ще зізнавався і зізнавався
Siddhartha fühlte immer mehr, daß dies nicht mehr Vasudeva war
Сіддхартха все більше відчував, що це вже не Васудева
Es war kein Mensch mehr, der ihm zuhörte
Його слухала вже не людина
Dieser regungslose Zuhörer nahm sein Geständnis in sich auf
Цей нерухомий слухач вбирав у себе свою сповідь
Dieser regungslose Zuhörer war wie ein Baum der Regen
Цей нерухомий слухач був схожий на дерево дощу
Dieser regungslose Mann war der Fluss selbst
Цією нерухомою людиною була сама річка

dieser regungslose Mensch war Gott selbst
ця нерухома людина була самим Богом
Der regungslose Mensch war der Ewige selbst
Нерухома людина була самою вічною
Siddhartha hörte auf, an sich und seine Wunde zu denken
Сіддхартха перестав думати про себе і свою рану
diese Erkenntnis von Vasudevas verändertem Charakter ergriff Besitz von ihm
це усвідомлення зміненого характеру Васудева заволоділо ним
und je mehr er sich darauf einließ, desto weniger wundersam wurde es
і чим більше він входив у неї, тим менш дивовижною вона ставала
desto mehr erkannte er, dass alles in Ordnung und natürlich war
Тим більше він усвідомлював, що все в порядку і природно
Er erkannte, dass Vasudeva schon lange so gewesen war
він зрозумів, що Васудева вже давно була такою
Er hatte es nur noch nicht ganz erkannt
Він просто ще не зовсім усвідомив це
Ja, er selbst hatte fast den gleichen Zustand erreicht
Так, він і сам майже досяг такого ж стану
Er fühlte, dass er jetzt die alte Vasudeva sah, wie die Menschen die Götter sehen
Він відчував, що тепер бачить стару Васудеву такою, якою люди бачать богів
und er fühlte, dass dies nicht von Dauer sein konnte
І він відчував, що це не може тривати довго
in seinem Herzen begann er, sich von Vasudeva zu verabschieden
у своєму серці він почав прощатися з Васудевою
Währenddessen redete er unaufhörlich
Протягом усього цього він говорив без упину
Als er zu Ende gesprochen hatte, wandte Vasudeva ihm seine freundlichen Augen zu

Коли він закінчив говорити, Васудева звернула на нього привітні очі
die leicht schwach gewordenen Augen
очі, які трохи ослабли,
Er sagte nichts, sondern ließ seine stille Liebe und Heiterkeit leuchten
Він нічого не сказав, але нехай сяє його мовчазна любов і життєрадісність
Sein Verstand und sein Wissen strahlten von ihm aus
Його розуміння і знання сяяли від нього
Er ergriff Siddharthas Hand und führte ihn zu dem Platz bei der Bank
Він взяв Сіддхартху за руку і повів його до місця біля банку
Er setzte sich zu ihm und lächelte auf den Fluss
Він сів з ним і посміхнувся річці
"Du hast es lachen hören", sagte er
"Ви чули, як це сміється", — сказав він
"Aber du hast noch nicht alles gehört"
«Але ви не все чули»
"Lasst uns zuhören, ihr werdet mehr hören"
"Давай послухай, ти почуєш ще"
Leise klang der Fluss, der vielstimmig sang
Тихо дзвеніла річка, співаючи в багато голосів
Siddhartha blickte ins Wasser
Сіддхартха подивився у воду
Bilder erschienen ihm im bewegten Wasser
Образи з'явилися йому в рухомій воді
Sein Vater erschien, einsam und in Trauer um seinen Sohn
З'явився батько, самотній і оплакує сина
Er selbst erschien im bewegten Wasser
Він сам з'явився в рухомій воді
Er war auch mit der Knechtschaft der Sehnsucht an seinen fernen Sohn gebunden
Його також пов'язували з рабством туги за своїм далеким сином
Sein Sohn erschien, ebenfalls einsam
З'явився його син, теж самотній

Der Knabe, gierig auf dem brennenden Lauf seiner jungen Wünsche
Хлопчик, жадібно мчить по пекучому ходу своїх юних бажань
Jeder steuerte auf sein Ziel zu
Кожен прямував до своєї мети
Jeder war besessen von dem Ziel
Кожен був одержимий метою
Jeder von ihnen litt unter der Verfolgung
Кожен страждав від переслідування
Der Fluss sang mit einer Stimme des Leidens
Річка співала голосом страждання
Sehnsüchtig sang und floss es seinem Ziel entgegen
З тугою вона співала і текла до своєї мети
»Hörst du?« fragte Vasudeva mit stummem Blick
"Чуєш?" — спитала Васудева німим поглядом
Siddhartha nickte erwidernd
Сіддхартха кивнув у відповідь
"Hört besser zu!" flüsterte Vasudeva
«Слухай краще!» — прошепотіла Васудева
Siddhartha bemühte sich, besser zuzuhören
Сіддхартха доклав зусиль, щоб краще слухати
Das Bild seines Vaters erschien
З'явився образ батька
Sein eigenes Bild verschmolz mit dem seines Vaters
Його власний образ злився з батьковим
Das Bild seines Sohnes verschmolz mit seinem Bild
Образ сина злився з його образом
Kamalas Bild erschien ebenfalls und wurde zerstreut
Образ Камали також з'явився і був розігнаний
und das Bild von Govinda und andere Bilder
і зображення Говінди, і інші зображення
und alle Abgebildeten verschmolzen miteinander
і всі зображені злилися один з одним
Alle Abgebildeten verwandelten sich in den Fluss
Всі зображені перетворилися в річку
Da es sich um den Fluss handelte, steuerten sie alle auf das

Ziel zu
Будучи річкою, всі вони прямували до мети
Sehnsucht, Begehren, Leid flossen zusammen
Туга, бажання, страждання текли разом
und die Stimme des Flusses klang voller Sehnsucht
і голос річки звучав сповнений туги
Die Stimme des Flusses war voll brennenden Leids
Голос річки був сповнений пекучого горя
Die Stimme des Flusses war voll unstillbaren Verlangens
Голос річки був сповнений незадовільного бажання
Auf das Tor zusteuerte der Fluss
До мети прямувала річка
Siddhartha sah den Fluss seinem Ziel entgegeneilen
Сіддхартха побачив, як річка поспішає до своєї мети
der Fluss von ihm und seinen Lieben und von allen Menschen, die er je gesehen hatte
ріка його і його близьких і всіх людей, яких він коли-небудь бачив
All diese Wellen und Gewässer eilten
Всі ці хвилі і води поспішали
Sie alle litten unter vielen Zielen
Всі вони страждали до багатьох цілей
Der Wasserfall, der See, die Stromschnellen, das Meer
Водоспад, озеро, пороги, море
und alle Ziele wurden erreicht
і всі цілі були досягнуті
und auf jedes Tor folgte ein neues
І за кожною метою слідувала нова
und das Wasser verwandelte sich in Dampf und stieg zum Himmel auf
і вода перетворилася на пару і піднялася до неба
Das Wasser verwandelte sich in Regen und ergoss sich vom Himmel
вода перетворилася на дощ і полилася з неба
Das Wasser wurde zur Quelle
вода перетворилася в джерело,
Dann verwandelte sich die Quelle in einen Bach

Потім джерело перетворився в струмок
Der Bach verwandelte sich in einen Fluss
Струмок перетворився на річку
und der Fluss floss wieder vorwärts
і річка знову попрямувала вперед
Aber die sehnsüchtige Stimme hatte sich verändert
Але голос туги змінився
Es hallte immer noch wider, voller Leid, suchend
Воно все ще звучало, сповнене страждань, пошуків
Aber andere Stimmen schlossen sich dem Fluss an
Але до річки приєдналися й інші голоси
Es gab Stimmen der Freude und des Leids
Почулися голоси радості і страждання
Gute und schlechte Stimmen, lachende und traurige
Хороші і погані голоси, сміються і сумні
Hundert Stimmen, tausend Stimmen
Сто голосів, тисяча голосів
Siddhartha hörte alle diese Stimmen
Сіддхартха прислухався до всіх цих голосів
Er war jetzt nur noch ein Zuhörer
Тепер він був не що інше, як слухач
Er war ganz auf das Zuhören konzentriert
Він був повністю зосереджений на слуханні
Er war jetzt völlig leer
Тепер він був зовсім порожній
Er fühlte, dass er nun das Zuhören gelernt hatte
Він відчував, що закінчив вчитися слухати
All das hatte er schon oft gehört
Часто раніше він все це чув
Er hatte diese vielen Stimmen im Fluss gehört
Він чув ці численні голоси в річці
Heute klangen die Stimmen im Fluss neu
Сьогодні голоси в річці зазвучали по-новому
Schon konnte er die vielen Stimmen nicht mehr auseinanderhalten
Він уже не міг розрізнити багато голосів
Es gab keinen Unterschied zwischen den fröhlichen und den

weinenden Stimmen
Не було різниці між щасливими голосами і голосами, що плакали
Die Stimmen der Kinder und die Stimmen der Menschen waren eins
Голоси дітей і голоси людей були єдиними
All diese Stimmen gehörten zusammen
Всі ці голоси належали разом
das Wehklagen der Sehnsucht und das Lachen des Wissenden
плач туги і сміх обізнаного
der Wutschrei und das Stöhnen der Sterbenden
крик люті і стогін вмираючих
Alles war eins und alles war miteinander verflochten
Все було одне і все переплелося
Alles war tausendfach miteinander verbunden und verschränkt
Все було пов'язано і заплутано тисячу разів
Alles zusammen, alle Stimmen, alle Ziele
Все разом, всі голоси, всі цілі
alles Sehnsucht, alles Leid, alles Vergnügen
вся туга, всі страждання, всі задоволення
alles, was gut und böse war
Все, що було добром і злом
All dies zusammen war die Welt
Все це разом було світом
Alles zusammen war der Fluss der Ereignisse
Все це разом було потоком подій
Alles war die Musik des Lebens
Все це була музика життя
als Siddhartha diesem Fluß aufmerksam zuhörte,
коли Сіддхартха уважно слухав цю річку
Das Lied der tausend Stimmen
Пісня тисячі голосів
als er weder auf das Leiden noch auf das Lachen hörte
коли він не слухав ні страждань, ні сміху
wenn er seine Seele nicht an eine bestimmte Stimme band,

коли він не прив'язав свою душу до якогось конкретного голосу
als er sich selbst in den Fluss tauchte
коли він занурився в річку
Aber als er sie alle hörte, nahm er das Ganze, die Einheit wahr
Але коли він почув їх усіх, він побачив ціле, єдність
Da bestand das große Lied der tausend Stimmen aus einem einzigen Wort
Тоді велика пісня тисячі голосів складалася з одного слова
dieses Wort war Om; Die Perfektion
це слово було Ом; Досконалість

"Hörst du?", fragte Vasudevas Blick erneut
— Чуєш, — перепитав погляд Васудева
Strahlend strahlte Vasudevas Lächeln
Яскраво сяяла посмішка Васудева
es schwebte strahlend über alle Falten seines alten Gesichts
Воно сяюче пливло по всіх зморшках його старого обличчя
auf die gleiche Weise schwebte das Om in der Luft über alle Stimmen des Flusses
так само, як Ом ширяв у повітрі над усіма голосами річки
Strahlend strahlte sein Lächeln, als er seinen Freund ansah
Яскраво сяяла його посмішка, коли він дивився на свого друга
und hell fing nun dasselbe Lächeln auf Siddharthas Antlitz zu leuchten an
і така ж усмішка тепер починала сяяти на обличчі Сіддхартхи
Seine Wunde war aufgeblüht und sein Leiden leuchtete
Його рана розцвіла і страждання сяяли
Sein Selbst war in die Einheit geflogen
Його «я» влетіло в єдність
In dieser Stunde hörte Siddhartha auf, gegen sein Schicksal anzukämpfen
У цю годину Сіддхартха перестав боротися зі своєю долею

Gleichzeitig hörte er auf zu leiden
При цьому він перестав страждати
Auf seinem Antlitz blühte die Heiterkeit eines Wissens
На його обличчі процвітала життєрадісність знання
ein Wissen, dem kein Wille mehr entgegenstand
знання, якому більше не протистояла жодна воля
Ein Wissen, das Perfektion kennt
знання, яке знає досконалість
ein Wissen, das mit dem Fluss der Ereignisse übereinstimmt
знання, яке узгоджується з потоком подій
ein Wissen, das mit dem Strom des Lebens ist
знання, яке пов'язане з потоком життя
voller Mitgefühl für den Schmerz anderer
сповнені співчуття до чужого болю
voller Sympathie für das Vergnügen anderer
сповнені співчуття до задоволення інших;
Dem Fluss gewidmet, dem Einssein zugehörig
присвячений потоку, що належить до єдності
Vasudeva erhob sich von dem Sitz an der Bank
Васудева піднялася з місця біля банку
er sah Siddhartha in die Augen
він подивився в очі Сіддхартхи
und er sah die Heiterkeit des Wissens in seinen Augen leuchten
і він бачив, як веселість знання сяяла в його очах
Er berührte sanft seine Schulter mit der Hand
Він тихенько торкнувся рукою плеча
"Ich habe auf diese Stunde gewartet, meine Liebe"
"Я чекав цієї години, мій дорогий"
"Jetzt, wo es gekommen ist, lass mich gehen"
"Тепер, коли воно прийшло, дозвольте мені піти"
"Lange habe ich auf diese Stunde gewartet"
«Я довго чекав цієї години»
"Ich war lange Zeit Vasudeva, der Fährmann"
"Довгий час я був паромщиком Васудева"
"Jetzt ist es genug. Leb wohl"
"Тепер цього досить. Прощавай"

»Leb wohl, Fluss, leb wohl, Siddhartha!«
"Прощавай, річко, прощай, Сіддхартха!"
Siddhartha verneigte sich tief vor dem, der sich von ihm verabschiedete
Сіддхартха зробив глибокий уклін перед ним, який попрощався
»Ich habe es gewusst«, sagte er leise
"Я знав це",—тихо сказав він
"Du gehst in die Wälder?"
- Ти підеш у ліси?
"Ich gehe in die Wälder"
«Я йду в ліси»
"Ich gehe in die Einheit", sprach Vasudeva mit einem strahlenden Lächeln
"Я йду в єдність", - сказала Васудева з яскравою посмішкою
Mit einem strahlenden Lächeln ging er
Зі світлою посмішкою він пішов
Siddhartha sah ihn fort
Сіддхартха дивився, як він іде
Mit tiefer Freude, mit tiefer Feierlichkeit sah er ihn gehen
З глибокою радістю, з глибокою урочистістю він дивився, як він іде
Er sah, dass seine Schritte voller Frieden waren
Він побачив, що його кроки були сповнені спокою
Er sah, dass sein Kopf voller Glanz war
Він побачив, що його голова сповнена блиску
Er sah, dass sein Körper voller Licht war
Він побачив, що його тіло було сповнене світла

Govinda
Говінда

Govinda war schon lange bei den Mönchen
Говінда довгий час був з ченцями
Wenn er nicht gerade pilgerte, verbrachte er seine Zeit im Lustgarten
Коли він не був у паломництві, він проводив час у саду задоволень
den Garten, den die Kurtisane Kamala den Anhängern Gotama's geschenkt hatte
сад, який куртизанка Камала подарувала послідовникам Готами
Er hörte von einem alten Fährmann reden, der eine Tagesreise entfernt wohnte
Він почув розмову про старого паромщика, який прожив день у дорозі
Er hörte, dass viele ihn für einen weisen Mann hielten
Він чув, що багато хто вважав його мудрою людиною
Als Govinda zurückkehrte, wählte er den Weg zur Fähre
Коли Говінда повернувся назад, він вибрав шлях до порома
Er war begierig, den Fährmann zu sehen
Йому дуже хотілося побачити паромщика
Er hatte sein ganzes Leben nach den Regeln gelebt
Все своє життя він прожив за правилами
Er wurde von den jüngeren Mönchen mit Verehrung betrachtet
На нього з пошаною дивилися молодші ченці
Sie respektierten sein Alter und seine Bescheidenheit
Вони поважали його вік і скромність
aber seine Unruhe war nicht aus seinem Herzen gewichen
але його неспокій не загинув від його серця
Er suchte, was er nicht gefunden hatte
Він шукав те, чого не знайшов
Er kam an den Fluss und bat den alten Mann, ihn hinüberzubringen

Він підійшов до річки і попросив старого переправити його
Als sie auf der anderen Seite aus dem Boot stiegen, sprach er mit dem alten Mann
Коли вони вийшли з човна з іншого берега, він заговорив зі старим

"Ihr seid sehr gut zu uns Mönchen und Pilgern"
"Ви дуже добре ставитеся до нас, ченців і паломників"
"Ihr habt viele von uns über den Fluss gebracht"
"Ви переправили багатьох з нас через річку"
"Bist du nicht auch ein Fährmann, ein Suchender nach dem rechten Weg?"
— Хіба ти теж, перевізник, не шукаєш правильний шлях?
Siddhartha lächelte aus seinen alten Augen und sprach
посміхаючись зі своїх старих очей, Сіддхартха говорив
"Oh Ehrwürdiger, nennst du dich einen Suchenden?"
- О поважний, ти називаєш себе шукачем?
"Bist du immer noch ein Suchender, obwohl du schon in die Jahre gekommen bist?"
- Ти все ще шукач, хоча вже добре в роки?
"Suchst du, während du die Robe von Gotamas Mönchen trägst?"
"Ти шукаєш, одягаючи мантію ченців Готами?"
»Es ist wahr, ich bin alt«, sprach Govinda
— Це правда, я старий, — промовив Говінда
"Aber ich habe nicht aufgehört zu suchen"
"але я не перестав шукати"
"Ich werde nie aufhören zu suchen"
«Я ніколи не перестану шукати»
"Das scheint mein Schicksal zu sein"
"Здається, це моя доля"
"Auch du, so scheint es mir, hast gesucht"
«Ви теж, як мені здається, шукали»
"Möchtest du mir etwas sagen, oh Ehrwürdiger?"
"Хочеш мені щось сказати, о почесний?"
"Was könnte ich dir sagen, oh Ehrwürdiger?"

"Що я можу мати, що міг би сказати тобі, о поважний?"
"Vielleicht kann ich dir sagen, dass du viel zu viel suchst?"
"Можливо, я міг би сказати вам, що ви занадто багато шукаєте?"
"Darf ich dir sagen, dass du dir keine Zeit für die Suche nimmst?"
"Чи можу я сказати вам, що ви не знаходите часу на пошуки?"
»Wie kommt das?« fragte Govinda
"Чому?" - запитав Говінда
"Wenn jemand sucht, sieht er vielleicht nur das, wonach er sucht"
"Коли хтось шукає, він може бачити лише те, що шукає"
"Er wird vielleicht nicht in der Lage sein, etwas anderes in seinen Kopf zu lassen"
"Можливо, він не зможе дозволити чомусь іншому увійти в його розум"
"Er sieht nicht, was er nicht sucht"
«Він не бачить того, чого не шукає»
"weil er immer an nichts anderes denkt als an das Objekt seiner Suche"
«тому що він завжди не думає ні про що, крім об'єкта свого пошуку»
"Er hat ein Ziel, von dem er besessen ist"
«У нього є мета, якою він одержимий»
"Suchen heißt, ein Ziel haben"
"Шукати - значить мати мету"
"Aber Finden bedeutet, frei und offen zu sein und kein Ziel zu haben"
«Але знайти означає бути вільним, відкритим і не мати мети»
"Du, oh Ehrwürdiger, bist vielleicht tatsächlich ein Suchender"
"Ти, о поважний, мабуть, справді шукач"
"Denn wenn man sein Ziel anstrebt, gibt es viele Dinge, die man nicht sieht"
«Тому що, прагнучи до своєї мети, є багато речей, яких ти

не бачиш»

"Es kann sein, dass man Dinge, die man direkt vor Augen hat, nicht sieht"

«Ви можете не бачити речей, які знаходяться прямо перед вашими очима»

»Ich verstehe noch nicht ganz«, sagte Govinda, »was meinst du damit?«

— Я ще не зовсім розумію, — сказав Говінда, — що ти маєш на увазі?

"Oh Ehrwürdiger, du warst schon einmal an diesem Fluss, vor langer Zeit"

"О преподобний, ти був на цій річці раніше, давним-давно"

"Und du hast einen schlafenden Mann am Fluss gefunden"

«І ти знайшов сплячого біля річки»

"Du hast dich zu ihm gesetzt, um seinen Schlaf zu bewachen"

"Ти сів з ним, щоб охороняти його сон"

»Aber, o Govinda, du hast den Schlafenden nicht erkannt.«

"але, о Говінда, ти не впізнав сплячого"

Govinda war erstaunt, als wäre er Gegenstand eines Zauberspruchs gewesen

Говінда був здивований, ніби він був об'єктом магічного заклинання

Der Mönch sah dem Fährmann in die Augen

Чернець подивився в очі паромщику

»Bist du Siddhartha?« fragte er mit schüchterner Stimme

«Ти Сіддхартха?» — запитав він боязким голосом

"Diesmal hätte ich dich auch nicht erkannt!"

- Я б не впізнав тебе і цього разу!

"Von Herzen grüße ich Dich, Siddhartha"

"Від щирого серця вітаю тебе, Сіддхартха"

"Ich freue mich von Herzen, dich wiederzusehen!"

"Від щирого серця я радий бачити тебе ще раз!"

"Du hast dich sehr verändert, mein Freund"

"Ти дуже змінився, друже"

»Und du bist jetzt Fährmann geworden?«

- А ти тепер став перевізником?
Freundlich lachte Siddhartha
По-дружньому Сіддхартха засміявся
"Ja, ich bin Fährmann"
"Так, я перевізник"
"Viele Menschen, Govinda, müssen viel ändern"
«Багато людей, Говінда, повинні багато чого змінити»
"Sie müssen viele Gewänder tragen"
«Вони повинні носити багато мантій»
"Ich gehöre zu denen, die sich stark verändern mussten"
«Я один з тих, кому довелося багато чого змінити»
"Sei willkommen, Govinda, und übernachte in meiner Hütte"
"Ласкаво просимо, Говінда, і ночуй у моїй хатині"
Govinda übernachtete in der Hütte
Говінда залишився ночувати в хатині
er schlief auf dem Bett, das früher Vasudevas Bett war
він спав на ліжку, яке раніше було ліжком Васудева
Er stellte dem Freund seiner Jugend viele Fragen
Він поставив багато питань другові своєї юності
Siddhartha hatte ihm viele Dinge aus seinem Leben zu erzählen
Сіддхартха повинен був розповісти йому багато речей зі свого життя

Dann kam der nächste Morgen
Потім настав наступний ранок
Es war an der Zeit, die Tagesreise anzutreten
Настав час почати денну подорож
Ohne zu zögern stellte Govinda noch eine Frage
Не роздумуючи, Говінда поставив ще одне запитання
"Ehe ich meinen Weg fortsetze, Siddhartha, erlaube mir, noch eine Frage zu stellen"
"Перш ніж я продовжу свій шлях, Сіддхартха, дозвольте мені поставити ще одне запитання"
"Hast du eine Lehre, die dich leitet?"
"Чи є у вас вчення, яке скеровує вас?"

"Hast du einen Glauben oder ein Wissen, dem du folgst?"
"Чи є у вас віра чи знання, за якими ви слідуєте"
"Gibt es ein Wissen, das dir hilft, richtig zu leben und zu handeln?"
"Чи є знання, яке допомагає вам жити і чинити правильно?"
"Du weißt gut, meine Liebe, ich war immer misstrauisch gegenüber Lehrern"
«Ти добре знаєш, моя рідна, я завжди з недовірою ставився до вчителів»
"Schon als junger Mann fing ich an, an Lehrern zu zweifeln"
«У молодості я вже почав сумніватися в учителях»
"Als wir mit den Büßern im Wald lebten, misstraute ich ihren Lehren"
"коли ми жили з каянниками в лісі, я не довіряв їхнім вченням"
"Und ich habe ihnen den Rücken zugekehrt"
"і я повернувся до них спиною"
"Ich bin den Lehrern gegenüber misstrauisch geblieben"
«Я залишився недовірливим до вчителів»
"Trotzdem habe ich seither viele Lehrer gehabt"
«Тим не менш, з тих пір у мене було багато вчителів»
"Eine schöne Kurtisane ist seit langem meine Lehrerin"
«Прекрасна куртизанка довгий час була моєю вчителькою»
"Ein reicher Kaufmann war mein Lehrer"
«Багатий купець був моїм учителем»
"Und einige Spieler mit Würfeln haben es mir beigebracht"
«А деякі азартні гравці з кістками навчили мене»
"Einmal war sogar ein Anhänger Buddhas mein Lehrer"
«Колись навіть послідовник Будди був моїм учителем»
"Er war zu Fuß unterwegs und hat geplündert"
"Він їхав пішки, грабував"
"Und er saß bei mir, als ich im Walde eingeschlafen war"
"і він сидів зі мною, коли я заснув у лісі"
"Ich habe auch von ihm gelernt, wofür ich sehr dankbar bin"
«Я також навчився у нього, за що дуже вдячний»

"Aber vor allem habe ich von diesem Fluss gelernt"
«Але найбільше я навчився з цієї річки»
"und ich habe am meisten von meinem Vorgänger, dem Fährmann Vasudeva, gelernt"
"і найбільше я навчився від мого попередника, перевізника Васудева"
"Er war ein sehr einfacher Mensch, Vasudeva, er war kein Denker"
«Він був дуже простою людиною, Васудева, він не був мислителем»
"aber er wusste ebensogut wie Gotama, was nötig ist"
"але він знав, що потрібно, так само добре, як і Готама"
"Er war ein vollkommener Mensch, ein Heiliger"
"Він був досконалою людиною, святим"
"Siddhartha liebt es immer noch, sich über Menschen lustig zu machen, wie mir scheint"
«Сіддхартха все ще любить знущатися над людьми, мені здається»
"Ich glaube an dich und weiß, dass du keinem Lehrer gefolgt bist"
"Я вірю в тебе і знаю, що ти не пішов за вчителем"
"Aber hast du nicht selbst etwas gefunden?"
- Але хіба ти не знайшов щось сам?
"Obwohl du keine Lehren gefunden hast, hast du dennoch bestimmte Gedanken gefunden"
"Хоча ви не знайшли вчень, ви все одно знайшли певні думки"
"Bestimmte Einsichten, die deine eigenen sind"
"Певні інсайти, які є вашими власними"
"Einsichten, die helfen zu leben"
"Інсайти, які допомагають вам жити"
"Hast du so etwas nicht gefunden?"
- Хіба ти не знайшов чогось подібного?
"Wenn du es mir sagen möchtest, würdest du mein Herz erfreuen"
"Якби ти хотів сказати мені, ти б порадував моє серце"
"Sie haben recht, ich habe mir Gedanken gemacht und viele

Einsichten gewonnen"
"Ви маєте рацію, у мене були думки і я отримав багато ідей"
"Manchmal habe ich eine Stunde lang Wissen in mir gespürt"
"Іноді я відчував знання в собі протягом години"
"zu anderen Zeiten habe ich einen ganzen Tag lang Wissen in mir gespürt"
"в інший час я відчував знання в собі цілий день"
"Das gleiche Wissen, das man fühlt, wenn man das Leben in seinem Herzen fühlt"
"Те саме знання, яке відчуваєш, коли відчуваєш життя у своєму серці"
"Es gab viele Gedanken"
"Було багато думок"
"Aber es würde mir schwer fallen, Ihnen diese Gedanken zu vermitteln"
- Але мені було б важко донести до вас ці думки»
"mein lieber Govinda, das ist einer meiner Gedanken, den ich gefunden habe"
"Моя дорога Говінда, це одна з моїх думок, яку я знайшов"
"Weisheit kann man nicht weitergeben"
"Мудрість не може передатися"
"Weisheit, die ein weiser Mann zu vermitteln versucht, klingt immer wie Torheit"
«Мудрість, яку мудра людина намагається передати, завжди звучить як дурість»
»Machst du Witze?« fragte Govinda
"Ти жартуєш?" - запитав Говінда
"Ich mache keine Witze, ich erzähle Ihnen, was ich gefunden habe"
«Я не жартую, я розповідаю вам, що знайшов»
"Wissen kann vermittelt werden, Weisheit aber nicht"
«Знання можна передати, а мудрість – ні»
"Weisheit kann gefunden werden, sie kann gelebt werden"
«Мудрість можна знайти, нею можна жити»
"Es ist möglich, sich von der Weisheit tragen zu lassen"

"Мудрістю можна нести"
"Wunder können mit Weisheit vollbracht werden"
"Чудеса можна творити мудрістю"
"Aber Weisheit kann nicht in Worten ausgedrückt oder gelehrt werden"
"Але мудрість не може бути виражена словами або навчена"
"Das habe ich manchmal geahnt, schon als junger Mann"
"Це було те, про що я іноді підозрював, навіть будучи молодим чоловіком"
"Das ist es, was mich von den Lehrern weggetrieben hat"
«Це те, що відштовхнуло мене від вчителів»
"Ich habe einen Gedanken gefunden, den du für eine Torheit halten wirst"
"Я знайшов думку, яку ви розцініте як дурість"
"Aber dieser Gedanke war mein bestes"
"Але ця думка була моєю найкращою"
"Das Gegenteil jeder Wahrheit ist genauso wahr!"
«Протилежність будь-якої істини так само істинна!»
"Jede Wahrheit kann nur ausgedrückt werden, wenn sie einseitig ist"
«Будь-яка істина може бути виражена тільки тоді, коли вона одностороння»
"Nur Einseitiges lässt sich in Worte fassen"
«Тільки односторонні речі можна передати словами»
"Alles, was man denken kann, ist einseitig"
«Все, що можна думати, є однобоким»
"Es ist alles einseitig, also ist es nur die eine Hälfte"
«Це все односторонньо, так що це всього лише одна половина»
"Es fehlt alles an Vollständigkeit, Rundheit und Einheit"
"Всьому цьому не вистачає повноти, округлості та єдності"
"Der erhabene Gotama sprach in seinen Lehren über die Welt"
"піднесений Готама говорив у своїх вченнях світу"
"aber er musste die Welt in Sansara und Nirwana aufteilen"
«але він повинен був розділити світ на Сансару і Нірвану»

"Er hatte die Welt in Trug und Wahrheit gespalten"
«Він розділив світ на обман і правду»
"Er hatte die Welt in Leid und Erlösung geteilt"
«Він розділив світ на страждання і спасіння»
"Anders lässt sich die Welt nicht erklären"
«Світ не можна пояснити по-іншому»
"Es gibt keinen anderen Weg, es zu erklären, für diejenigen, die unterrichten wollen"
«Немає іншого способу пояснити це для тих, хто хоче навчати»
"Aber die Welt selbst ist nie einseitig"
«Але сам світ ніколи не буває однобоким»
"Die Welt existiert um uns herum und in uns"
«Світ існує навколо нас і всередині нас»
"Eine Person oder eine Handlung ist nie ganz Sansara oder ganz Nirvana"
"Людина або вчинок ніколи не є повністю сансарою або повністю нірваною"
"Ein Mensch ist nie ganz heilig oder gänzlich sündig"
«Людина ніколи не буває повністю святою або повністю грішною»
"Es scheint, als ob die Welt in diese Gegensätze unterteilt werden kann"
«Здається, що світ можна розділити на ці протилежності»
"Aber das liegt daran, dass wir der Täuschung unterworfen sind"
«Але це тому, що ми схильні до обману»
"Es ist, als wäre die Täuschung etwas Reales"
«Ніби обман був чимось реальним»
"Die Zeit ist nicht real, Govinda"
"Час не реальний, Говінда"
"Das habe ich oft und oft wieder erlebt"
"Я відчував це часто і знову знову"
"Wenn die Zeit nicht real ist, ist auch die Kluft zwischen der Welt und der Ewigkeit eine Täuschung"
«Коли час не реальний, розрив між світом і вічністю також є обманом»

"Die Kluft zwischen Leiden und Glückseligkeit ist nicht real"
"Розрив між стражданням і блаженством не реальний"
"Es gibt keine Kluft zwischen Gut und Böse"
«Немає прірви між злом і добром»
"All diese Lücken sind Täuschungen"
«Всі ці прогалини – обман»
"Aber diese Lücken erscheinen uns trotzdem"
«Але ці прогалини з'являються у нас, тим не менш»
»Wie kommt das?« fragte Govinda schüchtern
«Чому?» — боязко запитав Говінда
»Hör gut zu, mein Lieber,« antwortete Siddhartha
— Слухай добре, мій любий, — відповів Сіддхартха
"Der Sünder, der ich bin und der du bist, ist ein Sünder"
"Грішник, який я є і який ти є, грішник"
"aber in den kommenden Zeiten wird der Sünder wieder Brahma sein"
«але в прийдешні часи грішник знову буде Брахмою»
"Er wird das Nirwana erreichen und Buddha sein"
«він досягне нірвани і стане Буддою»
"Die kommenden Zeiten sind eine Täuschung"
"Прийдешні часи - це обман"
"Die kommenden Zeiten sind nur ein Gleichnis!"
"Прийдешні часи - це лише притча!"
"Der Sünder ist nicht auf dem Weg, ein Buddha zu werden"
«Грішник не на шляху до того, щоб стати Буддою»
"Er ist nicht dabei, sich zu entwickeln"
«Він не в процесі розвитку»
"Unser Denkvermögen weiß nicht, wie wir uns diese Dinge sonst vorstellen sollen"
"Наша здатність мислити не знає, як інакше уявити ці речі"
"Nein, im Sünder gibt es bereits den zukünftigen Buddha"
«Ні, всередині грішника вже є майбутній Будда»
"Seine Zukunft ist schon da"
«Його майбутнє вже все там»
"Man muss den Buddha im Sünder verehren"

"ви повинні поклонятися Будді в грішнику"
"Man muss den Buddha verehren, der in jedem verborgen ist"
«Ви повинні поклонятися Будді, прихованому в кожному»
"der verborgene Buddha, der ins Dasein kommt, das Mögliche"
"прихований Будда, який стає можливим"
"Die Welt, mein Freund Govinda, ist nicht unvollkommen"
«Світ, друже мій Говінда, не недосконалий»
"Die Welt ist nicht auf einem langsamen Weg zur Perfektion"
"Світ не йде повільним шляхом до досконалості"
"Nein, die Welt ist in jedem Moment perfekt"
"Ні, світ досконалий у кожну мить"
"Alle Sünde trägt bereits die göttliche Vergebung in sich"
«Всякий гріх вже несе в собі божественне прощення»
"Alle kleinen Kinder haben den alten Menschen schon in sich"
«Всі маленькі діти вже мають в собі старого»
"Alle Säuglinge haben bereits den Tod in sich"
«У всіх немовлят вже є смерть»
"Alle Sterbenden haben das ewige Leben"
«Усі вмираючі люди мають вічне життя»
"Wir können nicht sehen, wie weit ein anderer auf seinem Weg bereits fortgeschritten ist"
«Ми не бачимо, як далеко інший вже просунувся на своєму шляху»
"Im Räuber und Würfelspieler wartet der Buddha"
«в розбійнику і гравцеві в кості чекає Будда»
"Im Brahman wartet der Räuber"
«в Брахмані чекає розбійник»
"In tiefer Meditation gibt es die Möglichkeit, die Zeit aus dem Dasein zu verbannen"
«У глибокій медитації є можливість вивести час з існування»
"Es gibt die Möglichkeit, alles Leben gleichzeitig zu sehen"
«Є можливість бачити все живе одночасно»

"Es ist möglich, alles Leben zu sehen, das war, ist und sein wird"
"Можна побачити все живе, яке було, є і буде"
"und dort ist alles gut, vollkommen und Brahman"
"і там все добре, досконале і Брахман"
"Deshalb sehe ich alles, was existiert, als gut an"
«Тому я бачу все, що існує, як добре»
"Der Tod ist für mich wie das Leben"
"Смерть для мене подібна до життя"
"Für mich ist die Sünde wie Heiligkeit"
"Для мене гріх подібний до святості"
"Weisheit kann wie Torheit sein"
"Мудрість може бути схожа на дурість"
"Alles muss so sein, wie es ist"
«Все має бути так, як є»
"Alles bedarf nur meiner Zustimmung und Bereitwilligkeit"
«Все вимагає лише моєї згоди та бажання»
"Alles, was meine Ansicht verlangt, ist meine liebevolle Zustimmung, gut für mich zu sein"
"Все, чого вимагає мій погляд, - це моя любляча згода бути добрим для мене"
"Meine Ansicht muss nichts anderes tun, als zu meinem Vorteil zu arbeiten"
"Мій погляд не повинен нічого робити, крім роботи на мою користь"
"Und dann kann mir meine Wahrnehmung nie etwas anhaben"
«І тоді моє сприйняття ніколи не може мені нашкодити»
"Ich habe erfahren, dass ich die Sünde sehr nötig habe"
"Я відчув, що мені дуже потрібен гріх"
"Ich habe das in meinem Körper und in meiner Seele erlebt"
"Я відчув це в своєму тілі і в душі"
"Ich brauchte Lust, das Verlangen nach Besitz und Eitelkeit"
"Мені потрібні були пожадливість, прагнення до майна і марнославство"
"und ich brauchte die schändlichste Verzweiflung"
«І мені потрібен був найганебніший відчай»

"um zu lernen, wie man jeden Widerstand aufgibt"
«Для того, щоб навчитися відмовлятися від будь-якого опору»
"um zu lernen, die Welt zu lieben"
"Для того, щоб навчитися любити світ"
"um aufzuhören, die Dinge mit einer Welt zu vergleichen, die ich mir gewünscht habe"
"для того, щоб перестати порівнювати речі з якимось світом, якого я хотів"
"Ich stellte mir eine Art Perfektion vor, die ich mir ausgedacht hatte"
"Я уявляв собі якусь досконалість, яку вигадав"
"Aber ich habe gelernt, die Welt so zu lassen, wie sie ist"
"але я навчився залишати світ таким, яким він є"
"Ich habe gelernt, die Welt so zu lieben, wie sie ist"
"Я навчився любити світ таким, яким він є"
"Und ich habe gelernt, es zu genießen, ein Teil davon zu sein"
"і я навчився насолоджуватися тим, що є частиною цього"
"Das, oh Govinda, sind einige der Gedanken, die mir in den Sinn gekommen sind."
"Це, о Говінда, деякі думки, які прийшли мені в голову"

Siddhartha bückte sich und hob einen Stein vom Boden auf
Сіддхартха нахилився і підняв із землі камінь
Er den Stein in seiner Hand
Він зважив камінь у руці
»Das hier«, sagte er, indem er mit dem Felsen spielte, »ist ein Stein.«
"Це тут, - сказав він, граючи зі скелею, - камінь"
"Dieser Stein wird sich nach einer gewissen Zeit vielleicht in Erde verwandeln"
«Цей камінь через певний час, можливо, перетвориться на ґрунт»
"Es wird sich aus der Erde in eine Pflanze, ein Tier oder einen Menschen verwandeln"
«Вона перетвориться з ґрунту на рослину, тварину чи

людину»
"Früher hätte ich gesagt, dass dieser Stein nur ein Stein ist"
"У минулому я б сказав, що цей камінь - просто камінь"
"Ich hätte sagen können, dass es wertlos ist"
"Я міг би сказати, що це нічого не варто"
"Ich hätte dir gesagt, dass dieser Stein zur Welt der Maya gehört"
«Я б сказав вам, що цей камінь належить світу майя»
"aber ich hätte nicht gesehen, dass es wichtig ist"
"Але я б не побачив, що це має значення"
"Es könnte ein Geist im Kreislauf der Transformationen werden"
«Можливо, вона зможе стати духом у циклі трансформацій»
"Deshalb gebe ich ihm auch Wichtigkeit"
"тому я також надаю йому важливості"
"So hätte ich es früher vielleicht gedacht"
"Таким чином, я, мабуть, подумав би в минулому"
"Aber heute denke ich anders über den Stein"
«Але сьогодні я по-іншому думаю про камінь»
"Dieser Stein ist ein Stein, und er ist auch Tier, Gott und Buddha"
"Цей камінь - камінь, і це також тварина, бог і Будда"
"Ich verehre und liebe es nicht, weil es sich in dieses oder jenes verwandeln könnte"
«Я не шаную і не люблю його, тому що це може перетворитися на те чи інше»
"Ich liebe es, weil es diese Dinge sind"
"Я люблю це, тому що це такі речі"
"Dieser Stein ist schon alles"
«Цей камінь вже все»
"Er erscheint mir jetzt und heute wie ein Stein"
"Це здається мені зараз і сьогодні, як камінь"
"Deshalb liebe ich das"
"ось чому я люблю це"
"Deshalb sehe ich in jeder seiner Adern und Hohlräume Wert und Sinn"

"ось чому я бачу цінність і мету в кожній з його вен і порожнин"
"Ich sehe Wert in seinem Gelb, Grau und seiner Härte"
"Я бачу цінність у його жовтому, сірому та твердому кольорі"
"Ich schätzte das Geräusch, das es macht, wenn ich darauf klopfe"
"Я оцінив звук, який він видає, коли я стукаю в нього"
"Ich liebe die Trockenheit oder Nässe der Oberfläche"
«Я люблю сухість або вологість його поверхні»
"Es gibt Steine, die sich wie Öl oder Seife anfühlen"
"Є камені, які схожі на олію або мило"
"Und andere Steine fühlen sich an wie Blätter oder Sand"
«А інші камені схожі на листя або пісок»
"und jeder Stein ist etwas Besonderes und betet das Om auf seine Weise"
"і кожен камінь особливий і молиться Ом по-своєму"
"Jeder Stein ist Brahman"
"кожен камінь - Брахман"
"Aber gleichzeitig und genauso sehr ist es ein Stein"
«Але одночасно, і так само сильно, це камінь»
"Es ist ein Stein, egal ob er ölig oder saftig ist"
"Це камінь, незалежно від того, маслянистий він чи соковитий"
"und deshalb mag und schätze ich diesen Stein"
"І ось чому я люблю і поважаю цей камінь"
"Es ist wunderbar und anbetungswürdig"
"Це чудово і гідно поклоніння"
"Aber lassen Sie mich nicht mehr davon reden"
"Але дозвольте мені більше не говорити про це"
"Worte sind nicht gut, um die geheime Bedeutung zu vermitteln"
"Слова не годяться для передачі таємного сенсу"
"Alles wird immer ein bisschen anders, sobald es in Worte gefasst ist"
«Все завжди стає трохи іншим, як тільки це перетворюється на слова»

"Alles wird durch Worte ein wenig verzerrt"
«Все трохи спотворюється словами»
"Und dann wird die Erklärung ein bisschen albern"
«І тоді пояснення стає трохи дурним»
"Ja, und das ist auch sehr gut, und ich mag es sehr"
- Так, і це теж дуже добре, і мені це дуже подобається»
"Dem stimme ich auch sehr zu"
«Я теж дуже згоден з цим»
"Der Schatz und die Weisheit des einen klingen für den anderen immer wie Torheit"
"Скарб і мудрість однієї людини завжди звучить як дурість для іншої"
Govinda hörte schweigend zu, was Siddhartha sagte
Говінда мовчки слухав, що говорив Сіддхартха
es gab eine Pause, und Govinda stellte zögernd eine Frage
настала пауза, і Говінда нерішуче поставив запитання
"Warum hast du mir das von dem Stein erzählt?"
— Навіщо ти мені це розповів про камінь?
"Ich habe es ohne besondere Absicht getan"
«Я зробив це без будь-якого конкретного наміру»
"Vielleicht meinte ich, dass ich diesen Stein und den Fluss liebe"
"Можливо, я мав на увазі, що люблю цей камінь і річку"
"Und ich liebe all diese Dinge, die wir uns ansehen"
"І я люблю всі ці речі, на які ми дивимося"
"Und aus all diesen Dingen können wir lernen"
"І ми можемо вчитися з усього цього"
"Ich kann einen Stein lieben, Govinda"
"Я можу любити камінь, Говінда"
"und ich kann auch einen Baum oder ein Stück Rinde lieben"
"і я також можу любити дерево або шматок кори"
"Das sind Dinge, und man kann sie lieben"
"Це речі, і речі можна любити"
"Aber ich kann Worte nicht lieben"
"але я не можу любити слова"
"Deshalb sind Lehren nicht gut für mich"

"Отже, вчення не корисні для мене"
"Lehren haben keine Härte, Weichheit, Farben, Kanten, Geruch oder Geschmack"
"Вчення не мають твердості, м'якості, кольорів, країв, запаху чи смаку"
"Lehren haben nichts als Worte"
"У вченнях немає нічого, крім слів"
"Vielleicht sind es Worte, die dich davon abhalten, Frieden zu finden"
"Можливо, це слова, які заважають вам знайти спокій"
"Weil Heil und Tugend nur Worte sind"
"Тому що спасіння і чеснота - це лише слова"
"Sansara und Nirvana sind auch nur Worte, Govinda"
"Сансара і Нірвана - це також просто слова, Говінда"
"Es gibt kein Ding, das Nirvana wäre"
"немає нічого, що було б нірваною"
"Dafür ist Nirvana genau das richtige Wort"
"Тому нірвана - це лише слово"
Govinda wandte ein: "Nirvana ist nicht nur ein Wort, mein Freund."
Говінда заперечив: "Нірвана - це не просто слово, друже"
"Nirvana ist ein Wort, aber es ist auch ein Gedanke"
"Нірвана - це слово, але також це думка"
Siddhartha fuhr fort: »Es könnte ein Gedanke sein«
Сіддхартха продовжував: «Це може бути думка»
"Ich muss gestehen, ich unterscheide nicht viel zwischen Gedanken und Worten"
«Мушу зізнатися, я не дуже розрізняю думки і слова»
"Um ehrlich zu sein, habe ich auch keine hohe Meinung von Gedanken"
«Якщо чесно, у мене теж немає високої думки про думки»
"Ich habe eine bessere Meinung von den Dingen als Gedanken"
"У мене краща думка про речі, ніж думки"
"Hier auf dieser Fähre zum Beispiel ist ein Mann mein Vorgänger gewesen"
«Тут, на цьому поромі, наприклад, чоловік був моїм

попередником»
"Er war auch einer meiner Lehrer"
"Він також був одним з моїх вчителів"
"Ein heiliger Mann, der seit vielen Jahren einfach an den Fluss glaubt"
«Свята людина, яка багато років просто вірила в річку»
"Und er glaubte an nichts anderes"
"І він більше ні в що не вірив"
"Er hatte gemerkt, dass der Fluss zu ihm sprach"
"Він помітив, що річка говорить з ним"
"Er hat vom Fluss gelernt"
"Він навчився з річки"
"Der Fluss erzog und lehrte ihn"
"Річка виховала і навчила його"
"Der Fluss schien ihm ein Gott zu sein"
«Річка здавалася йому богом»
"Viele Jahre lang wusste er nicht, dass alles so göttlich war wie der Fluss"
«Багато років він не знав, що все божественно, як ріка»
"Der Wind, jede Wolke, jeder Vogel, jeder Käfer"
"Вітер, кожна хмара, кожен птах, кожен жук"
"Sie können genauso viel lehren wie der Fluss"
«Вони можуть навчити так само багато, як і річка»
"Aber als dieser heilige Mann in die Wälder ging, wusste er alles"
«Але коли цей святий чоловік пішов у ліси, він знав усе»
"Er wusste mehr als du und ich, ohne Lehrer und Bücher"
«Він знав більше, ніж ми з вами, без вчителів і книг»
"Er wusste mehr als wir, nur weil er an den Fluss geglaubt hatte"
«Він знав більше за нас тільки тому, що вірив у річку»

Govinda hatte immer noch Zweifel und Fragen
Говінда все ще мав сумніви та запитання
"Aber ist das, was du die Dinge nennst, wirklich etwas Reales?"
"Але чи це те, що ви називаєте речами, насправді чимось

реальним?"
"Haben diese Dinge Existenz?"
"Чи існують ці речі?"
"Ist es nicht nur eine Täuschung der Maya?"
"Хіба це не просто обман майя"
"Sind all diese Dinge nicht ein Bild und eine Illusion?"
"Хіба все це не образ та ілюзія?"
"Dein Stein, dein Baum, dein Fluss"
"Твій камінь, твоє дерево, твоя ріка"
"Sind sie wirklich Realität?"
"Чи є вони насправді реальністю?"
»Auch das,« sprach Siddhartha, »kümmert mich nicht sehr darum.«
«Це теж, — сказав Сіддхартха, — мене це не дуже хвилює»
"Lasst die Dinge Illusionen sein oder nicht"
"Нехай речі будуть ілюзіями чи ні"
"schließlich wäre ich dann auch eine Illusion"
«Зрештою, я б тоді теж був ілюзією»
"Und wenn diese Dinge Illusionen sind, dann sind sie wie ich"
«І якщо це ілюзії, то вони схожі на мене»
"Das ist es, was sie für mich so lieb und verehrungswürdig macht"
«Саме це робить їх такими дорогими і гідними шанування для мене»
"Diese Dinge sind wie ich und so kann ich sie lieben"
"ці речі схожі на мене, і саме так я можу любити їх"
"Das ist eine Lehre, über die du lachen wirst"
"Це вчення, над яким ви будете сміятися"
"Die Liebe, oh Govinda, scheint mir das Wichtigste von allen zu sein"
"Любов, о Говінда, здається мені найважливішою річчю з усіх"
"Die Welt gründlich zu verstehen, ist vielleicht das, was große Denker tun"
"Досконале розуміння світу може бути тим, що роблять великі мислителі"

"Sie erklären die Welt und verachten sie"
«Вони пояснюють світ і зневажають його»
"Aber ich bin nur daran interessiert, die Welt lieben zu können"
«Але мене цікавить тільки можливість любити світ»
"Ich bin nicht daran interessiert, die Welt zu verachten"
«Мені не цікаво зневажати світ»
"Ich will die Welt nicht hassen"
«Я не хочу ненавидіти світ»
"Und ich will nicht, dass die Welt mich hasst"
«І я не хочу, щоб світ мене ненавидів»
"Ich möchte die Welt und mich selbst mit Liebe betrachten können"
«Я хочу мати можливість дивитися на світ і на себе з любов'ю»
"Ich möchte alle Wesen mit Bewunderung betrachten"
"Я хочу дивитися на всі істоти із захопленням"
"Ich möchte vor allem großen Respekt haben"
«Я хочу з великою повагою ставитися до всього»
»Das verstehe ich«, sprach Govinda
— Це я розумію, — промовив Говінда
"Aber gerade diese Sache wurde von dem Erhabenen als eine Täuschung entdeckt."
"Але саме це було виявлено піднесеним як обман"
"Er gebietet Wohlwollen, Milde, Mitleid, Toleranz"
"Він наказує доброзичливість, помилування, співчуття, терпимість"
"Aber er befiehlt nicht die Liebe"
"Але він не наказує любити"
"Er hat uns verboten, unser Herz in Liebe an irdische Dinge zu binden"
«Він заборонив нам прив'язувати своє серце в любові до земного»
»Ich weiß es, Govinda,« sagte Siddhartha, und sein Lächeln glänzte golden
— Я знаю це, Говінда, — сказав Сіддхартха, і його посмішка засяяла золотом

"Und siehe, damit sind wir mitten im Dickicht der Meinungen"

"І ось, з цим ми знаходимося прямо в гущавині думок"

"Jetzt sind wir im Streit um Worte"

«Тепер ми в суперечці про слова»

"Denn ich kann nicht leugnen, meine Worte der Liebe sind ein Widerspruch"

"Бо я не можу заперечувати, мої слова любові - це протиріччя"

"sie scheinen im Widerspruch zu Gotamas Worten zu stehen"

«вони, здається, суперечать словам Готами»

"Genau aus diesem Grund misstraue ich Worten so sehr"

«Саме тому я так не довіряю словам»

"weil ich weiß, dass dieser Widerspruch eine Täuschung ist"

«Тому що я знаю, що це протиріччя є обманом»

"Ich weiß, dass ich mit Gotama übereinstimme"

"Я знаю, що я згоден з Готамою"

"Wie könnte er die Liebe nicht kennen, wenn er alle Elemente des menschlichen Daseins entdeckt hat"

«Як він міг не пізнати любові, коли відкрив усі елементи людського існування»

"Er hat ihre Vergänglichkeit und ihre Sinnlosigkeit entdeckt"

"Він виявив їхню минущість і безглуздість"

"Und doch liebte er die Menschen sehr"

«І все ж він дуже любив людей»

"Er nutzte ein langes, mühsames Leben nur, um ihnen zu helfen und sie zu lehren!"

"Він використовував довге, трудомістке життя лише для того, щоб допомогти і навчити їх!"

"Selbst bei deinem großen Lehrer ziehe ich die Dinge den Worten vor"

"Навіть з вашим чудовим учителем я віддаю перевагу речам, а не словам"

"Ich lege mehr Wert auf seine Taten und sein Leben als auf seine Reden"

"Я надаю більше значення його вчинкам і життю, ніж його промовам"
"Ich schätze die Gesten seiner Hand mehr als seine Meinungen"
«Я ціную жести його руки більше, ніж його думки»
"Für mich war nichts in seiner Rede und seinen Gedanken"
«Для мене нічого не було в його мові і думках»
"Ich sehe seine Größe nur in seinen Taten und in seinem Leben"
«Я бачу його велич тільки в його вчинках і в його житті»

Lange Zeit sagten die beiden alten Männer nichts
Довгий час двоє старих нічого не говорили
Dann ergriff Govinda das Wort, während er sich zum Abschied verneigte
Потім заговорив Говінда, кланяючись на прощання
»Ich danke dir, Siddhartha, daß du mir einige deiner Gedanken mitgeteilt hast.«
"Я дякую тобі, Сіддхартха, за те, що ти розповів мені деякі свої думки"
"Diese Gedanken sind mir teilweise fremd"
«Ці думки мені частково дивні»
"Nicht alle diese Gedanken waren für mich sofort verständlich"
"Не всі ці думки були миттєво зрозумілі мені"
"Wie dem auch sei, ich danke Ihnen"
"Як би там не було, я дякую вам"
"Und ich wünsche dir, dass du ruhige Tage hast"
"і бажаю вам спокійних днів"
Aber insgeheim dachte er etwas anderes bei sich
Але потай він думав про себе щось інше
"Dieser Siddhartha ist ein bizarrer Mensch"
«Цей Сіддхартха - химерна людина»
"Er äußert bizarre Gedanken"
«Він висловлює химерні думки»
"Seine Lehren klingen töricht"
"Його вчення звучать безглуздо"

"Die reinen Lehren des Erhabenen klingen ganz anders"
"Чисті вчення піднесеної людини звучать зовсім по-іншому"
"Diese Lehren sind klarer, reiner, verständlicher"
"Ті вчення ясніші, чистіші, зрозуміліші"
"Es gibt nichts Seltsames, Törichtes oder Albernes in diesen Lehren"
"У цих вченнях немає нічого дивного, безглуздого чи дурного"
"Aber Siddharthas Hände schienen anders zu sein, als er dachte"
«Але руки Сіддхартхи, здавалося, відрізнялися від його думок»
"seine Füße, seine Augen, seine Stirn, sein Atem"
"Його ноги, його очі, його чоло, його дихання"
"Sein Lächeln, seine Begrüßung, sein Gang"
"Його посмішка, його привітання, його прогулянка"
"Ich habe keinen anderen Mann wie ihn getroffen, seit Gotama eins mit dem Nirwana wurde."
"Я не зустрічав іншого чоловіка, подібного до нього, з тих пір, як Готама став одним цілим з нірваною"
"Seitdem habe ich nicht mehr die Gegenwart eines heiligen Mannes gespürt"
"З тих пір я не відчував присутності святої людини"
"Ich habe nur Siddhartha gefunden, der so ist"
«Я знайшов тільки Сіддхартху, який такий»
"Seine Lehren mögen seltsam sein und seine Worte mögen töricht klingen"
"Його вчення можуть бути дивними, а його слова можуть звучати безглуздо"
"Aber Reinheit leuchtet aus seinem Blick und seiner Hand"
"Але чистота сяє з його погляду і руки"
"Seine Haut und sein Haar strahlen Reinheit aus"
"Його шкіра і волосся випромінюють чистоту"
"Reinheit leuchtet aus jedem Teil von ihm"
"Чистота сяє з кожної його частини"
"Eine Ruhe, Heiterkeit, Milde und Heiligkeit strahlt von

ihm aus"
"Від нього сяє спокій, життєрадісність, м'якість і святість"
"etwas, das ich bei keinem anderen Menschen gesehen habe"
"те, чого я не бачив у жодній іншій людині"
"Ich habe es seit dem endgültigen Tod unseres erhabenen Lehrers nicht mehr gesehen"
"Я не бачив цього з моменту остаточної смерті нашого піднесеного вчителя"
Während Govinda so dachte, gab es einen Konflikt in seinem Herzen
Поки Говінда так думав, в його серці виник конфлікт
er verneigte sich abermals vor Siddhartha
він ще раз вклонився Сіддхартхі
Er fühlte, dass ihn die Liebe vorwärts zog
Він відчував, що його тягне вперед любов
Er verneigte sich tief vor dem, der ruhig dasaß
Він глибоко вклонився тому, хто спокійно сидів
»Siddhartha,« sprach er, »wir sind alte Männer geworden.«
"Сіддхартха, — сказав він, — ми стали старими"
"Es ist unwahrscheinlich, dass einer von uns den anderen in dieser Inkarnation wiedersieht"
«Навряд чи один з нас знову побачить іншого в цьому втіленні»
"Ich sehe, Geliebte, dass du Frieden gefunden hast"
"Я бачу, коханий, що ти знайшов спокій"
"Ich gestehe, dass ich es nicht gefunden habe"
«Зізнаюся, що не знайшов»
"Sag mir, o Ehrwürdiger, noch ein Wort"
"Скажи мені, о шановний, ще одне слово"
"Gib mir etwas mit auf den Weg, das ich greifen kann"
"Дайте мені на моєму шляху щось, що я можу осягнути"
"Gib mir etwas, das ich verstehe!"
"Дайте мені щось, що я можу зрозуміти!"
"Gib mir etwas, das ich auf meinen Weg mitnehmen kann"
"Дай мені щось, що я можу взяти з собою на свій шлях"
"Mein Weg ist oft hart und dunkel, Siddhartha"

"Мій шлях часто важкий і темний, Сіддхартха"
Siddhartha schwieg und sah ihn an
Сіддхартха нічого не сказав і подивився на нього
Er sah ihn mit seinem stets unveränderten, ruhigen Lächeln an
Він дивився на нього своєю незмінною, тихою посмішкою
Govinda starrte ihm ängstlich ins Gesicht
Говінда з острахом дивився на його обличчя
Sehnsucht und Leid lagen in seinen Augen
В його очах була туга і страждання
Die ewige Suche war in seinem Blick sichtbar
У Його погляді було видно вічний пошук
Man konnte seine ewige Unfähigkeit sehen,
Ви могли бачити Його вічну нездатність знайти
Siddhartha sah es und lächelte
Сіддхартха побачив це і посміхнувся
»Verbeuge dich zu mir!« flüsterte er Govinda leise ins Ohr
«Нахиліться до мене!» — тихо прошепотів він на вухо Говінді
"So, und komm noch näher!"
- Ось так, і підійди ще ближче!
»Küsse meine Stirn, Govinda!«
"Поцілуй мене в лоб, Говінда!"
Govinda war erstaunt, aber von großer Liebe und Erwartung angezogen
Говінда був здивований, але його приваблювала велика любов і очікування
Er gehorchte seinen Worten und beugte sich dicht zu ihm herab
Він послухався його слів і нахилився до нього
und er berührte seine Stirn mit den Lippen
і він торкнувся губами чола
Als er dies tat, geschah etwas Wunderbares mit ihm
Коли він це зробив, з ним сталося щось чудесне
seine Gedanken verweilten noch bei Siddharthas wundersamen Worten
його думки все ще зосереджувалися на дивовижних словах

Сіддхартхи
Er kämpfte immer noch widerwillig damit, die Zeit wegzudenken
Він все ще неохоче намагався продумати час
er versuchte immer noch, sich Nirvana und Sansara als eine Einheit vorzustellen
він все ще намагався уявити собі Нірвану і Сансару як одне ціле
Es gab immer noch eine gewisse Verachtung für die Worte seines Freundes
Все ще було якесь презирство до слів його друга
Diese Worte kämpften immer noch in ihm
Ці слова все ще билися в ньому
Diese Worte kämpften noch gegen eine unermessliche Liebe und Verehrung
Ці слова все ще боролися проти величезної любові і шанування
Und während all dieser Gedanken geschah etwas anderes mit ihm
І під час всіх цих думок з ним сталося ще щось
Er sah das Gesicht seines Freundes Siddhartha nicht mehr
Він більше не бачив обличчя свого друга Сіддхартхи
statt Siddharthas Gesicht sah er andere Gesichter
замість обличчя Сіддхартхи він побачив інші обличчя
Er sah eine lange Reihe von Gesichtern
Він побачив довгу послідовність облич
Er sah einen fließenden Strom von Gesichtern
Він побачив повноводну ріку облич
Hunderte und Tausende von Gesichtern, die alle kamen und verschwanden
Сотні і тисячі облич, які всі приходили і зникали
Und doch schienen sie alle gleichzeitig da zu sein
І все ж всі вони, здавалося, були там одночасно
Sie veränderten und erneuerten sich ständig
Вони постійно змінювалися і оновлювалися
sie waren sie selbst, und sie waren immer noch Siddharthas Antlitz

вони були самими собою, і всі вони все ще були обличчям Сіддхартхи

Er sah das Gesicht eines Fisches mit einem unendlich schmerzhaft geöffneten Maul

Він побачив обличчя риби з нескінченно болісно відкритою пащею

das Gesicht eines sterbenden Fisches mit verblassenden Augen

морда вмираючої риби, з згасаючими очима

Er sah das Gesicht eines neugeborenen Kindes, rot und voller Falten

Він побачив обличчя новонародженої дитини, червоне і повне зморшок

es war vom Weinen verzerrt

Він був спотворений від плачу

Er sah das Gesicht eines Mörders

Він побачив обличчя вбивці

Er sah, wie er ein Messer in den Körper einer anderen Person stieß

Він бачив, як він встромляв ніж в тіло іншої людини

Im selben Augenblick sah er diesen Verbrecher in Knechtschaft

У ту ж мить він побачив цього злочинця в рабстві

Er sah ihn vor einer Menschenmenge knien

Він побачив, як він стояв на колінах перед натовпом

und er sah, wie ihm der Henker den Kopf abschlug

і він побачив, як кат відрубав йому голову

Er sah die Leichen von Männern und Frauen

Він бачив тіла чоловіків і жінок

sie waren nackt in Stellungen und Krämpfen rasender Liebe

Вони були голі в позах і судомах шаленої любові

Er sah Leichen ausgestreckt, regungslos, kalt, leer

Він бачив трупи витягнуті, нерухомі, холодні, порожнечі

Er sah die Köpfe von Tieren

Він бачив голови тварин

Köpfe von Wildschweinen, Krokodilen und Elefanten

голови кабанів, крокодилів і слонів

Er sah die Köpfe von Stieren und Vögeln
Він бачив голови биків і птахів
Er sah Götter; Krishna und Agni
Він бачив богів; Крішна та Агні
Er sah alle diese Gestalten und Gesichter in tausend Beziehungen zueinander
Він бачив усі ці фігури та обличчя в тисячах стосунків один з одним
Jede Figur half der anderen
Кожна фігура допомагала іншій
Jede Figur liebte ihre Beziehung
Кожна фігура любила свої стосунки
Jede Figur hasste ihre Beziehung und zerstörte sie
Кожна фігура ненавиділа свої стосунки, руйнувала їх
und jede Figur gab ihrer Beziehung eine Wiedergeburt
І кожна фігура заново народжувала їхні стосунки
Jede Figur war ein Sterbewille
Кожна фігура була волею до смерті
Es waren leidenschaftlich schmerzhafte Bekenntnisse der Vergänglichkeit
Це були пристрасно болісні визнання минущості
Und doch starb keiner von ihnen, jeder nur verwandelt
І все ж ніхто з них не помер, кожен тільки змінився
Sie wurden immer wieder neu geboren und bekamen immer mehr neue Gesichter
Вони завжди відроджувалися і отримували все нові і нові обличчя
Es verging keine Zeit zwischen dem einen und dem anderen
Між одним обличчям і іншим не проходило часу
Alle diese Gestalten und Gesichter ruhten sich aus
Всі ці постаті і обличчя відпочивали
Sie flossen und erzeugten sich selbst
Вони текли і генерували себе
sie schwammen dahin und verschmolzen miteinander
Вони пливли уздовж і зливалися один з одним
und sie waren alle ständig von etwas Dünnem bedeckt
І всі вони постійно були покриті чимось тонким

sie hatten keine eigene Individualität
У них не було власної індивідуальності
Und doch gab es sie
Але все ж вони існували
Sie waren wie ein dünnes Glas oder Eis
Вони були схожі на тонкий стакан або лід
Sie waren wie eine durchsichtige Haut
Вони були схожі на прозору шкіру
sie waren wie eine Hülle oder ein Schimmel oder eine Maske aus Wasser
Вони були схожі на раковину, цвіль або маску з водою
und diese Maske lächelte
І ця маска посміхалася
und diese Maske war Siddharthas lächelndes Antlitz
і ця маска була усміхненим обличчям Сіддхартхи
die Maske, die Govinda mit den Lippen berührte
маска, до якої Говінда торкався губами
Und Govinda sah das so
І Говінда бачив це так
Das Lächeln der Maske
посмішка маски
das Lächeln des Einsseins über den fließenden Formen
посмішка єдності над плавними формами
das Lächeln der Gleichzeitigkeit über den tausend Geburten und Todesfällen
Посмішка одночасності над тисячею народжень і смертей
das Lächeln Siddharthas war genau dasselbe
посмішка Сіддхартхи була точно такою ж
Siddharthas Lächeln war das gleiche wie das ruhige Lächeln von Gotama, dem Buddha
Посмішка Сіддхартхи була такою ж, як тиха посмішка Готами, Будди
Es war ein zartes und undurchdringliches Lächeln
Це була ніжна і непроникна посмішка
Vielleicht war es wohlwollend und spöttisch und weise
Можливо, це було доброзичливо і глузливо, і мудро
das tausendfache Lächeln von Gotama, dem Buddha

тисячократна посмішка Готами, Будди
wie er es selbst hundertmal mit großem Respekt gesehen hatte
як він бачив це сам з великою повагою сто разів
Govinda wusste, dass die Vervollkommneten so lächeln
Ось так, знав Говінда, досконалі посміхаються
Er wusste nicht mehr, ob die Zeit existierte
Він більше не знав, чи існує час
Er wusste nicht, ob die Vision eine Sekunde oder hundert Jahre gedauert hatte
Він не знав, чи видіння тривало секунду, чи сто років
er wußte nicht, ob ein Siddhartha oder ein Gotama existierte
він не знав, чи існує Сіддхартха чи Готама
Er wusste nicht, ob es ein Ich oder ein Du gab
Він не знав, чи існує я чи ти
Er fühlte sich, als wäre er von einem göttlichen Pfeil verwundet worden
Він відчував у собі, ніби його поранила божественна стріла
Der Pfeil durchbohrte sein Innerstes
Стріла пронизала його найпотаємніше «я»
Die Verletzung des göttlichen Pfeils schmeckte süß
Поранення божественної стріли було солодким на смак
Govinda war verzaubert und löste sich in seinem Innersten auf
Говінда був зачарований і розчинений у своєму найпотаємнішому «я»
Er blieb eine Weile stehen
Він трохи завмер
er beugte sich über Siddharthas stilles Gesicht, das er eben geküßt hatte
він нахилився над тихим обличчям Сіддхартхи, яке щойно поцілував
das Gesicht, in dem er soeben den Schauplatz aller Erscheinungen gesehen hatte
обличчя, в якому він тільки що побачив сцену всіх проявів
das Antlitz aller Verwandlungen und aller Existenz
обличчя всіх перетворень і всього існування

Das Gesicht, in das er blickte, war unverändert
Обличчя, на яке він дивився, було незмінним
Unter seiner Oberfläche hatte sich die Tiefe der tausend Falten wieder geschlossen
Під його поверхнею глибина тисячі складок знову зімкнулася
Er lächelte still, leise und sanft
Він посміхнувся мовчки, тихо і тихо
Vielleicht lächelte er sehr wohlwollend und spöttisch
Можливо, він посміхнувся дуже доброзичливо і глузливо
Genau so lächelte der Erhabene
Саме так посміхнувся піднесений
Tief verneigte sich Govinda vor Siddhartha
Глибоко Говінда вклонився Сіддхартхі
Tränen, von denen er nichts wußte, liefen ihm über das alte Gesicht
Сльози, про які він нічого не знав, текли по його старому обличчю
seine Tränen brannten wie ein Feuer der innigsten Liebe
Його сльози горіли, як вогонь найпотаємнішої любові
Er fühlte die demütigste Verehrung in seinem Herzen
Він відчував найсмиренніше шанування у своєму серці
Tief verneigte er sich und berührte den Boden
Глибоко вклонився, торкаючись землі
Er verneigte sich vor dem, der regungslos dasaß
Він схилився перед тим, хто сидів нерухомо
Sein Lächeln erinnerte ihn an alles, was er je in seinem Leben geliebt hatte
Його посмішка нагадала йому все, що він коли-небудь любив у своєму житті
Sein Lächeln erinnerte ihn an alles in seinem Leben, was er wertvoll und heilig fand
Його посмішка нагадувала йому про все в його житті, що він вважав цінним і святим

www.ingramcontent.com/pod-product-compliance
Lightning Source LLC
Chambersburg PA
CBHW011951090526
44591CB00020B/2721